mentiras

12 mitos sobre el cristianismo histórico
que la izquierda quiere que creas

CRISTIAN RODRIGO ITURRALDE

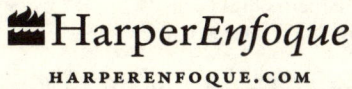
HARPERENFOQUE.COM

mentiras

12 mitos sobre el cristianismo histórico
que la izquierda quiere que creas

CRISTIAN RODRIGO ITURRALDE

© 2025, por Cristian Rodrigo Iturralde
Publicado por Harper Enfoque, 501 Nelson Place, Nashville, TN 37214, EUA
Harper*Enfoque* es un sello de HarperCollins Focus
HarperCollins Focus es una división de HarperCollins Publishers

Este título también está disponible en formato electrónico y audio.

Todos los derechos reservados. Ninguna porción de este libro podrá ser reproducida, almacenada en ningún sistema de recuperación, o transmitida en cualquier forma o por cualquier medio —mecánicos, fotocopias, grabación u otro—, excepto por citas breves en revistas impresas, sin la autorización previa por escrito de la editorial.

Los sitios web, números telefónicos y datos de compañías y productos mencionados en este libro se ofrecen solo como un recurso para el lector. De ninguna manera representan ni implican aprobación ni apoyo de parte de Harper*Enfoque*, ni responde la editorial por la existencia, el contenido o los servicios de estos sitios, números, compañías o productos más allá de la vida de este libro.

Queda expresamente prohibido todo uso no autorizado de esta publicación para entrenar cualquier tecnología de inteligencia artificial (IA) generativa, sin limitación a los derechos exclusivos de cualquier autor, colaborador o editor de esta publicación. HarperCollins también ejerce sus derechos bajo el Artículo 4(3) de la Directiva 2019/790 del Mercado Único Digital y excluye esta publicación de la excepción de minería de textos y datos.

HarperCollins Publishers, Macken House, 39/40 Mayor Street Upper, Dublin 1, D01 C9W8, Ireland (https://www.harpercollins.com)

A menos que se indique lo contrario, todas las citas bíblicas han sido tomadas de la Santa Biblia, Versión Reina-Valera 1960 © 1960 por Sociedades Bíblicas en América Latina, © renovada 1988 por Sociedades Bíblicas Unidas. Usada con permiso. Reina-Valera 1960® es una marca registrada de la American Bible Society y puede ser usada solamente bajo licencia.

Las citas bíblicas marcadas «DHH» son de La Biblia Dios Habla Hoy, Tercera edición © Sociedades Bíblicas Unidas, 1966, 1970, 1979, 1983, 1996. Usada con permiso.

Las citas marcadas «BJL» son de la Biblia de Jerusalén, Nueva edición revisada y aumentada Editorial Desclée De Brouwer, S.A. Henao, 6 - 48009-Bilbao
www.desclee.com

ISBN: 978-1-40034-701-8
eBook: 978-1-40034-702-5
Audio: 978-1-40034-703-2

La información sobre la clasificación de la Biblioteca del Congreso estará disponible previa solicitud.

Impreso en Estados Unidos de América
25 26 27 28 29 LBC 5 4 3 2 1

Contenido

Agradecimientos... 9

Prólogo.. 11

CAPÍTULO I
ESTUDIO PRELIMINAR: LA IMPORTANCIA DE LA RELIGIÓN
Y EL CRISTIANISMO EN LA BATALLA CULTURAL Y PARA LA
RECUPERACIÓN DE OCCIDENTE 17
  1.1 Auge y decadencia de las civilizaciones............................. 19
  1.2 La importancia de la historia para la recuperación de nuestra
       civilización occidental... 33
  1.3 Cultura y religión: un falso antagonismo........................... 37

CAPÍTULO II
EL CRISTIANISMO Y LA CULTURA 41
  2.1 Los monjes benedictinos 44
  2.2 Carlomagno y el renacimiento cultural de Europa.................. 51
  2.3 Las universidades 57
  2.4 El «siglo de oro» español y europeo............................... 68
  2.5 Listado de científicos cristianos destacados....................... 79

CAPÍTULO III
EL CRISTIANISMO, GALILEO Y OTROS CASOS 89
3.1 El cristianismo y Galileo..................................92
3.2 Juana de Arco 105
3.3 Los Templarios 107

CAPÍTULO IV
EL CRISTIANISMO Y LA CARIDAD 111
4.1 La caridad cristiana en la historia 113
4.2 La caridad cristiana en la actualidad 129

CAPÍTULO V
EL CRISTIANISMO, LOS DD.HH. Y LA VIOLENCIA 137
5.1 Los falsos derecho-humanistas 139
5.2 Los verdaderos derecho-humanistas 149
5.3 Sobre la «violencia cristiana» y la pena de muerte 152

CAPÍTULO VI
EL CRISTIANISMO Y LAS CRUZADAS....................165

CAPÍTULO VII
EL CRISTIANISMO Y LA HEREJÍA 181

CAPÍTULO VIII
EL CRISTIANISMO Y LA INQUISICIÓN 213
8.1 Introducción 215
8.2 Procedimiento y garantías procesales de los acusados.............. 219
8.3 Las «víctimas» de la Inquisición................................ 236
8.4 ¿Qué responsabilidad sobre las muertes cabe al tribunal? 238

8.5   Tomás de Torquemada 243

8.6   Conclusión 251

CAPÍTULO IX
EL CRISTIANISMO Y LOS INDIOS AMERICANOS 253

9.1   Las sociedades precolombinas.................................. 256

9.2   El genocidio de indígenas contra indígenas...................... 261

9.3   ¿Civilización o barbarie? 270

9.4   El cristianismo empodera a los indígenas 273

CAPÍTULO X
EL CRISTIANISMO Y LA ESCLAVITUD 279

CAPÍTULO XI
EL CRISTIANISMO Y LA TORTURA 295

11.1 Consideraciones preliminares................................... 297

11.2 Antecedentes... 301

11.3 La aplicación del tormento...................................... 304

CAPÍTULO XII
EL CRISTIANISMO Y LA MUJER 311

12.1 La mujer en la antigüedad 313

12.2 La mujer bajo el cristianismo................................... 322

12.3 Jesucristo y las mujeres 330

Conclusión... 333

Agradecimientos

A la editorial HarperCollins y especialmente a Matthew McGhee por su amistad, paciencia, consejo y disposición y por haber depositado su confianza en este trabajo.

A Agustín Laje, quien ha sido fundamental para la publicación de este libro y cuya generosidad hacia mí a través de los años no conoce límites.

A mi hijo Álvaro, que ilumina mi existencia y me hace querer ser cada día mejor.

A Dios y a todos los cristianos y hombres de buena voluntad que combaten virilmente día a día por la recuperación de nuestra civilización occidental.

Prólogo

«¿CUÁL ES LA RAZÓN POR LA CUAL SE HA ESCRITO ESTE libro? ¿Por qué los lectores se interesarían por cuestiones relacionadas con el cristianismo y su historia?», me preguntaban los editores de Harper Collins en una de las entrevistas que tuvimos a finales de 2023. La pregunta era justa y razonable, tanto desde el punto comercial como desde el apostólico, pues los recursos son finitos y, por tanto, deben destinarse a obras que puedan cumplir las expectativas del público y las necesidades de la hora. Entendía que este trabajo cumplía con esos requisitos y así se lo expresé oportunamente a los editores, advirtiendo que el rechazo o la subestimación hacia el cristianismo de no pocos sectores se debe en gran medida a imprecisiones de naturaleza histórica, lo cual hace necesario un trabajo que esclarezca aquellos puntos utilizados como justificadores del proceso de apostasía de nuestras sociedades occidentales.

La intuición nos dice que el hombre común, cristiano o no, a pesar del consolidado relato progresista, percibe que algo está gravemente equivocado en el mundo y encuentra que las promesas de liberación, progreso y felicidad propuestas por las ideologías en boga no han hecho más que retrotraer al ser humano a un estadio de barbarie y salvajismo en el que incluso se ve obligado a «desenvainar una espada por afirmar que el pasto es verde» (como presagiaba el genio G. K. Chesterton hace más de un siglo). Siente una profunda turbación en el alma que no puede explicar, pero sobre todo que no puede remediar. Y así, ante la falta de certezas y respuestas, termina postrado ante la vehemencia y el avasallamiento de la retórica woke, resignándose a vivir toda su vida dentro de los cánones establecidos por una vacua posmodernidad —creyendo que no existe más que esto—, buscando contentarse con el estómago lleno, las novedades extravagantes y algún entretenimiento artístico o deportivo.

Piensa de ese modo porque al no conocer el pasado, la historia, no tiene parámetros de comparación que le permitan valorar el presente y dirigirlo hacia la dirección correcta. Desconoce que a lo largo de la historia ha existido un orden social justo, dentro de lo humanamente posible, que ha promovido el orden natural, el sentido común, la justicia, la felicidad —producto de la acción virtuosa—, la genuina fraternidad entre los hombres y el desarrollo integral del ser humano y de nuestra civilización, tanto en el ámbito espiritual como material e intelectual. Este orden se desarrolló en tiempos en que imperaba el evangelio y donde el cristianismo ejercía como ordenador social, permeando la cultura y las leyes de los estados. Sin embargo, el hombre no sabe esto porque los agentes responsables de impartir educación no le han enseñado a pensar, sino a absorber acríticamente y a repetir cuanto dispongan las plataformas adoctrinadoras del marxismo o, más ampliamente, del progresismo.

Este libro lleva como epígrafe «Doce mitos del cristianismo histórico que la izquierda quiere que creas», y esta no es una presunción gratuita. Desde sus orígenes, la izquierda se ha mostrado como una enemiga despiadada e implacable del cristianismo, lo cual podremos corroborar sin mayor dificultad consultando tanto su doctrina e índice programático como las declaraciones de sus más conspicuos referentes. En rigor, si lo analizamos por un momento, el profundo rechazo del marxismo hacia el cristianismo resulta muy lógico, pues los principios de esta religión constituyen una barrera natural infranqueable contra los postulados disolventes de esta ideología. Por caso, ningún cristiano practicante abrazaría las banderas del resentimiento y mucho menos toleraría la práctica del aborto, la sexualización de los niños, el hedonismo, la legalización de las drogas, el prejuicio de clases, el ataque a la tradición, el igualitarismo —que no es lo mismo que igualdad—, la eutanasia, etc. De modo tal que, a efectos de la revolución —esto es, de la subversión y el aniquilamiento del orden cristiano— se hace preciso para la izquierda eliminar todo atisbo de influencia religiosa del cuerpo social.

Sin embargo, ¿qué tiene que ver la historia aquí? La historia juega un papel relevante porque el rechazo al cristianismo y su legado se debe mayormente a la acción ininterrumpida de mentiras históricas. Es tan simple y grave como eso. Pues si a un individuo le han inculcado desde la más tierna edad que el cristianismo es una religión intolerante, fanática, totalitaria, opresora, oscura, ignorante y capaz de perpetrar terribles matanzas e injusticias, es previsible que experimente un sentimiento de vergüenza y rechazo hacia su fe, llevándolo a cuestionar la idoneidad moral del cristianismo como eje rector de la sociedad. Y esto, naturalmente, la izquierda lo sabe, y por ello se ha centrado en la manipulación de ciertos eventos históricos clave.

Un mal libro de historia puede ocasionar realmente estragos, lo cual he podido comprobar en reiteradas vivencias personales. Por mentar solo una —probatoria de esta realidad—, recuerdo como si fuera ayer un reencuentro con dos amigos de la infancia con quienes solía acudir regularmente a misa. Habían transcurrido casi veinte años desde la última vez que nos viéramos, de modo que decidimos reunirnos en un café y ponernos al día. Por hacer el cuento corto, diré que bien pronto me di cuenta de que me encontraba prácticamente ante dos desconocidos. Eran personas totalmente cambiadas. Uno de ellos había renunciado a la fe y el otro se había convertido en un activo militante anticristiano. ¿Qué les había pasado en ese tiempo?, me preguntaba. Pronto encontré la respuesta: la universidad y los malos libros de historia. Cuando les pedí argumentos, me dijeron que no podían pertenecer a una religión responsable de múltiples crímenes e injusticias a lo largo de la historia. Cuando les pedí ejemplos que justificaran tal temeraria afirmación, ambos mencionaron de manera casi simultánea las cruzadas, la inquisición, la conquista americana, la esclavitud, el rechazo a la ciencia, el destrato hacia la mujer y las minorías, y otras cosas por el estilo. Naturalmente, ninguna de esas acusaciones era cierta, y, sin embargo, este tipo de casos abundan por doquier. En resumidas cuentas, soslayar o subestimar la importancia de la historia constituye un error de proporciones incalculables, ya que como hemos visto esta tiene el poder suficiente para modificar las convicciones más profundas de una persona y desviarla del camino del Creador.

Desde estas páginas, procuraremos probar la importancia vital del cristianismo en nuestra historia y, al mismo tiempo, advertir sobre la acuciante necesidad de adoptar sus principios para salvar nuestra civilización. Pero para ello deberemos previamente talar de cuajo aquellos arbustos tramposos que obstaculizan nuestra visión y entendimiento, impidiéndonos apreciar con claridad el cuadro completo. Estos «arbustos» no son otra cosa que las mentiras históricas sobre el cristianismo.

Este libro, dirigido a los cristianos de todas las denominaciones, buscará fortalecer sus convicciones e incrementar su esperanza en la posibilidad concreta de un mundo más justo. Por eso este trabajo es también un llamamiento al coraje y al «buen combate» contra aquellos «materialistas dialécticos» que buscan destruir nuestra fe, sustituyéndola por una «cultura de la muerte», como llamó Juan Pablo II a aquella corriente que busca sembrar el caos social y destruir la dignidad de las personas en nombre de una supuesta libertad.

Un modo eficaz de defender nuestra fe es conocer nuestra propia historia.

Cristian Rodrigo Iturralde

Capítulo I

Estudio preliminar: la importancia de la religión y el cristianismo en la batalla cultural y para la recuperación de occidente

«Una civilización no es conquistada desde fuera hasta que no se ha destruido a sí misma desde dentro».
—Will Durant

1.1 Auge y decadencia de las civilizaciones

Para comprender de manera precisa el notable proceso de descomposición actual, hacia donde nos dirigimos, y por qué el cristianismo es la clave para la restauración de Occidente, resulta imperativo adentrarnos momentáneamente en la filosofía de la historia; es decir, en el derrotero de las civilizaciones pasadas y en las motivaciones —tanto terrenales como sobrenaturales— que influyeron de manera decisiva en el ser humano y, por consiguiente, en la historia y sus acontecimientos. Como señala el filósofo estadounidense Will Durant, «la historia conocida muestra poca alteración en la conducta humana»,[1] lo que sugiere la existencia de patrones y una lógica en cada período histórico. Esto permite no solo comprender las causas del fenómeno,

---

1. Will y Ariel Durant, *Lecciones de historia* (Barcelona: Arpa Editores, 1922). Citado en Adrián Godás, «Las lecciones de la historia», 2010. Cfr. https://www.haciaeldanubio.com/las-lecciones-de-la-historia/.

sino también sus consecuencias y, sobre todo, los métodos para resistir y evitar su colapso.

Con el fin de poder ofrecer una verdadera batalla en el plano cultural —puesto que es en este contexto donde se plantea el conflicto actual—, resulta necesario aproximarnos a las motivaciones tanto de nuestra civilización occidental como de otras destacadas. Veremos —lo adelantamos— que el conflicto político, la batalla cultural y aun la guerra son siempre y en todo momento, ante todo, un fenómeno metafísico, religioso y espiritual; y esto, lamentablemente, no siempre es comprendido por aquellos que libran combate en defensa de Occidente. Por ello, este capítulo inicial se torna particularmente relevante, puesto que demostrará que la defensa de la religión, y especialmente del cristianismo, constituye no solo un acto de justicia y de devoción filial a Cristo, sino una necesidad imperante para la construcción de sociedades virtuosas y prósperas. Para abordar este tema acudiremos a los estudios de algunos de los especialistas más reputados en este ámbito, como Oswald Spengler, Arnold Toynbee, Will Durant y Christopher Dawson.

—»—«—

En 1918 se publicó la primera entrega de *La decadencia de Occidente* de Oswald Spengler;[2] obra emblemática que aborda temas relacionados con la filosofía política y la filosofía de la historia. En este libro, Spengler propone por primera vez la tesis de que la civilización occidental estaba ingresando en una fase de declive inevitable y que estaba próxima a su desaparición. Tras un exhaustivo

---

2. Oswald Spengler, *La decadencia de Occidente* (Madrid: Austral, 2011), tomo I.

análisis de las culturas históricas más relevantes y su trayectoria, el autor sostiene que estas, como los organismos vivos, experimentan inevitablemente un ciclo vital compuesto de cuatro etapas: juventud, crecimiento, florecimiento y decadencia. Según el enfoque spengleriano, denominado «morfología comparativa de las culturas», cada estadio se caracteriza por una serie de rasgos distintivos que se manifiestan de manera uniforme en diversas culturas, permitiendo predecir el momento en que estas culturas alcanzan su fase final.

En resumen, Spengler se desvincula de la concepción lineal de la historia defendida por el positivismo, y en particular de su dogma del «progreso indefinido»; es decir, de la idea de que a medida que transcurre el tiempo, las personas y las sociedades progresan inevitablemente hacia un estado mejor. En contraste, este filósofo e historiador alemán advierte que la historia es en realidad cíclica y que el declive de una cultura surge cuando comienza a ignorar o rechazar indistintamente lo pretérito (considerado caduco u obsoleto) y, por lo tanto, su propia historia y valores fundamentales. Sostiene así, entonces, que el período de florecimiento de una cultura coincide con la centralidad de los ideales ético-religiosos. En un enfoque inverso a su enfoque morfológico, se concluye que el envejecimiento o decadencia cultural está asociado con la desacralización, es decir, con la pérdida de la cosmovisión trascendente de la vida y sus principios morales inherentes.

La evidencia empírica respalda esta tesis, y un ejemplo notable lo constituye la etapa imperial de los romanos, donde las causas de su decadencia y caída no radicaron en factores externos, como las invasiones germánicas, sino en la corrupción moral, espiritual y cultural que los aquejaba. Esta era una Roma que había perdido el sentido de lo trascendente y lo perenne, olvidando sus orígenes y su propósito histórico, y por tanto su identidad, como describen con claridad meridiana el poeta Horacio y el santo Agustín de Hipona. La filosofía de la historia confirma a la desacralización como la causa primordial de las caídas de las civilizaciones más relevantes. En este sentido, la enseñanza de la experiencia histórica se puede formular de la siguiente manera: así como el ser humano requiere de anticuerpos para combatir enfermedades en su organismo, de igual forma una cultura (entendida como estructura orgánica) requiere de mecanismos de defensa contra lo no deseable. Una cultura que ha perdido su firmamento, identidad y esencia, su ser y acontecer histórico, terminará indefectiblemente por desaparecer, implosionar o ser presa fácil de la barbarie (de hecho, son las tribus bárbaras las que invaden y conquistan Roma).

«El Imperio romano», dice el historiador Samuel Adams, «debió haberse hundido, aunque los godos no la hubieran invadido. ¿Por qué? Porque la virtud romana estaba hundida».[3] En la desvalorización de la vida humana, que se manifestó en la práctica de abandonar a los bebés no deseados a su suerte para que murieran, se evidencia la extinción de la moral de la que habla Adams. Este fenómeno, caracterizado por el menosprecio y la indiferencia hacia la vida humana, ha sido observado en diversas culturas y civilizaciones que han experimentado colapsos, como en el caso de la antigua Esparta, donde se tiraba a los bebés considerados defectuosos por el monte Taigeto, o en la azteca, donde se llevaban a cabo prácticas de

---

3. Cit. «El negocio de la muerte», 2018, cfr. https://metamorfosiscultural.wordpress.com/tag/el-negocio-del-aborto/page/2/. Lo propio concluye Ortega y Gasset al decir: «Hoy sabemos que aquella crisis feroz no consistió en una irrupción de los bárbaros sobre la cultura, sino al revés, en que los cultos se tornaron bárbaros» (*Una interpretación de la historia universal*, cap. V, p. 76).

carnicería humana y asesinatos en masa. En la actualidad, las sociedades exhiben comportamientos que evidencian una falta de respeto y valoración hacia la vida humana, incluso antes de nacer. Este fenómeno puede ser interpretado como un signo de la decadencia de la era posmoderna. Jean Dumont destaca que la república romana se caracterizaba por un estado de agotamiento, con una población que se entregaba a excesos y vicios, perdiendo la disciplina y el sentido moral que habían demostrado en el pasado. Juliano, por su parte, reconoce que la causa de la decadencia romana está relacionada con el colapso interno del paganismo y los valores morales, sugiriendo la adopción de las virtudes del cristianismo para evitar la destrucción total del Imperio romano y exhortando a los paganos a abandonar las tabernas y espectáculos (es decir, los vicios).[4] En este sentido, la reflexión de Will Durant, que afirma que «una civilización no es conquistada desde fuera hasta que no se ha destruido a sí misma desde dentro»[5], adquiere una relevancia particular.

La profundidad y amplitud del análisis de Durant se manifiestan en su obra *The Story of Civilization* [La historia de la civilización], considerada una de las contribuciones más significativas a la filosofía de la historia. A pesar de que en ocasiones se percibe en sus obras cierta inexactitud y un enfoque crítico hacia ciertos eventos relacionados con el catolicismo, reconoce que incluso los historiadores escépticos desarrollan un respeto hacia la religión al observar su funcionamiento y su importancia en cada territorio y época, brindando a los desfavorecidos, los oprimidos y los infelices más alivio

---

4. Jean Dumont, *La Iglesia ante el reto de la historia* (Madrid: Ediciones Encuentro, 1987), pp. 37-39.
5. Will Durant, *The Story of Civilization*, vol. 3 (Epilogue: Why Rome fell, Caesar and Christ).

que el bienestar material.⁶ La conclusión a la que arriba es categórica: «No existe un ejemplo significativo en la historia, antes de nuestro tiempo, de una sociedad que haya mantenido con éxito una vida moral sin el soporte de la religión». Similar a la visión de Spengler, percibe la decadencia de una civilización como la culminación de una batalla entre la religión y el intelectualismo secular. El autor sostiene que, al abandonar el individuo la religión y el código moral inherente a ella, se produce indefectiblemente un movimiento de liberación que endiosa a la razón. Sin embargo, la persona se desilusiona rápidamente con cada uno de los nuevos dogmas que surgen, ya que en su opinión «la conducta, privada de su soporte religioso, deteriora en un caos epicúreo».⁷ En consecuencia, no resulta sorprendente que, en la actualidad, las propuestas hedonistas de la agenda globalista-progresista provengan de una intelectualidad secular predominantemente antirreligiosa.

Una de las grandes preocupaciones de Ortega y Gasset, el destacado filósofo español de la primera mitad del siglo XX, fue evitar que Europa (y, en términos más amplios, la civilización occidental) sufriera el destino fatal experimentado por el Imperio romano. En su obra *Una interpretación de la historia universal*, el autor, al igual que sus colegas citados, toma como disparador o ejemplo el caso del Imperio romano y su proceso de descomposición. Para este pensador, la Roma próspera fue aquella en la que el hombre romano «reconoce que no está solo, sino que, en torno suyo, no se sabe dónde, hay realidades absolutas que pueden más que él y con las

---

6. Consultar su *Lecciones de la historia* que es una suerte de resumen de su obra magna *La historia de la civilización*. Consultar algunos extractos de la obra en el siguiente artículo: «Religion and History: Will Durant on the Role of Religion and Morality». Cfr. https://fs.blog/2016/01/will-durant-religion-history/.
7. *The Story of Civilization*, vol. 1, p. 71.

cuales es preciso contar».[8] En otras palabras, se postula la existencia de un orden trascendente que ejerce una influencia significativa en la acción humana, orientándola hacia una dirección virtuosa y dotando a la sociedad de la fortaleza espiritual necesaria para su realización integral y el cumplimiento de su destino. En este sentido, el autor hace un llamamiento a la recuperación de «la vitalidad perdida» como medio para restablecer la civilización occidental. Esta revitalización, para Ortega, solo puede lograrse a través de un proceso de introspección que permita al ser humano reencontrarse con sus raíces, con su identidad ontológica y cultural.

Como señala Christopher Dawson, destacado historiador inglés, todas las culturas y civilizaciones, incluso las más primitivas, «buscan establecer —como la antigua religión cívica romana— un *ius divinum* que mantenga la *pax deorum*: un orden religioso que relacione la vida de la comunidad con los poderes trascendentes que gobiernan el universo. La forma de vida debe ser una forma de servir a Dios. De lo contrario se vuelve una forma de muerte. Esta es la primera lección que nos dan por igual las culturas más primitivas y las religiones superiores, y en este acuerdo encontramos, me parece, un punto de contacto y mutua comprensión entre la antigua teología natural y los nuevos estudios científicos de la religión comparada».[9] Dawson no se equivocaba, puesto que la experiencia histórica señala claramente que, casi sin excepción, los sistemas ateos y/o antirreligiosos generan gobiernos y/o movimientos caracterizados por la injusticia, la corrupción moral, la persecución y el exterminio.

En este sentido, el cristianismo emerge como un componente esencial para la transformación social y la regeneración moral de

---

8. *Una interpretación de la historia universal* (Madrid: Alianza, 1989) cap. VI, p. 64.
9. Christopher Dawson, *Religión y Cultura* (Buenos Aires: Ed. Sudamericana, 1953), p. 76.

nuestras comunidades. Así, Ortega escribe: «Hay crisis histórica cuando el cambio del mundo que se produce consiste en que al mundo o sistema de convicciones de la generación anterior le sucede un estado vital en que el hombre se queda sin aquellas convicciones, por tanto, sin mundo. El hombre vuelve a no saber qué hacer porque vuelve a de verdad no saber qué pensar sobre el mundo. Por eso el cambio se superlativiza en crisis y tiene el carácter de catástrofe».[10] Para el pensador español, la sociedad europea es un fenómeno que se extiende a lo largo del tiempo, sustentada en su identidad, la cual se define por sus creencias y convicciones. Es precisamente el apego del ser humano y las sociedades a estas creencias y convicciones lo que determina su ascenso y descenso.

Sin embargo, ¿qué observó el conservador alemán para anunciar la decadencia de Occidente? En primer lugar, pronostica que los ideales centenarios de la civilización europea no sobrevivirían inalterados tras la Primera Guerra Mundial, ya que el último bastión de la civilización occidental, el Imperio austrohúngaro, había sucumbido. Se percibe una evidente desmoralización, incapacidad y hasta defección de las élites europeas en su cometido histórico (lo que llevará al escritor ruso Máximo Gorki a expresar en 1917 que Europa se había suicidado). Paralelamente, se observa con preocupación el auge de las masas o, más precisamente, del hombre masificado; aquel hombre masa del que posteriormente hablará Ortega y Gasset: un hombre fácilmente manipulable, acrítico, sin raíces ni filiación, amante de las novedades y exclusivamente ocupado en el progreso material. «Unas masas», escribe, «que odian las buenas

---

10. Ambas citas tomadas de Sebastián Faber, *Biografía de un hombre masa: ¿qué le debe España a José Ortega y Gasset?*, Revista Científica Complutense, Res Publica. Revista de Historia de las Ideas Políticas, vol. 18, n. 1, Madrid, 2015, p. 227.

maneras, cualquier distinción de rango, el orden que proporciona la propiedad, la disciplina del conocimiento». Una Europa que, al decir del español, caería inevitablemente en la «inercia moral, la esterilidad intelectual y en la barbarie omnímoda».[11] (Evidentemente, Ortega tenía razón: nuestros tiempos son muestra cabal de ello). En tiempos pretéritos añorados por Spengler, Europa se fundamentaba en lo trascendente, lo espiritual y los ideales clásicos de los antiguos, alcanzando el «símbolo máximo» que encarnaba lo arquetípico y la excelencia; una Europa caracterizada por un ansia de lo infinito y lo magnánimo —lo cual queda manifestado en sus gloriosas hazañas y en las catedrales góticas— y que no escondía sus aspiraciones civilizatorias, sabedora de su superioridad moral, pero sobre todo, consciente de su misión histórica-teológica de «instaurar todo en Cristo».

Sin embargo, la otrora ilustre civilización occidental había perdido el sentido de finalidad metafísica, sujeto ahora a los dictámenes de la «razón instrumental» comtiana, donde la ética es reemplazada por lo utilitario. Esta nueva Europa había abrazado la inmanencia, lo tangible, el pragmatismo extremo, cultivando la debilidad y la autonegación, abrazando una plutocracia regida por burócratas y tecnócratas, creando aquella sociedad descrita por Aldous Huxley en 1923 como una colectividad de «estómagos llenos y almas vacías», carente de la capacidad y la voluntad de abordar los problemas verdaderamente urgentes y trascendentes. Estas nuevas sociedades estaban sucumbiendo sin resistencia ante un igualitarismo enajenante, el nomadismo, la tecnolatría y la masificación, adoptando el pacifismo anticastrense, el hedonismo

---

11. *Ibidem*.

y el relativismo. Esa Europa que ha servido de referente y que ha ejercido un rol civilizador ha dejado de existir, puesto que, como señala don Faustino Menéndez:

> El pueblo que no conoce su pasado, que ignora las vías por donde llegó a estar donde está y a ser lo que es, queda a merced del que quiera mostrarle una historia falsificada con fines sectarios. La instalación en la historia es la más sólida base del hombre, porque condiciona todas las estructuras que le sitúan en la sociedad. Cuando la pierde, queda sin raíces, privado de elementos de juicio y de elección.[12]

La comprensión histórica se erige como el fundamento más robusto para la configuración de la identidad individual y colectiva, ya que condiciona las estructuras sociales y culturales que moldean la sociedad. La pérdida de este anclaje histórico implica una carencia de elementos fundamentales para el juicio y la acción. Este fenómeno de desarraigo, según Spengler, se presenta como una evidencia destacada de la nueva identidad occidental. Eric Voegelin señala que esta metamorfosis cultural e identitaria es producto de «la perversión del inmanentismo», que, en última instancia, más allá de cualquier eufemismo o declamada pretensión altruista, busca la cancelación de la era cristiana para entrar en la era poscristiana.[13]

Arnold Toynbee compartió, al menos en cierta medida, este diagnóstico situacional. Aunque menos fatalista que Spengler, lo

---

12. Discurso inaugural: *De Re Methodologica*. Consejos para el estudio de los emblemas heráldicos. http://ifc.dpz.es/recursos/publicaciones/33/55/02menendezpidal.pdf.
13. Eric Voegelin, *La nueva ciencia de la política: Una introducción* (Bogotá: Katz Editores), 2006.

que vaticinaba no era la desintegración total de nuestra civilización, sino más bien un declive, una decadencia que podría ser reversible, ya que toda cultura superior (estudió más de veinticuatro civilizaciones) debió afrontar en algún momento de su historia situaciones similares que supo sortear, y es justamente esa capacidad de reacción, superación y reinvención (que denomina «challenge-and-response» [reto y respuesta]) lo que distingue a una cultura vital de una moribunda. En este sentido, los desafíos recurrentes y las respuestas correspondientes constituyen los ascensos y descensos en la vida de las sociedades (cf. su obra *La civilización puesta a prueba*),[14] y aquí ofrece el caso de la iglesia católica cuando resolvió el caos de la Europa posromana mediante la adscripción de los nuevos reinos germánicos en una sola comunidad religiosa. No obstante, solo una cultura dotada de minorías esclarecidas, denominadas «creativas» por el autor, puede responder con éxito al desafío. Estas minorías deben ser capaces de imponer su concepción sobre la mayoría pasiva e infecunda, de modo que esta última la acepte e imite. Este proceso, denominado «mimesis» por el autor, implica que, de no producirse, la cultura muere y es absorbida por un ente universal. Toynbee interpreta que el estancamiento cultural de un pueblo representa una clara muestra de descomposición interna. No se equivocaba, pues en el caso de una civilización milenaria como la occidental, que ha experimentado un progreso constante y continuo desde la era de los griegos, un «estancamiento» debe interpretarse como una «decadencia», ya que ha dejado de dar aquello que antes daba. Este declive, según el autor, se origina tras una etapa que él denomina «de los estados parroquiales», caracterizada por una

---

14. Arnold Toynbee, *La civilización puesta a prueba* (Buenos Aires: Emecé, 1949).

lucha fratricida entre las distintas naciones que conforman dicha civilización (como las Guerras del Peloponeso en la Grecia clásica y, en el caso de Occidente, durante la Primera y la Segunda Guerra Mundial). El período de luchas entre estados llega a su fin con la formación de lo que se denomina «Estado Universal», que inaugura un período de aparente paz y estabilidad. Sin embargo, para Toynbee, este período anuncia el comienzo del fin de esa civilización.

La evidencia de esta hipótesis se manifiesta en la creciente influencia de organismos internacionales como la ONU y agrupaciones de bloques continentales, como la Unión Europea, que no solo limitan la soberanía y el derecho de autodeterminación de las naciones, sino que también promueven la instauración de un orden que se contrapone a las tradiciones occidentales. En realidad, estos organismos multinacionales no solo propugnan valores contrarios a la esencia occidental, sino que incluso la atacan cada día de modo más abierto y descarnado (ver por caso las resoluciones anticristianas que emanan de ellos en la actualidad). Por lo tanto, Toynbee está en lo cierto al afirmar que las sociedades y civilizaciones a menudo sucumben por medio del suicidio cultural.

Lo que ningún filósofo de la historia pudo prever es que este proceso de implosión y automutilación comenzaría con la homogenización contracultural a nivel universal orquestada por un marxismo reconfigurado con fines de dominación mundial. Asimismo, resulta notable su advertencia sobre la necesidad de evitar una nueva fase metafísica o lo que denomina Iglesia Universal, ya que esta traería aparejada una pérdida de la identidad cultural y espiritual. Esta nueva entidad, según su perspectiva, conllevaría inevitablemente a la proliferación de creencias que entrarían en conflicto con las fundamentales de la civilización, culminando en su disolución. En la actualidad, observamos cómo diversas corrientes como la *new age* (espiritualidad subjetiva, vacía y sincretista), el naturalismo, el ecumenismo disolvente y el derecho-humanismo han reemplazado al cristianismo. La disolución de la unidad civilizadora, denominada por el autor como «cismas de la sociedad y del alma», resultó en una mayor permeabilidad a la influencia de la barbarie, lo que condujo a una desintegración definitiva.

— ›› ‹‹ —

Como hemos visto, desde las primeras décadas del siglo XX, diversos pensadores advirtieron sobre una crisis occidental de naturaleza casi terminal, caracterizada por su naturaleza eminentemente cultural. Sin embargo, en aquel entonces, la identificación de los actores que materializarían y aprovecharían esta coyuntura era imprecisa. A pesar de que el marxismo representaba una realidad evidente y un claro peligro para Occidente, sus implicaciones se centraban en el ámbito político y geopolítico. En este sentido, la izquierda cultural, aún en pleno desarrollo en los laboratorios sociales de Frankfurt, logró cierta visibilidad durante las décadas de 1940 y 1950, y alcanzó una mayor prominencia hacia el final de la década de 1960. Si bien el instituto mantuvo una filosofía de la historia influenciada por el marxismo, especialmente a través de su materialismo dialéctico, este terminó por adaptarse a los tiempos del poscapitalismo o capitalismo avanzado, superando conceptos como la lucha de clases y abrazando ahora a nuevos sujetos revolucionarios que atacaran los fundamentos morales, culturales y espirituales de Occidente. La Escuela de Frankfurt se estableció poco después de la publicación del primer libro de Spengler y casi simultáneamente con el segundo, que completaba la obra.

«La civilización occidental», escribía hace casi un siglo Christopher Dawson, «está en la actualidad atravesando una crisis esencialmente diferente a cualquier otra experimentada en el pasado. Otras sociedades cambiaron sus instituciones sociales o creencias religiosas influenciados por alguna fuerza externa o el lento desarrollo del crecimiento interno de la misma. No obstante, ninguna, ni la nuestra, jamás se enfrentó con la posibilidad de una alteración fundamental de sus creencias e instituciones en las que se basa todo el tejido de la vida social [...] Se está desarraigando a la civilización desde sus cimientos en lo natural y en la tradición y se la está reconstruyendo sobre una nueva organización artificial y mecánica como una fábrica moderna». Esta tesis coincide plenamente con los análisis de Arnold Toynbee y Will Durant, quienes sostenían que ninguna civilización es destruida por fuera sin que previamente exista un pronunciado proceso de descomposición interna en sus valores fundamentales. Estos autores concluían que, como ya se ha mencionado anteriormente, las grandes civilizaciones mueren por suicidio.

Entre los valores fundamentales de los grandes pueblos históricos, la religión emerge como un componente esencial, del cual se desprenden en gran medida los demás. Los anales históricos corroboran que todas las grandes civilizaciones del mundo, independientemente del momento histórico o la región, han tenido a la religión como su motor y eje central. Occidente no ha sido ciertamente una excepción a la regla, ya que el origen de su cultura y civilización es invariablemente cristiano, ¿pues qué es Occidente sino la magnífica síntesis de la filosofía helénica, el derecho romano, el coraje de las tribus germánicas y el humor y la disposición de los celtas bajo la regencia y los principios de la palabra de Dios encarnada, esto es, de nuestro Señor Jesucristo?

1.2 La importancia de la historia para la recuperación de nuestra civilización occidental

Si acaso prevalece un frente bastante desatendido por nosotros en la batalla cultural, este es sin dudas el campo de la historia, cuya importancia se ha tendido a subestimar. Sin embargo, resulta imperativo reconocer que el conflicto cultural se erige en gran medida como una contienda por la narrativa histórica, ya que a través de ella se forja el vínculo con nuestra identidad y sus fundamentos esenciales, sirviéndonos asimismo como guía práctica para no repetir errores y encontrar soluciones. La historia, al revelarnos nuestra identidad, nos brinda una perspectiva teleológica, es decir, nos muestra la finalidad de la existencia, el propósito que guía nuestra acción y los modelos a seguir. Habrá que advertir que la denominada «batalla cultural» es ante todo una guerra por la identidad en la cual el posmodernismo/progresismo busca disolver y luego desafiliarnos de todos sus elementos constitutivos (religiosidad, patriotismo, tradición, naturaleza ontológica, etc.). Y esta identidad, como hemos dicho, nos es conocida precisamente a través de la historia que, además de su función pedagógica connatural, constituye el vehículo principal de transmisión de la cultura. Naturalmente, para la construcción del añorado «nuevo hombre» y del «paraíso socialista» será fundamental despojarnos de nuestras filiaciones naturales. Y el modo más efectivo de lograrlo es a través de la omisión, la deconstrucción y/o la tergiversación del pasado y la cultura. Por tanto, urge recuperar el pasado secuestrado, junto con sus estandartes, valores y categorías.

Será difícil establecer a ciencia cierta el momento preciso en que el estudio de la historia fue perdiendo importancia y consideración en las sociedades, pero lo cierto es que desde tiempos antiguos esta ha sido reconocida como una de las disciplinas más valoradas. Cicerón la denominaba «maestra de la vida», mientras que el gran Cervantes la consideraba «la madre de la verdad». El escritor de El Quijote, en su valoración, va más allá, advirtiendo que «los historiadores que de mentiras se valen habrían de ser quemados como los que hacen moneda falsa».[15] Esta afirmación se realiza en respuesta a los efectos devastadores que un mal libro puede tener en la sociedad y en el espíritu humano. Hemos mencionado en el prólogo de este libro el daño que generaron —y generan— a la fe de las personas las falsedades históricas, ofreciendo los casos paradigmáticos de la inquisición, las cruzadas y la conquista de América. La relevancia de la historia ha sido reconocida incluso por pensadores socialistas como George Orwell, el cual afirma de modo categórico que «quien controla el pasado, controla también el futuro. Quien controla el presente, controla el pasado».[16] Y esto lo decía además porque sabía que la historia es la experiencia de la que se nutre la política. Una política desvinculada de la experiencia histórica está condenada al fracaso, pues en algún momento u otro repetirá errores y no sabrá cómo resolver los desafíos propios de la naturaleza humana. En resumidas cuentas, como advirtió Abraham Lincoln: «Un pueblo que no conoce su historia está condenado a repetirla».

---

15. Miguel de Cervantes Saavedra, *Don Quijote de la Mancha. Segunda parte*, 2014, p. 58.
16. G. Orwell, *1984* (Barcelona: Salvat, 1980), p. 22.

La historiografía, lejos de ser una mera compilación de datos y fechas, requiere de una interpretación más profunda que reconozca la influencia de variables humanas y sociales en la voluntad colectiva. Una narrativa histórica que no aborde las motivaciones subyacentes a la realización de las obras humanas resulta incompleta, ya que omite las causas primarias y finales del fenómeno en cuestión. Por ejemplo, ¿cómo analizar las más altruistas epopeyas o gestas humanas prescindiendo de la fuerza motora inmaterial que movió a los hombres a aquello? La fe en lo divino ha sido históricamente un componente fundamental en la motivación de la acción humana. Sin embargo, la historiografía moderna no favorece la inclusión de este tipo de componentes. León XIII le llamaba «historicismo» a este modo de hacer historia; esto es, a la pretensión de escribir o concebir la historia como mera fenomenología, prescindiendo de cualquier otra variante e influencia —especialmente de la metafísica o la religión— para ajustarse a los cánones ideológicos y/o políticos imperantes.

En la nueva historia no debe haber héroes, santos y arquetipos, sino hombres «normales» al estilo del sociólogo Émile Durkheim, quien tenía como normal y deseable al término medio, a lo que abunda. Con ese criterio torcido de normalidad, lo normativo deja de ser lo paradigmático, arquetípico, para convertirse en lo mediocre. No sorprende por tanto que un marxista como George Duby, en su libro *Historia de las mentalidades*, nos diga lo siguiente: «Hay que dejar de especular estérilmente sobre los móviles de los héroes y que la finalidad de los estudios del pasado ya no sea la de formar caballeros medievales, lo propio del historiador docente sea exaltar la centralidad del hombre común con sus valores que cambian e integrar a los jóvenes al nuevo orden internacional, dejando a un lado de la enseñanza de la historia la exaltación de gestas patrióticas, protagonistas heroicos, próceres». ¿Por qué? Porque de hacerlo, la sociedad toda sabría que la fuerza que ha movido las más grandes obras de la civilización occidental ha sido el cristianismo.

Esta concepción historicista fue reiteradamente refutada por Christopher Dawson, probando concluyentemente que, fuera de toda duda, la religión es la clave de la historia. Así nos dice:

> No podemos comprender las formas internas de una sociedad sin comprender su religión. No entenderemos sus realizaciones culturales a menos que comprendamos las creencias religiosas que las respaldan. En todas las épocas las primeras obras creadoras de una cultura se debieron a la inspiración religiosa y tuvieron una finalidad religiosa. Los templos de los dioses son las obras más perdurables del hombre. La religión está en el comienzo de todas las grandes literaturas del mundo. La filosofía es su criatura y como hijo pródigo constantemente vuelve a su padre.
>
> Lo mismo sucede con las instituciones sociales. La realeza y la ley son instituciones religiosas, y aún hoy no se han despojado completamente de su carácter numinoso, como podemos verlo en el rito de coronación inglesa y en las fórmulas de nuestros tribunales.
>
> Las instituciones de la familia, el matrimonio y la realeza tienen un fondo religioso que ha sido y sigue siendo sostenido por formidables sanciones religiosas.[17]

---

17. Christopher Dawson, *Religión y Cultura* (Buenos Aires: Ed. Sudamericana, 1953), pp. 62-63.

1.3 Cultura y religión: un falso antagonismo

Si bien es cierto que el concepto de «cultura» ha sido abordado e interpretado de distintos modos por los académicos, la versión que suele prevalecer es aquella que la presenta como un fenómeno exclusivamente laico y material. La izquierda, como era presumible esperar, fue quien más se ha ocupado de mutilar la naturaleza de esta palabra, vaciándola de significado e inyectándole ideología. Sin embargo, el término «cultura» posee una etimología doble, que alude a «cultivo» y «cultual»; es decir, a la capacidad de rendir culto, lo que implica la existencia de una vida o esfera religiosa. Por lo tanto, siendo así, no puede existir cultura sin culto, sin sacralidad y sin religiosidad. Lo explica claramente el Dr. Antonio Caponnetto, señalando que la cultura reviste un cultivo exterior, un cultivo interior y un cultivo vertical; el cultivo exterior implica la interacción con otros individuos y con los objetos; el cultivo interior, la conexión del individuo consigo mismo; y el cultivo vertical, la relación del hombre con lo divino. En este contexto, nos dice Caponnetto, la cultura se convierte en una capacidad cultual, contemplativa y sacralizante. De modo que la relación entre cultura y religión se encuentra en la misma naturaleza de la palabra «cultura», en su misma etimología. La cultura laica contemporánea es, en realidad, una invención que cobró fuerza durante el iluminismo, la ilustración (siglo XVIII), y que alcanzó su materialización política en 1789 con la revolución francesa.

Esta distinción, o aclaración, no es una cuestión meramente semántica. Modernamente no solo se ha desvinculado a la cultura de la religión, sino que suelen ser presentadas como antagónicas, y esta es una trampa en la que lamentablemente han caído no pocos cristianos. Dawson subraya la íntima conexión histórica entre cultura y religión:

> Es claro que un sistema de vida común implica una común concepción de la vida, normas comunes de comportamiento y tipos comunes de valores, y en consecuencia una cultura es una comunidad espiritual que debe su unidad a creencias y modos de pensar comunes más que a cualquier uniformidad de tipo físico.[18]

El citado filósofo prueba de un modo contundente no solo que las causas últimas de los procesos históricos son las fuerzas espirituales, sino que el cristianismo medieval fue un factor esencial en el nacimiento de la cultura-civilización europea. Revela asimismo la profunda conexión entre la fe religiosa y el logro cultural y social, ya que la primera le da al hombre el sentido de trascendencia que influye y transforma lo segundo (*Historia de la cultura cristiana*). Existe, por tanto, una relación de vital y activa dependencia de la cultura y la sociedad con respecto a la religión; esta última es la que conforma, dirige, transforma y otorga sentido a las primeras. No puede explicarse la conquista americana ni las distintas epopeyas europeas aduciendo a meros intereses crematísticos (lo cual sería de un reduccionismo de escuela), sino al ideal religioso que impulsó al hombre durante el proceso de conformación de su civilización. En conclusión, Europa es el resultado de un largo proceso espiritual e histórico basado en el cristianismo, religión que además ha tenido la grandeza y la capacidad de incorporar lo mejor del mundo antiguo,

---

18. Christopher Dawson, *Religión y Cultura* (Buenos Aires: Ed. Sudamericana, 1953), p. 61.

dando origen a la civilización occidental. De algún modo lo ha dicho el ensayista y poeta sajón Percy Bysshe Shelley en el prefacio de su drama lírico *Hellas*:

> Todos somos griegos. Nuestras leyes, nuestra literatura, nuestra religión, nuestras artes tienen sus raíces en Grecia. Si no hubiera sido por Grecia, Roma, la maestra, la conquistadora, la metrópolis de nuestros antepasados no habría esparcido la luz con sus armas y ahora podríamos ser salvajes o idólatras.

En el contexto de esta confrontación cultural —que, reiteramos, es ante todo teológica, ya que se enfrenta y opone a los valores de la fe cristiana—, resulta imperativo comprender la dinámica entre los actores de la civilización occidental. Nadie podrá ignorar, independientemente de su filiación religiosa, que el cristianismo ha constituido el fundamento de la civilización occidental. Esta afirmación que sostenemos de modo terminante no es producto de alguna apologética religiosa, sino de hechos irrefutables y objetivamente comprobables. El aporte del cristianismo a nuestra civilización trasciende el ámbito teológico y se manifiesta de manera crucial en la creación y el desarrollo de diversas áreas del conocimiento, incluyendo las ciencias naturales, las humanidades, las artes, la tecnología, etc.

Capítulo II

El cristianismo y la cultura

«[La iglesia] era la única institución en Europa que mostraba un interés riguroso por la conservación y el cultivo del conocimiento».

—Lowrie Daly

UNA DE LAS EVIDENCIAS MÁS SIGNIFICATIVAS DEL adoctrinamiento anticristiano en los centros educativos a nivel global es la percepción errónea entre los estudiantes universitarios, incluidos aquellos con distinciones académicas y no pocos cristianos, de que la religión cristiana ha sido históricamente contraria al desarrollo del conocimiento. Esta percepción constituye un error de grandes proporciones y una grave injusticia histórica. Es un hecho verificable que el cristianismo promovió la educación en todos sus niveles con más ahínco que cualquier otra creencia, y que tanto seglares como religiosos han estado siempre a la vanguardia en el terreno de la cultura, las invenciones y las ciencias.

Hasta el siglo XX, es inusual encontrar a un científico o intelectual que no sea, al mismo tiempo, un creyente y practicante de la fe. Incluso entre aquellos que se identifican con la corriente ateísta o agnóstica, se reconoce la influencia histórica y continua del cristianismo en las esferas intelectuales y sociales.

Desde los monasterios primigenios, Carlomagno —conocido con frecuencia como el «padre de Europa»— y su proyecto de la «nueva Atenas», pasando por la edad de oro de la escolástica cristiana (siglo XIII) o el siglo de oro español o europeo (siglo XVI), hasta llegar a nuestros días, el cristianismo y los cristianos han desempeñado un papel prominente en el ámbito del conocimiento, estableciendo los fundamentos y condiciones para el desarrollo de la cultura y las ciencias a nivel global. Sin embargo, es particularmente notable su contribución a la promoción del acceso universal a la educación, facilitando su alcance a todas las capas sociales.

2.1 Los monjes benedictinos

Si usted tiene hoy en sus manos algún libro de Aristóteles, Cicerón y los grandes maestros del mundo clásico, es en gran medida gracias a los monjes de la temprana Edad Media, sin cuya intervención aquellas obras se hubieran perdido debido a la destrucción que sobrevino a la caída del Imperio romano por las invasiones bárbaras. Recordemos que, en sus campañas de saqueo y destrucción, aquellos pueblos incivilizados e iracundos incineraban todo lo que estaba a su alcance, incluidas las grandes obras históricas e intelectuales de las que no había, en muchos casos, más que un ejemplar. El historiador protestante César Vidal, reconoce lo propio: «Si los clásicos latinos lograron sobrevivir en medio de aquel terrible, pavoroso marasmo se debió de manera exclusiva a la acción del cristianismo y, de manera muy particular, a los monasterios».[1]

Cuando hablamos de «monjes» nos referimos a aquellos religiosos pertenecientes a la orden benedictina fundada por San Benito de Nursia en el siglo VI y que se extendería rápidamente por toda Europa. Su lema era «ora y trabaja», y por trabajar comprendían el desarrollo de las actividades más variadas, siendo su contribución decisiva no solo en el ámbito espiritual, sino en los campos de la educación, la agricultura e incluso la invención.

Su labor no se limitó a la preservación y difusión de las grandes obras, sino que fueron destacados copistas, garantizando así la perdurabilidad del legado más destacado del mundo grecolatino. Indudablemente, sin su dedicación a la preservación minuciosa de estas obras, gran parte de los pensadores que han edificado nuestra civilización no estarían hoy disponibles. Los logros de aquellos sacerdotes cristianos, quienes no solo se interesaban por los conocimientos teológicos y cristianos, sino también por las grandes obras de la cultura universal de aquella civilización que se propusieron salvar —siguiendo aquí el mandato del apóstol Pablo, que llamaba a examinar todo y retener lo bueno (1 Tesalonicenses 5:21)—, independientemente de la disciplina, ciencia o religión que el autor hubiese abrazado, fueron significativos.

Esta faceta tan poco conocida o difundida de aquellos religiosos medievales captó la atención de Thomas Woods, un prestigioso historiador norteamericano que tituló el tercer capítulo de uno de sus libros más reconocidos, *Cómo la Iglesia construyó la civilización occidental*, del siguiente modo: «Cómo los monjes salvaron a la

---

1. César Vidal, *El legado del cristianismo en la cultura occidental* (Madrid: Espasa-Calpe, 2002), p. 70.

civilización». Los monasterios eran además verdaderos centros de labor intelectual y cultural,[2] y como decíamos, la labor más conocida a la que se abocaban era a la copia de manuscritos, tanto sagrados como profanos, lo cual era una tarea nada sencilla. En un manuscrito monástico puede leerse la siguiente inscripción: «Supone el que no sabe escribir que esta tarea no entraña esfuerzo alguno, más sucede que, si bien solo tres dedos sostienen la pluma, el cuerpo entero se resiente». Woods agrega: «Junto a su esmerada conservación de las obras del mundo clásico y de los padres de la Iglesia, de importancia central para nuestra civilización, los monjes desarrollaron otra tarea de enorme relieve en su condición de copistas: la preservación de la Biblia. Sin su devoción a esta tarea y las numerosas copias que produjeron, no es seguro que la Biblia hubiera sobrevivido a los ataques de los bárbaros».[3] El sacerdote Alfredo Sáenz escribe:

> Los monjes dedicados a dicha tarea se dirigían a ese recinto en las primeras horas de la mañana, y sentados delante de

---

2. Loup (c. 805-862), abad de Ferrières, cita también a Cicerón, Horacio, Marcial, Suetonio y Virgilio. Abbo de Fleury (c. 950-1004), abad del monasterio de Fleury, era un buen conocedor de Horacio, Salustio, Terencio y Virgilio. Desiderio, a quien se tiene por el principal de los abades de Montecassino tras el propio San Benito y quien en 1086 ocupó el trono papal con el nombre de Víctor III, supervisó personalmente la transcripción de Horacio y de Séneca, así como las de la obra de Cicerón, *De Natura Deorum* y los *Fastos* de Ovidio. Su amigo el arzobispo Alfana, que también fuera monje de Montecassino, poseía una fluidez similar con las obras de los escritores clásicos y citaba frecuentemente a Apuleyo, Aristóteles, Cicerón, Platón, Varro y Virgilio, además de imitar en sus propios versos a Ovidio y Horacio. Siendo abad de Bec, San Anselmo recomendó a sus discípulos la lectura de Virgilio y otros autores clásicos, aunque instándolos a pasar por alto los pasajes moralmente reprobables. Algunos monasterios destacaron por sus conocimientos en determinadas ramas del saber. Así, los monjes de San Benigno de Dijon impartían conferencias de medicina, el monasterio de Saint Gall contaba con una escuela de pintura y grabado, y en ciertos monasterios alemanes se pronunciaban conferencias en griego, hebreo y árabe.
3. Thomas Woods, *Cómo la Iglesia construyó la civilización occidental* (Madrid: Ciudadela Libros, 2007), p. 66

sendos pupitres pasaban horas y horas inclinados sobre los pergaminos, reproduciendo e «iluminando» los textos. Así fueron copiando las perícopas de la Escritura, las obras de los Santos Padres y de la antigüedad clásica, de tal modo que, en medio del naufragio ocasionado por las invasiones bárbaras, lograron salvar la cultura antigua, y transmitirla al Medioevo. De esos rescoldos de cultura encendidos en los monasterios, dispersos en medio de la noche, brotaría el gran incendio de la cultural medieval.[4]

Esta labor de preservación de textos antiguos se la debemos principalmente a los monjes, pero aquellas obras que no fueron directamente salvadas y transcritas por ellos se preservaron en las bibliotecas y las escuelas asociadas con las grandes catedrales medievales, escuelas que constituyeron la semilla de las futuras universidades. Un académico poco simpático a los monjes escribió:

> No solo crearon las escuelas y se convirtieron en maestros, sino que sentaron los cimientos de las universidades. Fueron los pensadores y los filósofos de su tiempo y modelaron el pensamiento político y religioso. A ellos, tanto individual como colectivamente, se debe la pervivencia del pensamiento y de la civilización del mundo clásico a lo largo de la Edad Media y el período moderno.[5]

En efecto, no se equivocaba, pues gran parte de la cultura pagana del mundo clásico ha llegado hasta nosotros gracias a la recensión

---

4. Alfredo Sáenz, *La cristiandad. Una realidad histórica* (Gratis Date, 2005), p. 78.
5. Thomas Woods, *Cómo la Iglesia construyó la civilización occidental*, p. 49.

enciclopédica que en el año 310 realizó el insigne obispo Eusebio de Cesárea.[6] Aquellos que no muestran interés por la historia desconocen que la civilización occidental estuvo en repetidas ocasiones a punto de sucumbir y ser destruida. Se asemejaba a una nave enfrentando tempestades, que logró sobrevivir gracias a la valentía de muchos hombres, al sacrificio de numerosos mártires y a la pericia, entrega, dedicación y esfuerzo de religiosos excepcionales. Uno de los momentos críticos para nuestra civilización ocurrió en el siglo V, durante la invasión de los pueblos bárbaros y sus campañas de destrucción y aniquilamiento del mundo civilizado. Este hecho ha sido reconocido por un destacado historiador no afín al cristianismo:

> Fueron los monjes, y ellos solamente, quienes realizaron con éxito la enorme empresa de apaciguar al bárbaro invasor, suavizando la rudeza de sus costumbres y la dureza de su espíritu, familiarizándolo con los frenos de la moral cristiana y haciéndole ver con fuerza convincente la necesidad de observar los principios fundamentales de la ley y el orden. Instruyéndolo en las artes y el uso de instrumentos de industria y progreso social, en una palabra, asimilando, civilizando y cristianizando veinte tribus bárbaras.[7]

---

6. Jean Dumont, *La Iglesia ante el reto de la historia* (Madrid: Ediciones Encuentro, 1987), p. 28. «Sin duda (los cristianos) estudiaban los textos sagrados. Pero también eran los portadores de la civilización greco-romana. Muy pronto, seducidos por el modelo de Filón de Alejandría, habían integrado la filosofía griega en su propia reflexión. Platón primero y luego Aristóteles se convertían en sus maestros del pensamiento. Ciertamente habían tenido que luchar contra la invasión de las gnosis helenísticas y se vieron obligados a preparar unas armas eficaces para combatirlas. Pero, por lo general, existía una armonía profunda entre la inspiración del "divino Platón" y el espíritu de la revelación cristiana» (Roger Arnaldez, profesor del Colegio de Francia, «Un solo Dios», *La Mediterranee*, bajo la dirección de Fernand Braudel, tomo I, París, 1978, p. 34).
7. *Ibidem*.

Es indudable que los monjes desempeñaron un papel primordial en la civilización occidental cristiana, la cual se edificó sobre los fundamentos del mundo grecolatino y sus saberes, particularmente en las disciplinas de la filosofía y el derecho. Los monasterios benedictinos, organizados desde el siglo VI, se erigieron como auténticos focos de enseñanza en toda Europa, propiciando así una cohesión cultural y espiritual que se extendía desde las costas mediterráneas hasta la península escandinava, abarcando desde Irlanda hasta Polonia. La magnitud de su influencia se refleja en la abundancia de monasterios presentes en el continente, según las fuentes, que alcanzan la cifra de 37.000. Un indicador adicional de su relevancia se encuentra en el hecho de que, a principios del siglo XIV, habían producido 24 papas, 200 cardenales, 7.000 arzobispos y 15.000 obispos, 1.500 santos canonizados y 10 emperatrices, 47 reyes y 50 reinas alineados al ideal monástico de estudio, humildad, pobreza y obediencia. Inclusive, algunos de los grupos bárbaros fueron atraídos a la vida monástica.[8] Es difícil señalar una sola empresa importante para el progreso de la civilización durante la Edad Media en la que los monjes de las diferentes órdenes no tuvieran algo que ver: agricultura y ganadería, fábricas, centros de investigación, hospitalidad, caminos, salud, ayuda a los necesitados, fabricación e intercambio de productos, ayuda a los viajeros, rescate de los náufragos, cultura, fervor espiritual y mucho más.

En la Regla de San Benito se establecía entre otras cosas que «el monasterio debería estar organizado de tal manera que todas las cosas necesarias, como el molino, los huertos y los talleres, se encontraran en el interior de su recinto». Estos monasterios fueron

---

8. Uno de esos personajes fue Carlomán de los francos, quien era tío del gran Carlomagno y abdicó a favor de su hermano, Pipino el Breve, para entrar en Montecassino como monje benedictino. Otro que se hizo monje fue Rachis de los lombardos.

pioneros en la mecanización y la construcción de maquinarias. Los monjes cistercienses en particular levantaron fábricas utilizando la energía hidráulica durante el siglo XII en muchísimos de sus 742 monasterios. El molino de viento y agua, la máquina de vapor (utilizada para transformar la energía térmica en energía mecánica), las roturaciones de la tierra con el arado de metal, los relojes mecánicos,[9] los dispositivos para cálculos astronómicos (como el Torquetum, el Rectángulus y el Equatorium), la brújula de variación[10] (y distintos instrumentos de navegación), las gafas (anteojos),[11] la calefacción central y ¡hasta la cerveza!,[12] todos son inventos surgidos en los monasterios. El historiador y economista David Landes llega al punto de afirmar que la revolución industrial del siglo XVIII no hubiese sido posible sin los aportes de la Edad Media.

Resulta interesante reparar en el carácter meritocrático de los monasterios, lo cual es evidente a partir del origen social de muchos de los abades, que lejos de pertenecer a la nobleza, eran de condición humilde, siendo muchos de ellos pobres campesinos, pero fundamentales en el éxito de la orden. Sobre ello se expide César Vidal, ofreciendo el siguiente ejemplo:

> Honorato, el fundador del monasterio de Fondi, era de origen servil y campesino, y eso no le impidió gobernar a

---

9. Javier Ordoñez, *El gran invento medieval del reloj mecánico*, National Geographic, Curiosidades de la historia, capítulo 94, 2024. Estos sofisticados relojes fueron creados por el abad de Saint Albans, Richard Wallingford, y no solo marcaban las horas y minutos del día, sino también el flujo y reflujo de la marea, así como los movimientos del sol y la luna.
10. La «brújula de variación» o «declinación magnética» se refiere a la diferencia angular entre el norte geográfico (o verdadero) y el norte magnético, es decir, la dirección que indica una brújula.
11. Abel G. M., *Seis inventos medievales que cambiaron al mundo*, National Geographic, 6 de noviembre de 2024.
12. Si bien la cerveza ya existía, los monjes refinaron las técnicas de elaboración y descubrieron nuevos métodos, que pronto se extendieron por toda Europa.

doscientos monjes. Precisamente, esa impronta meritocrática y la recuperación del culto al trabajo propio de la Biblia tuvo repercusiones económicas trascendentales. Un número considerable de los monjes era de origen campesino —como Equito, del que habla Gregorio en sus Diálogos (I, 4), haciendo uso de la guadaña— y pudo emplearse en la recuperación de tierras que habían quedado baldías por efecto de las invasiones bárbaras. El terreno estéril, el pantano, el páramo fueron cediendo poco a poco su lugar a un ejército civilizador que era, a la vez, pacífico y laborioso, en suma, que encarnaba dos de las virtudes cristianas más esenciales.[13]

Podemos añadir el caso del propio San Patricio, de origen humilde, que lograría evangelizar Irlanda, región en la que ni siquiera el Imperio romano había podido penetrar. Los monjes desafiaron cualquier barrera geográfica, lanzándose sobre todo el mundo conocido, y pudieron hacerlo a fuerza de una inquebrantable convicción en Dios.

2.2 Carlomagno y el renacimiento cultural de Europa

El emperador Carlomagno (748-814), conocido como el «padre de Europa», mantuvo una relación significativa con la orden mencionada previamente. Si bien quien fuera rey de los francos y luego emperador de Occidente es particularmente conocido por sus campañas militares

---

13. Vidal, *El legado del cristianismo en la cultura occidental*, pp. 73-74.

contra la amenaza de bárbaros y musulmanes, su principal mérito consistió en lograr la unificación cultural de los distintos pueblos cristianos que conformaban su reino. En esta tarea promovió y respaldó la creación de monasterios en todo el continente, reconociendo su función evangelizadora, cultural y espiritual. Como gran aficionado a la historia que era, Carlomagno conocía el papel crucial desempeñado por los monjes en el área de la cultura durante los convulsionados momentos de la caída del Imperio romano.[14] «Sin embargo todos esos esfuerzos no tuvieron sino un carácter preparatorio», dice Sáenz. ¿Por qué? Porque fue Carlomagno quien organizó y proyectó a gran escala todos los esfuerzos entonces existentes y algo aislados de la vida intelectual, confiriendo un verdadero resurgir cultural en aquella Europa. «Hasta aquel entonces», escribe César Vidal, «la legislación de los reinos occidentales había sido el derecho bárbaro con retoques más o menos profundos, en ocasiones del todo superficiales, de valores cristianos. La legislación carolingia significó una ruptura con el pasado. Pretendería —que lo consiguiera es cuestión diferente— promulgar unas leyes nuevas derivadas de la ética cristiana que pasaran por encima de los precedentes romanos y germánicos [...] En otras palabras, su labor de gobierno pretendería traducir al terreno de la política principios ya presentes en el Nuevo Testamento, los de que la legitimidad se sustenta en la defensa de ciertos valores y que el abandono de los mismos legitima la desobediencia al gobernante».[15]

---

14. Por caso, en los siglos V y VI, en el norte de Italia —dominada por el rey ostrogodo Teodorico— tuvo lugar un pequeño «renacimiento»; en la España de los visigodos apareció la figura de San Isidoro de Sevilla, gran intelectual que supo sintetizar y transmitir el pensamiento antiguo; en el siglo VIII, en Gran Bretaña surgió San Beda el Venerable, monje erudito, y también Bonifacio, que junto al primero se dedicaron a preparar monjes misioneros para llevar a otras regiones no solo el cristianismo, sino las letras y la civilización. En Alfredo Sáenz, *La cristiandad. Una realidad histórica* (Gratis Date, 2005), pp. 63-64.
15. Vidal, *El legado del cristianismo en la cultura occidental*, p. 86.

Esta reforma requería indudablemente de un líder político indiscutible con vocación imperial que no solo comprendiese la importancia vital de la cultura y la religión como factores de unión y prosperidad, sino que también tuviera la capacidad de organizar, ordenar y multiplicar los esfuerzos existentes en todos sus dominios. «Nada muestra mejor la verdadera grandeza de su carácter», anota Sáenz, «que el celo que puso este príncipe guerrero y casi analfabeto en restaurar la educación y elevar el nivel general de la cultura en sus dominios».[16]

¿Cómo lo logró? Se convocó a las grandes luminarias del imperio, es decir, a los más destacados eruditos, artistas y arquitectos, con el propósito de conformar un programa educativo que reuniera los más destacados conocimientos en diversas áreas de la cultura. A la convocatoria acudieron, entre otros, el poeta Teodulfo de Orleans y Agobardo; de Italia, el historiador Pablo Diácono y Pedro de Pisa; y de Irlanda, Clemente y Dungal. El proyecto recibió el nombre de «Escuela palatina» por tener su sede central en el Palacio de Carlomagno, ubicado en Aquisgrán. Desde allí se impartió el conocimiento por todo el imperio, estableciéndose inicialmente en distintas sedes episcopales y monásticas que funcionaban como centros de enseñanza. Alcuino, un destacado monje benedictino erudito en las artes liberales y las letras latinas, fue designado por el emperador como líder de este ambicioso proyecto, con la misión de implementar el método de estudios establecido en la escuela de York, en Inglaterra. La «Escuela palatina» pronto se convirtió en un modelo de institución educativa que influyó en gran parte de Europa occidental. Carlomagno convocó a Alcuino para que colaborara en una reforma educativa que, iniciada en la Escuela de la corte de Aquisgrán (cuyas funciones podían considerarse

---

16. Sáenz, *La cristiandad. Una realidad histórica* (Gratis Date, 2005), p. 64.

precedentes de la universidad medieval), se expandiera mediante una red de escuelas episcopales que habrían de crearse en cada una de las diócesis del imperio. Se implementó un plan de estudios estandarizado, denominado *Trivium et Quadrivium*, destinado a su aplicación en dichos establecimientos educativos. Alcuino fue el responsable de compilar y redactar una amplia gama de textos educativos, algunos de los cuales eran tan elementales como listas de palabras. La minúscula carolingia estableció un modelo de escritura claro y sencillo para los manuales, utilizado inicialmente en los monasterios de Corbie y Marmoutier (San Martín de Tours). Asimismo, se implementó una versión estandarizada del latín que permitió la acuñación de nuevas palabras mientras se preservaban las reglas gramaticales del latín clásico, facilitando además la comunicación entre los hombres en toda Europa Occidental.

Toda la reforma educativa queda sintetizada en el famoso *Admonitio generalis* (Exhortación general), que es la colección de legislaciones promulgadas por Carlomagno en 789, donde destaca asimismo su voluntad evangelizadora, siendo la Biblia el texto más glosado (esto último no sorprende, dado que su libro predilecto era *La ciudad de Dios*, de San Agustín). Estas normativas —conocidas también como «Las capitulares de Carlomagno»— constituyeron posiblemente la primera legislación enteramente cristiana de un estadista en la historia, donde además de proclamar a Cristo como centro de todo, se hace énfasis en la educación, la caridad, la virtud, el comportamiento que debían tener los funcionarios, la protección de los campesinos, etc.

Una de las principales normativas de la mencionada legislación instaba a los obispos a «atraer no solo a los niños de condición servil, sino incluso a los hijos de los hombres libres, y organizar en las iglesias catedrales y monasterios escuelas para enseñar a los niños a leer, cantar, contar, y finalmente, asegurar que los salterios, los libros de música, la aritmética y la gramática fuesen de una corrección perfecta».[17] Esta instrucción, por norma (Capitular I, 235), debía ser gratuita. Veamos a modo de ejemplo algunas más: «Que los sacerdotes atiendan mucho a los enfermos y penitentes» (C1, 10); «Que los huéspedes, pobres y peregrinos, tengan recepción regular y canónica en los distintos lugares» (A.G., 75); «No permitan que algunos por su cuenta inventen y prediquen novedades al pueblo y no según las escrituras sagradas» (A.G., 82); «Sobre los monjes que yacen en las plazas, que vayan a la iglesia para solicitar limosna» (A.G., 32).[18] Como vemos, la protección de los débiles fue un eje central en la política carolingia, construyéndose hospitales, leprosarios, alojamiento para los viajeros y prohibiéndose el préstamo con interés, tan usual en aquellos tiempos. Continuando la línea apostólica, se prohibía asimismo que los maridos repudiasen a sus mujeres y contrajeran nuevo matrimonio (salvo en caso de adulterio),[19] y si bien la esclavitud no desapareció por completo, la influencia de la iglesia logró que se liberaran no pocos esclavos y que la esclavitud deviniese en un sistema de servidumbre.

Volviendo a lo estrictamente cultural, el emperador se ocupó de la creación de grandes bibliotecas, muy necesarias para el desarrollo del conocimiento. En aquel entonces, las bibliotecas europeas, a diferencia de la Biblioteca de Alejandría —que acogía decenas de miles de pergaminos—, eran más modestas. Por ejemplo, la biblioteca del monasterio de Saint Gall, considerada como una de las más

---

17. *Ibidem*, p. 65.
18. Las normativas citadas las hemos tomado del libro *Las capitulares de Carlomagno*, publicadas por la Universidad Nacional de Mar del Plata en el año 2014 y traducidas del latín al español por Santiago Bazzano y Carlos Dominguez. ISBN 978-987-544-560-4. Pueden consultarse en esta obra todas las capitulares promulgadas por el emperador.
19. Consultar también Vidal, ob. cit., pp. 88-90.

importantes, contaba con tan solo treinta y seis volúmenes. Esto cambiaría decisivamente con la llegada del abad Waldo de Reichenau en el año 782, logrando al siglo siguiente que el monasterio de Fulda ampliara su colección a más de un millar de volúmenes, impulsando a otros monasterios a hacer lo mismo.

La restauración cultural fue impulsada por el Imperio carolingio desde fines del siglo VIII hasta comienzos del siglo IX, registrándose durante este período un gran incremento de los estudios artísticos, literarios, jurídicos y litúrgicos, desarrollándose el empleo del latín medieval y la minúscula carolingia, proveyendo un lenguaje común y un estilo de escritura que permitieron una mejora de la comunicación entre los habitantes de la mayor parte de Europa.

La gran tarea de Carlomagno fue sin dudas lograr unificar la diversidad cultural europea bajo el cristianismo romano. De algún modo, la importancia central de Carlomagno es la promoción política-estatal de los ideales cristianos, originándose las primeras relaciones entre la iglesia y el estado. Según Cristopher Dawson, todos los elementos que constituirían la civilización europea estaban presentes en el proyecto carolingio: la tradición política del Imperio romano, la tradición religiosa de la iglesia católica, la tradición intelectual de la cultura clásica y las tradiciones nacionales de los pueblos bárbaros.[20] «De no haberse producido el renacimiento carolingio», escribe Sáenz, «la continuidad cultural se hubiese visto quebrada y la civilización habría perecido en los dos siglos de caos que siguieron a la desaparición de Carlomagno, sin que los hombres que vinieron después hubiesen podido recoger una sola piedra del edificio que había levantado la antigüedad».[21]

20. Sáenz, *La cristiandad. Una realidad histórica* (Gratis Date, 2005), p. 67.
21. *Ibidem*, p. 67.

2.3 Las universidades

Es un hecho que muchos de los grandes pensadores de la historia no habrían existido si el cristianismo no se hubiese ocupado de la formación intelectual de los hombres desde la más tierna infancia, porque en tiempos precristianos, por lo general, solo las personas con dinero podían acceder a una educación integral. La Edad Media bien podría llamarse la «Edad de las Luces», ya que en ella se encuentran los tres niveles de enseñanza: primaria, secundaria y superior. A medida que el cristianismo se expandía y se consolidaba, las posibilidades de acceder a una educación integral aumentaban para todas las personas. Por lo general, donde se fundaba una iglesia se creaba también una escuela. Ya en la Edad Media, las parroquias tenían la obligación de crear una escuela y proveerla de todo lo necesario para la educación de los niños.[22] ¿Qué se enseñaba aquí en esta escuela primaria? Además del catecismo y la doctrina cristiana, se enseñaba a leer, a escribir, matemáticas, gramáticas y algunas nociones de latín.

El siguiente nivel de enseñanza, que hoy llamamos «secundaria», se impartía en las escuelas monásticas y en las catedralicias y capitulares, donde también se enseñaban algunos elementos de estudios superiores. Es importante señalar que todos podían acudir a estas escuelas, las cuales eran aranceladas para los pudientes, pero gratis para los pobres, lo que aseguraba igualdad de oportunidades para todos y evidencia el especial cuidado que siempre tuvo el cristianismo para asistir a los desposeídos.

Existen personajes importantes de condición humilde que lograron desarrollarse gracias a la caridad cristiana, como por ejemplo Sigerio, luego primer ministro de Francia, que era hijo de siervos;

---

22. El Tercer Concilio de Letrán de 1179 lo estipuló de modo formal y obligatorio para todas las parroquias cristianas.

o San Pedro Damián, que trabajaba cuidando cerdos; o el propio Gregorio VII, destacado pontífice, que era hijo de un cuidador de cabras. ¿Cuál era el contenido de este nivel de enseñanza? Se seguía el esquema adoptado por Alcuino en tiempos de Carlomagno, que dividía el conocimiento en siete disciplinas ordenadas en dos grupos: el *trivium*, que abarcaba gramática, dialéctica y retórica, y el *quadrivium*, que incluía aritmética, geometría, astronomía y música. El conjunto de estas disciplinas recibió el nombre de «artes liberales», porque enseñaban a pensar con libertad y a forjar el criterio propio, en contraposición a las llamadas «artes mecánicas», como la carpintería y la construcción, que en cierto modo someten al hombre a las exigencias de la materia. Pero, sobre todo, las artes liberales eran consideradas medios para conocer la verdad. Veamos brevemente en qué consistía cada una de estas disciplinas. La gramática que se impartía allí trascendía el mero aprendizaje de la lectura y la escritura, y abordaba también la sintaxis, la etimología, la prosodia, etc. La dialéctica se enseñaba inmediatamente después, ya que, sabiendo leer y escribir, era necesario aprender a argumentar, probar y rebatir, es decir, desarrollar también el juicio crítico. La retórica se centraba en la formación de la oratoria y la elocuencia, que para Cicerón era el arte supremo e incluso una virtud. Esto se debe a que en la persuasión no solo es necesario el argumento, sino también la elocuencia y la claridad con la que se exponen dichos argumentos. En cuanto a las cuatro últimas artes, su contenido es similar al que actualmente les adjudicamos, con la excepción tal vez de la música, que en aquel entonces abarcaba todos aquellos conocimientos propios de lo que hoy llamamos «bellas artes».

Contrariamente a la paupérrima educación actual, donde con viento a favor le enseñan a uno a leer y a escribir, durante la Edad

Media les enseñaban a los jóvenes a pensar. Desde la escuela secundaria, se enseñaba obligatoriamente el *trivium*,²³ módulo que incluía la dialéctica (o lógica), la gramática, la retórica y la poesía, y el *quadrivium*,²⁴ consistente en la aritmética, la música (abarcando todo lo que hoy entendemos como «bellas artes»), la geometría y la astronomía.²⁵ Todo ordenado y organizado para impulsar las almas a lo máximo y hacerlas trascender, es decir, llegar al bien último y supremo.

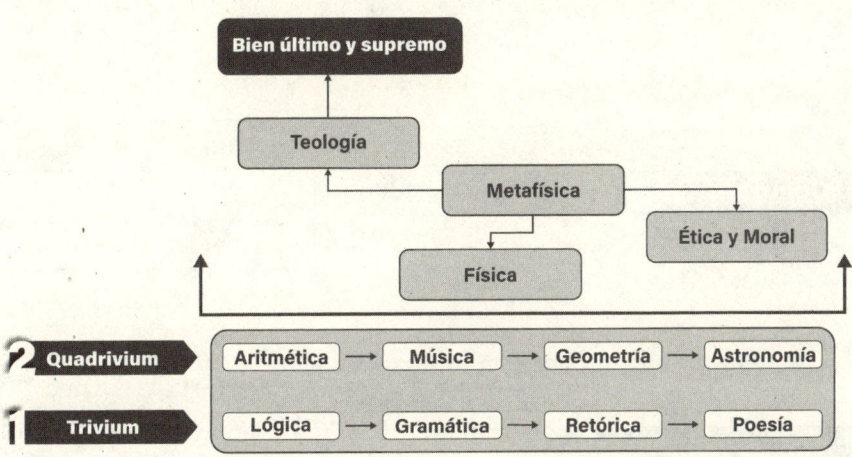

Repárese en la importancia que, en la educación, los medievales le daban al desarrollo de la capacidad crítica del individuo, junto con la formación integral de la persona. Por ejemplo, la gramática que se enseñaba no se reducía, como hoy, al ámbito de la lectoescritura, sino que «abarcaba todo lo que se requiere para componer un libro», nos dice A. Sáenz,²⁶ como sintaxis, etimología, prosodia, etc. En segundo

---

23. K. Clark, R. S. Jain y P. Kreeft, *The liberal arts tradition: a philosophy of Christian classical education*, 2013, pp. 37 y ss.
24. *Ibidem*, pp. 52 y ss.
25. La palabra «música» se relaciona a las musas, indicando la inspiración que causa la obra o la impulsa, colaborativamente con la libertad del artista, es decir, el estudio de la música no se reduce a esta disciplina, sino a las demás fundamentales.
26. Alfredo Sáenz, *La cristiandad. Una realidad histórica*, p. 41.

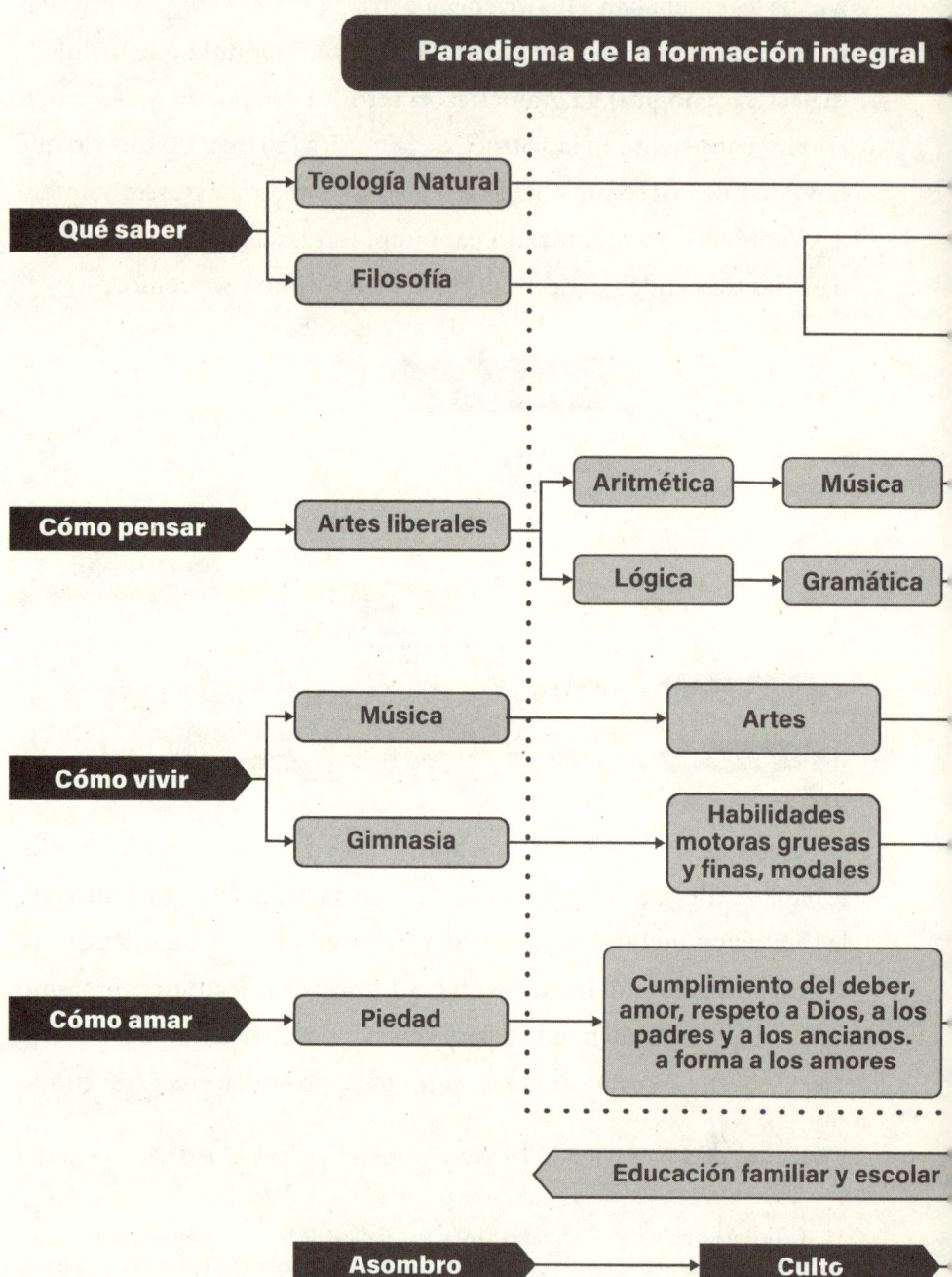

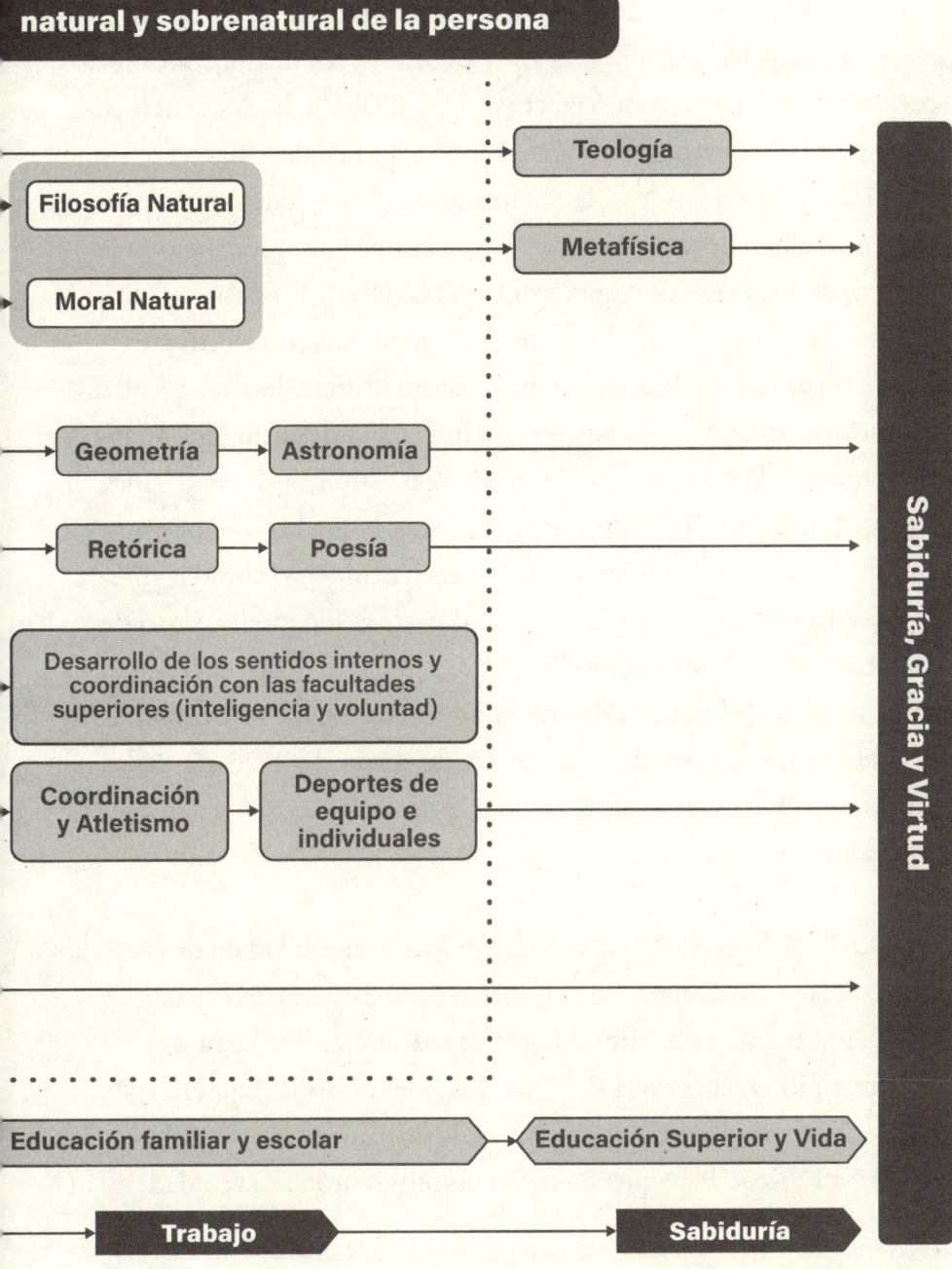

lugar, venía la dialéctica, puesto que luego de saber leer y escribir, era preciso aprender a argumentar, probar y rebatir. Por último, la retórica, la elocuencia, que es el arte de convencer y de transmitir los conocimientos de un modo efectivo. Para Cicerón, la elocuencia es el arte supremo, pero no solo un arte, sino hasta una virtud.

El método académico y la organización universitaria actual provienen también de estos tiempos. El tercer nivel de enseñanza era la universidad, que pocos sospechan fue creación de la iglesia católica y el medioevo cristiano. Ninguna otra civilización montó jamás una organización educativa semejante: ni chinos, indios, árabes, bizantinos, griegos, romanos, etc. La universidad fue un fenómeno enteramente nuevo en la historia de Europa. Thomas Woods ratifica esta aseveración, señalando que la institución que hoy conocemos, con sus facultades, programas, exámenes y títulos, así como la diferencia entre estudios superiores y estudios de grado medio, procede directamente del mundo medieval.[27] Las universidades dependían directamente del papa, a diferencia del resto de las instituciones educativas que respondían al obispo de turno. La historia de las universidades comienza en París en el siglo XII. Lo cuenta con precisión Sáenz:

> Desde principios del siglo XII, era París una ciudad de profesores y estudiantes. En el claustro de la catedral de Notre-Dame funcionaba una escuela catedralicia, heredera del prestigio de la escuela de Chartres, y en la orilla izquierda del río Sena, dos escuelas abaciales, la de Santa Genoveva y la de San Víctor. El pequeño puente que unía entonces la ciudad

---

27. Woods, *Cómo la Iglesia construyó la civilización occidental* (Madrid: Ciudadela de libros, 2007), p. 52.

con la orilla izquierda del Sena, estaba repleto de casitas que se llenaron de estudiantes y profesores, un día los profesores y alumnos comprendieron que formaban una corporación, o sea, un conjunto de personas dedicadas a la misma profesión. Y entonces hicieron lo que habían hecho ya los zapateros, los sastres, los carpinteros y otros oficios de la ciudad: agruparse para constituir un gremio. El gremio de profesores y estudiantes se llamó universidad. Enterado del hecho, el papa la colocó bajo su amparo, y los papas posteriores resolvieron que sus estudios fueran válidos para todo el orbe cristiano.[28]

A mediados del siglo siguiente surge la Sorbona (Universidad de París). Antes, en el siglo XII, surge la Universidad de Bolonia, especializada en derecho civil y canónico. En el mismo siglo surgen asimismo la Universidad de Salerno, especializada en el estudio de la medicina, y la Universidad de Montpellier, en Francia, célebre también con sus escuelas de medicina. En el siglo XIII surgirán en Inglaterra la Universidad de Oxford y la Universidad de Cambridge. Con este impulso se irán creando nuevas universidades en todo el orbe cristiano, promulgadas tanto por religiosos como por políticos. En España, por ejemplo, surgen la Universidad de Coimbra, la de Palencia (creada por Alfonso VIII, rey de Castilla) y la de Salamanca, erigida por Alfonso IX en 1220. Hemos mencionado solo algunas de las universidades más importantes fundadas en aquellos siglos. Esta gran variedad de instituciones superiores permitía a los estudiantes de los reinos cristianos elegir entre una amplia gama de ramas disciplinares, aun si la casa de estudios quedase lejos de su lugar de origen

---

28. Alfredo Sáenz, *La cristiandad. Una realidad histórica* (Pamplona: Fundación Gratis Date), p. 81.

o residencia, pues las universidades albergaban de modo gratuito a todo aquel estudiante que quisiera estudiar, de modo que el estudio no fuese privativo a nadie por cuestiones económicas. En cuanto a la organización y los procedimientos académicos de las universidades, comencemos diciendo que los estudios se distribuían en cuatro facultades: Teología, Derecho, Medicina y Artes (artes liberales).

El método general utilizado en las facultades era el siguiente:

> Primero se tomaba un texto, las «Etimologías» de San Isidoro, por ejemplo, o las «Sentencias» de Pedro Lombardo, o un tratado de Aristóteles, según la materia enseñada, y se lo leía pausadamente (era la lectio); luego se lo comentaba (era la quaestio), haciéndose todas las observaciones a las que podía dar lugar, desde el punto de vista gramatical, lingüístico, jurídico, etc.; finalmente se discutían las posibles objeciones (era la disputatio). De allí nacieron las llamadas *quaestiones disputatae*, cuestiones en torno a las cuales se entablaba un debate, y que debían sostener los candidatos al título ante un auditorio formado por profesores y alumnos, durante el cual todo asistente podía tomar la palabra y exponer sus dificultades; en ocasiones, dieron lugar a tratados completos de filosofía o teología.[29]

Como se observa, una parte central para la formación de estos nuevos profesionales era la promoción del debate, muchas veces enérgico, y en gran medida exento de restricciones —lo que no sucede actualmente en una gran parte de las instituciones educativas modernas, donde impera la censura para ciertos tópicos—, es decir,

---

29. Alfredo Sáenz, *La cristiandad. Una realidad histórica*, pp. 84-85.

existía una libertad de cátedra tal que estaba permitido someter a debate incluso los textos de los grandes maestros.

Concluida la primera parte de la formación universitaria, el estudiante recibía el grado de bachiller, que le permitía enseñar mientras seguía siendo estudiante, si bien de manera restringida. Luego, tras un examen general, venía la licenciatura, que le permitía ingresar en la corporación de los profesores y dictar cátedra. Tanto durante el bachillerato como en la licenciatura, el estudiante debía estudiar detenidamente la *Metafísica*, la *Retórica* y las dos *Éticas* de Aristóteles, los *Tópicos* de Boecio y los libros poéticos de Virgilio, entre otras obras fundamentales de la civilización occidental.[30] El estudio para la licenciatura requería entre cuatro y cinco años. Se ve claramente entonces que la educación universitaria cristiana era verdaderamente integral y no distinguía autores cristianos de paganos. El último título académico era el del doctorado, que era un título más bien honorífico.

El método académico y la organización universitaria actual provienen también de estos tiempos. Por ejemplo, la división universitaria

---

30. Una vez obtenido su diploma universitario, y antes de aspirar a su licencia docente, el estudiante debía haber «conocido en París o en otra universidad» las siguientes obras de Aristóteles: *Física, De la generación y de la corrupción, Del cielo* y *Parva Naturalia*; también los tratados *De la sensación y de lo sensible, Del sueño y de la vigilia, De la memoria y del recuerdo, De la longevidad y de la brevedad de la vida*. Asimismo, debía conocer (o tener intención de hacerlo en el futuro) la *Metafísica*, y haber asistido a clases sobre los trabajos matemáticos del filósofo griego. El historiador Hastings Rashdall ofrece en relación con el currículo de Oxford la siguiente lista de lecturas obligatorias para alcanzar la maestría, una vez obtenido el primer diploma. Textos sobre las artes liberales: Prisciano en gramática; la *Retórica* de Aristóteles o los *Tópicos* de Boecio, o la *Nova Rhetorica* de Cicerón, o *Las Metamorfosis* de Ovidio y la *Poetria Virgilii* en retórica; *De Interpretatione* (tres trimestres) o los *Tópicos* de Boecio (libros 1-3), o los *Primeros Analíticos*, o los *Tópicos de Aristóteles*; en aritmética y en música a Boecio; en geometría a Euclides, Alhacen, o la *Perspectiva* de Vitelio; en astronomía la *Theorica Planetarum* (dos trimestres) o el *Almagesto* de Ptolomeo. En filosofía natural: la *Física* o *Del cielo* (tres trimestres), o *De las propiedades de los elementos*, o *Meteorología* o *De los vegetales y las plantas*, o *Del alma de los animales*, o cualquiera de las *Parva Naturalia*; en filosofía moral la *Ética* o la *Política* de Aristóteles (tres trimestres) y en metafísica la *Metafísica* (dos trimestres o tres si el candidato aún no ha «defendido» su causa de debate. Tomado de Alfredo Sáenz, La Cristiandad, una realidad histórica (Pamplona: Fundación Gratis Date, 2005), p.42

en facultades (de acuerdo con la especialización), los modos de examinar, los nombres y la variedad de las titulaciones (bachiller, licenciatura, doctorado), etc. Como ya vimos, el método académico consistía en tres pasos. Durante el primero, llamado lectio, se leía un texto. El siguiente paso es la quaestio, donde se hacían las observaciones pertinentes que podían dar lugar. Por último, la disputatio, donde se discutían las posibles objeciones. Por ejemplo, los candidatos al título debían defender su tesis o posición ante un auditorio de profesores y alumnos, pudiendo ser objetados en todo momento por cualquiera de los asistentes. De aquí nacen las cuestiones disputadas o lo que hoy llamamos sencillamente «debates», que explicaremos a su debido tiempo. Visto todo lo cual, no sorprende en absoluto que aquellos hombres se refirieran a la Edad Media como «la nueva Atenas».[31]

Si algo distinguía al período de la cristiandad era la armonía social y la genuina libertad, donde cada estamento atendía sus responsabilidades y cada hombre, a través de los fueros y las cortes populares, podía participar de las decisiones atinentes a su provincia y su nación. Contrariamente a lo que nos han enseñado en la escuela, el poder real tenía límites y regía en sus dominios el principio de subsidiariedad (verdadera justicia social),[32] de modo que no es cierto entonces que los reyes católicos medievales fueran por norma todopoderosos o absolutistas, como se gusta decir, y mucho menos tiranos (tristemente, esto poca gente lo sabe).

Esta Europa civilizada que referimos, cuna de la civilización occidental como la conocemos, fue creación del cristianismo (como entre otros demostró acabadamente Thomas Woods).[33] Con sus más y

---

31. A. Sáenz, *La cristiandad. Una realidad histórica*, p. 45.
32. El principio de subsidiariedad protege a las personas de los abusos de las instancias sociales superiores e insta a estas últimas a ayudar a los particulares.
33. Consultar su magnífico libro al que nos hemos referido, *Cómo la Iglesia construyó la civilización occidental* (Madrid: Ciudadela Libros, 2007).

sus menos, la cristiandad —que es lo mismo que decir civilización occidental— construyó los cimientos de un orden moral, político y social sin precedentes en la historia, rescatando y conservando lo mejor de los clásicos helénicos y romanos, matizando y mejorando lo que había por mejorar y modificar, especialmente a través de los principios y la doctrina cristiana, que incorporaba al viejo orden la caridad, la gracia, la solidaridad y el perdón, ofreciendo la salvación a todos los hombres independientemente de su condición.

Eran estas, en suma, sociedades férreamente organizadas y sustentadas sobre ciertos principios inamovibles, apoyados en la ley natural, la experiencia histórica y el sentido común, pero sobre todo en la fe cristiana, y esta fue la clave de su éxito. Al respecto, hace varios años, el sacerdote, filósofo y teólogo argentino Alfredo Sáenz publicó una magnífica obra que hemos citado, la cual recomendamos vivamente consultar.[34]

Cabe remarcar que para comienzos del siglo XVI en Europa había ochenta y una universidades establecidas.[35] Destaquemos asimismo que los estudios impartidos no solo fueron teológicos, sino científicos, lo cual queda probado en la cantidad de hombres de ciencia salidos de sus lides y en los autores a los que se recurría durante todo el proceso universitario. ¿Qué decir de la escolástica, que no es otra cosa que la aplicación de la inteligencia humana al estudio de la verdad revelada, en hombres como Santo Tomás, que partiendo para sus análisis del binomio fe-razón demostraba con la razón y un sinfín de argumentos la existencia de Dios?[36] Contrariamente a lo que suele creerse, esto es, que investigaciones y estudios estaban

---

34. A. Sáenz, *La cristiandad. Una realidad histórica* (Gratis Date, 2005).
35. Woods, ob. cit.
36. Ver sobre el caso las obras de Daniel-Rops y de Alfredo Sáenz.

impregnados de presupuestos teológicos, los intelectuales medievales respetaban en gran medida lo que se conocía como filosofía natural, una rama del conocimiento que se ocupaba del funcionamiento del mundo físico, sus movimientos y sus cambios. Las explicaciones para los fenómenos de la naturaleza se desarrollaban en gran medida al margen de la teología. Entre otros, esto es confirmado por Edward Grant, quien señala que los filósofos naturales de las facultades de artes «debían abstenerse de introducir la teología y las cuestiones de fe en el terreno de la Filosofía Natural».[37] El propio Alberto Magno, maestro de Santo Tomás de Aquino, advertía que las ideas teológicas correspondían a los tratados de teología, no a los de física. Edith Sylla, especialista en filosofía natural, lógica y teología de los siglos XIII y XIV, afirma que deberíamos «maravillarnos del grado de complejidad lógica que a buen seguro alcanzaban los universitarios de Oxford en el siglo XIV».[38] Los escolásticos se entregaban a la razón como herramienta indispensable para el estudio de la teología y la filosofía, y a la dialéctica —la yuxtaposición de posiciones contrarias, seguida por la resolución del asunto en liza mediante el recurso a la razón y la autoridad— como método más adecuado para abordar cuestiones de interés intelectual.

2.4 El «siglo de oro» español y europeo

Visto lo anterior, no sorprende entonces que la ciencia haya sido un campo en el que los cristianos se destacaran particularmente a través de la historia. De modo tal que aquella tesis según la cual el

---

37. Woods, ob. cit.
38. *Ibidem*, p. 83.

cristianismo fue hostil a la ciencia no puede sostenerse. Tal vez uno de los mejores argumentos en este sentido lo constituye que aun en los tiempos de esplendor de la Inquisición —institución injustamente vilipendiada que luego consideraremos—, las ciencias, el pensamiento y las artes no solo no fueron perseguidas, sino que experimentaron un crecimiento exponencial, tanto cuantitativamente como cualitativamente, como demuestra la expresión acuñada del «siglo de oro español», que lo fue a la vez de toda Europa, entre el siglo XVI y el XVII. Desde su célebre obra *Esquema de la historia universal*, H. G. Wells escribía lo siguiente: «Con sus jurisconsultos y teólogos, sus generales y sus sabios, echó las bases de la vida moderna; la que organizó la vida municipal y concibió el sistema parlamentario antes que ninguna otra. Negar todo esto sería absurdo [...] El siglo XVI tiene una luz deslumbrante en todos los aspectos del saber humano: España».[39] Y España era en aquel entonces la potencia espiritual y militar de Europa. Por esto mismo afirma Wells que «el único país de progreso cristiano era España».[40] Así, tratando de fijar límites a esta Edad Dorada, concluye el hispanista alemán Karl Vossler que «España sostuvo su papel literario y artístico dos siglos continuados que pueden y deben llamarse de oro, y uno solo su predominio político».[41]

---

39. H. G. Wells, *Esquema de la historia universal*, Ediciones Anaconda, 1949, t. II.
40. Wells, ob. cit., t. II, p. 639.
41. Karl Vossler, *Introducción a la literatura española del siglo de oro*, Visor Libros, Madrid, 2000. El historiador A. Serrano Pelaja trata profusamente este período en su *España en la Edad de Oro*, Ed. Atlántida, Buenos Aires, 1944. Recomendamos para este asunto también los trabajos de Menéndez Pelayo y su discípulo, un hispanista alemán, Ludwig Pfandl, y muy especialmente los de Henry Kamen. El apogeo de esta Edad Dorada, como señala Pelaja, transcurre desde la coronación de Felipe II en 1550 hasta la muerte de Calderón en 1681. Podemos señalar su comienzo desde el descubrimiento de América, en 1492 o principios del siglo XVI. Los criterios de los historiadores son algo dispares en este asunto.

No parece que tamaño proceso cultural hubiera sido posible de haberse efectuado —como pretenden algunos detractores— un control represivo sistemático y desmedido sobre tan ilustrados hombres. Lo cierto es que según muestran los cuantiosos anales del período, nunca se ha escrito más y mejor que en aquellos tiempos inquisitoriales, presuntamente represivos de las ciencias y el conocimiento. Gracias a minuciosas investigaciones realizadas por historiadores de la talla de Menéndez Pelayo, Ricardo Cappa, Orti y Lara, Fidel Fita, etc. —diligentemente recogidas, entre otros, por Bernardino Llorca, Thomas Walsh y nuestros contemporáneos, los insospechados Henry Kamen y Bartolomé Benassar— es que se conoce el notable desarrollo y la promoción que se le dio a la cultura en todo momento. Demos algunos ejemplos de ello.

La arquitectura gótica, plateresca y luego manierista, entre las que se destaca principalmente el Monasterio de San Lorenzo de El Escorial. Mencionemos también, entre otros, a prestigiosos arquitectos como Alonso de Covarrubias (destacándose entre sus obras la de la capilla de Santa Librada, en Sigüenza), Enrique de Egas (hospitales de los Reyes Católicos, en Santiago de Compostela, y de la Santa Cruz, en Toledo), Juan Gil de Hontañón (catedrales de Salamanca y de Segovia), Rodrigo Gil de Hontañón (Museo Mares en Barcelona, sepulcros de los Rojas en Palencia), Juan Gómez de Mora (Plaza Mayor de Madrid, retablo de la capilla de Guadalupe), Francisco Herrera (pórtico de San Francisco en Palma de Mallorca, retratos de santos), Juan de Herrera (El Escorial, Alcázar de Toledo, puente de Palmas sobre el Guadiana), Pedro de Ibarra (patio del colegio de los irlandeses en Salamanca), Pedro Machuca (palacio de Carlos V en Granada), Diego de Riaño (ayuntamiento de Sevilla), Diego de Praves (santuario cristiano de la mezquita de Córdoba), Diego de Siloe (retablos de la catedral de Burgos, catedral de Plasencia, etc.), Jorge Manuel Theotocópuli (ayuntamiento de Toledo), Andrés Vandelvira (Iglesia del Salvador de Úbeda), Felipe de Bigarny (Arco de Santa María y altorrelieves), etc.

En las artes plásticas existieron geniales pintores como el Greco, José de Ribera, Zurbarán, y sobre todo, Murillo y Velázquez, convirtiéndose en maestros de talla mundial: «La rendición de Breda», «La Venus del espejo», «Las hilanderas», etc. Cristóbal de Augusta (Salón de Carlos V en Sevilla), Juan de Bustamante (retablos de Echauri, Muniain), Alonso Cano (pinturas en la catedral de Granada y la iglesia de San Justo y Pastor), Vicente Carducho (Calvario, Ascenso de Santiago de Alcalá, Salvador), Luis de Carvajal (San Nicolás de Tolentino, en Toledo), Juan Carreño de Miranda (retratos varios; muchos en exhibición en el museo del Prado, en el museo de Bellas Artes de Sevilla, etc.), Pablo de Céspedes (Cena, que puede verse en el museo de Sevilla, sala capitular de la catedral de Sevilla), Claudio Coello (sacristía de El Escorial, retratos, etc.), Juan Fernández de Navarrete (serie de los apóstoles, Degollación de Santiago el Mayor, San Jerónimo), El Greco (El entierro del conde de Orgaz, series de los apóstoles, retratos, etc.), Francisco Herrera (pinturas religiosas), Juan de Juanes (Martirio de San Esteban, La Cena, La Virgen amamantando al niño), Pedro Machuca (Descendimiento de la Cruz), Juan Bautista Maino (Recuperación de Bahía, Adoración de los pastores), Gregorio Martínez (Anunciación del museo de Valladolid y retablos), Vicente Masip (Bautismo de Cristo, Cristo con la cruz a cuestas), Luis Morales (Piedad del museo de Salamanca, retablo de Arroyo de la Luz). Surgen escultores como Alonso y Pedro Machuca.

El teatro, en el barroco con su mayor exponente, el fénix de los ingenios, el prolífico dramaturgo Lope de Vega, autor de grandes obras como *El caballero de Olmedo* o *Fuenteovejuna*. Tirso de Molina, con *El burlador de Sevilla*, o Calderón de la Barca, otro de nuestros grandes autores, con *La vida es sueño* y *El alcalde de Zalamea*, son también claros representantes de nuestro siglo de oro. Surge el género picaresco, entre otros, con *El lazarillo de Tormes*; la literatura mística con Teresa de Jesús y Fray Luis de León.

La poesía en el barroco español conoció una época gloriosa: Francisco de Quevedo, representante del conceptismo, firme defensor de la moral y gran escritor de poemas amorosos. No se puede ignorar a Luis de Góngora, el mayor exponente del culteranismo con su *Fábula de Polifemo y Galatea* (1613). Los ensayos renacen con Baltasar Gracián y su *Criticón*, y sobre todo, la narrativa hispana de la mano del propio Quevedo con su *Buscón*, Mateo Alemán y su *Guzmán de Alfarache* o Miguel de Cervantes con la obra cumbre de la literatura española: *El ingenioso hidalgo Don Quijote de la Mancha*.

Las ciencias experimentales comenzaron a florecer. Surgieron centros de estudio como la Casa de la Contratación o la Biblioteca de El Escorial. Y como consecuencia, se desarrollaron otras ciencias aplicadas, como las navales, la cartografía o la minería.

También el humanismo había florecido desde los principios de la Edad Moderna con Luis Vives y las obras monumentales en las que colaboraban varios autores, como la Biblia Políglota Complutense. Obras fundamentales en los campos de la historia y la política fueron las de Mariano Zurita, Hurtado de Mendoza y las crónicas de la colonización de América de varios protagonistas. Jerónimo Zurita, tal vez de los más grandes sabios, cronistas e historiadores —cuya obra *Anales de la Corona de Aragón* es reconocida mundialmente—, llegó a ser cronista del reino, secretario del consejo y cámara de Felipe II y secretario del Santo Oficio de la Inquisición por muchísimos años.

Surge La Biblia Regis o de Amberes de Benito Arias Montano, mientras que en el campo científico hubo avances importantes en lingüística (Francisco Sánchez de las Brozas y su *Minerva*; las numerosas gramáticas de lenguas indias realizadas por los misioneros), geografía, cartografía, antropología y ciencias naturales (botánica, mineralogía etc.), como consecuencia del descubrimiento de América. Hubo también figuras eminentes en matemáticas (Sebastián Izquierdo, Juan Caramuel, Pedro Nunes, Omerique, Pedro Ciruelo, Juan de Rojas y Sarmiento, Rodrigo Zamorano), física, medicina, farmacología (Andrés Laguna), psicología (Juan Luis Vives, Juan Huarte de San Juan) y filosofía (Francisco Suárez). Moralistas como Pedro Soto, el cardenal Lugo y Gaspar Sánchez; canonistas de fama internacional, como Antonio Agustín, Diego Covarrubias y el doctor Navarro; ascetas y místicos como Granada, Luis de León, Santa Teresa de Jesús y San Juan de la Cruz; poetas eminentes como Herrera y Fray Luis, Lope de Vega y Calderón. Filólogos extraordinarios como Nebrija, Arias Barbosa y Simón Abril, etc.

Surge una legión de filósofos y teólogos como Vittorio, abordando el Derecho Internacional; Cano, con su nuevo método de teología; Suárez, con sus tratados profundísimos, particularmente las *Disputaciones metafísicas*; entre otros nombres egregios.

Surgen prestigiosísimas universidades, entre ellas las fundadas por eruditos inquisidores como Jiménez, fundador de la Universidad de Alcalá, y Valdés, de la Universidad de Oviedo. Así lo reconoce también Salvador de Madariaga diciendo que «España era famosa por sus universidades. Salamanca especializada en leyes y teología, y Alcalá era la universidad más prestigiosa de Europa en las lenguas hebrea, caldea y griega. En este período se fundan más de treinta y cuatro universidades».[42]

El período del siglo XVII se cerró con la publicación de *Idea de un príncipe político cristiano*, del licenciado Saavedra Fajardo, y de *El Criticón*, del filósofo y escritor Baltasar Gracián. Hay que recordar que el Inquisidor General Manrique era gran amigo y admirador de Erasmo. El Inquisidor General Deza fue protector de Cristóbal Colón, y Lope de Vega fue honrado con el título de familiar del Santo Oficio.

Si fuera menester aportar alguna otra prueba sobre la simpatía que siempre sintió el cristianismo por el saber, ninguna mejor, tal vez, que los casos de otras Inquisiciones cristianas: la romana y la medieval. La Inquisición medieval nace, y logra su plenitud, al mismo tiempo que el siglo de oro de la Edad Media, aquel de Santo Tomás. Roma, en tiempos de la Inquisición romana pontificia, fue el centro científico de Europa por excelencia; también está el ejemplo de Copérnico, que dedicara su obra al papa, de Galileo (gran amigo de los papas de su tiempo), y de tantos otros prestigiosos astrónomos jesuitas.

¿Cómo puede ser enemiga del progreso aquella que dio todo por el descubrimiento y la pacificación del Nuevo Mundo? Descubriendo nada menos que un continente donde fundara, junto a los misioneros religiosos, cientos de escuelas, hospitales, universidades de altos estudios, protegiendo e instruyendo a los indios en su propia lengua, liberándolos del terror, la opresión y las persecuciones de tantas tribus belicosas.

Concluyamos con la opinión de dos de los más grandes historiadores del siglo XX y XIX, respectivamente.

---

42. Salvador de Madariaga, *España. Ensayo de Historia Contemporánea* (Buenos Aires: Ed. Sudamericana, 1974), p. 47.

El norteamericano Thomas Walsh expresa: «Porque la vida intelectual de España nunca fue más esplendorosa que durante el siglo que siguió a la instalación del Santo Oficio. Fue el período de sus tres grandes poetas: Cervantes, Lope de Vega y Calderón; el siglo de oro de su literatura. Fue el período en que se establecieron sus mejores colegios y universidades, mientras los estudiantes extranjeros iban a España y eran bien recibidos, y la medicina y otras ciencias realizaron sus más notables adelantos; nunca fueron más prósperos los comercios y las industrias en la Península, nunca se mantuvo mejor el orden del país y el prestigio en el extranjero. Durante el siglo XVI, España constituyó la cabeza de un nuevo imperio que ensombreció a toda Europa y las Américas».[43]

Y Menéndez Pelayo dice al respecto: «La Inquisición española fue la conservadora de la cultura, de la civilización de mentalidad religiosa característica del país contra los insidiosos peligros internos de elementos extraños y subversivos, y contra la penetración de fuerzas destructoras y nocivas del exterior».[44]

Thomas Woods cita en su libro a Edward Grant, el historiador de las ciencias: «¿Qué permitió a la civilización occidental desarrollar la ciencia y las ciencias sociales hasta extremos jamás alcanzados por ninguna otra civilización? La respuesta, estoy convencido, reside en un persuasivo y sólido espíritu investigador que surgió como consecuencia natural del énfasis en la razón desde la época de la Edad Media. La razón, con la salvedad de las verdades reveladas, se entronizó en las universidades medievales

---

43. Thomas Walsh, *Felipe II* (Madrid: Espasa-Calpe, 1968).
44. Menéndez Pelayo, *Historia de los heterodoxos españoles* (Buenos Aires: Librería Prelado, 1945), libro IV.

como árbitro definitivo en la mayoría de los debates y controversias intelectuales».[45]

En toda la historia de la civilización occidental encontramos a los religiosos como los más encumbrados científicos. Sobre esto, nos permitimos la siguiente extensa cita de la obra de Woods, donde menciona varios ejemplos de entidad:

> Es en la Compañía de Jesús, la orden sacerdotal fundada en el siglo XVI por Ignacio de Loyola, donde se encuentra el mayor número de sacerdotes católicos interesados por la ciencia. Un historiador reciente describe los logros realizados por los jesuitas hasta el siglo XVIII.
>
> «Habían contribuido al perfeccionamiento de relojes de péndulo, pantógrafos, barómetros, telescopios reflectores y microscopios en campos científicos tan diversos como el magnetismo, la óptica y la electricidad. Fueron en algunos casos los primeros en observar las bandas de colores sobre la superficie de Júpiter, la nebulosa Andrómeda y los anillos de Saturno. Teorizaron sobre la circulación de la sangre (al margen de Harvey), sobre la posibilidad de volar, sobre la influencia de la luna en las mareas y sobre la naturaleza ondulante de la luz. Elaboraron mapas celestes del hemisferio sur, desarrollaron la lógica simbólica, controlaron las crecidas de los ríos Po y Ádige, introdujeron en las matemáticas italianas los signos menos y más, y científicos tan influyentes como Fermat, Huygens, Leibniz y Newton no fueron los únicos para quienes los jesuitas figuraban entre sus más valiosos corresponsales».

---

45. Thomas Woods, *Cómo la Iglesia construyó la civilización occidental* (Madrid: Ciudadela de los libros, 2007).

Un importante investigador de la temprana ciencia eléctrica ha señalado que a la Compañía de Jesús le debemos «la principal aportación a la física experimental en el siglo XVII». «A este reconocimiento», escribe otro académico, «deben añadirse sus minuciosos esfuerzos en otras ciencias, como la óptica, donde prácticamente todos los principales tratados de la época fueron escritos por jesuitas». Algunos de los grandes científicos jesuitas abordaron además la notable tarea de registrar sus datos en impresionantes enciclopedias, que resultaron decisivas para divulgar la investigación científica entre la comunidad académica. «Si aceptamos que uno de los grandes resultados de la revolución científica fue la colaboración entre científicos», propone el historiador William Ashworth, «los jesuitas merecen un amplio reconocimiento».

Se contaban entre los jesuitas numerosos matemáticos de talento que contribuyeron al desarrollo de esta disciplina. Cuando Charles Bossut, uno de los primeros historiadores de las matemáticas, elaboró una lista de los matemáticos más eminentes desde el 900 a. C. hasta 1800 d. C., incluyó a 16 jesuitas entre los 303 notables. Este número, equivalente al cinco por ciento en un período de 2.700 años, impresiona aún más si recordamos que los jesuitas solo existieron durante dos de esos veintisiete siglos. Además de todo esto, treinta y cinco cráteres lunares fueron bautizados por científicos y matemáticos de la Compañía de Jesús.

Fueron los jesuitas los primeros en llevar la ciencia occidental hasta lugares tan lejanos como China o la India. Concretamente en el siglo XVII, los jesuitas introdujeron en China abundantes conocimientos científicos, junto con un amplio surtido de herramientas mentales para la comprensión del universo físico, como por ejemplo la geometría euclidiana, que hacía inteligible el movimiento de los planetas. Cuenta un historiador que los jesuitas:

«Llegaron [a China] en un momento en el que la ciencia en general, y las matemáticas y la astrología en particular, se hallaban muy poco desarrolladas en comparación con el nacimiento de la ciencia moderna en Europa. Realizaron un esfuerzo enorme por traducir al chino los textos occidentales sobre matemáticas y astronomía, y despertaron así el interés de los estudiosos chinos por estas ciencias. Realizaron importantes observaciones astronómicas y elaboraron el primer trabajo cartográfico moderno de China. También supieron apreciar los logros científicos de esta antigua cultura y los dieron a conocer en Europa. A través de su correspondencia con los jesuitas, los científicos europeos tuvieron acceso a la ciencia y la cultura chinas».

Las aportaciones de los jesuitas al conocimiento científico y las infraestructuras en países menos desarrollados no se limitan al continente asiático, sino que se extienden también a África y América Central y del Sur. En los comienzos del siglo XIX se inauguraron en estos continentes los observatorios jesuitas para el estudio de la astronomía, el geomagnetismo, la meteorología, la sismología y la física solar. La presencia de estos centros proporcionó importantes y exactas predicciones meteorológicas (de especial utilidad en caso de huracanes o tormentas tropicales) y sísmicas, además de desarrollar la cartografía de estos lugares. Los jesuitas se centraron principalmente en el campo de la meteorología y la sismología en

América Central y del Sur, y sus estudios sentaron las bases para el avance de estas disciplinas en la región».[46]

2.5 Listado de científicos cristianos destacados

Mencionar a cada uno de los científicos cristianos, sus descubrimientos y aportes a la sociedad occidental demandaría la confección de varios volúmenes, pero citemos a continuación algunos de ellos de los últimos doscientos años. Son científicos y creyentes católicos, ortodoxos, anglicanos y protestantes que con sus descubrimientos o inventos cambiaron el mundo.

Erwin Schrödinger (1887-1961). Físico austriaco. Católico. Premio Nobel de Física en 1933 por desarrollar su ecuación sobre mecánica cuántica. Louis Pasteur (1822-1895). Químico y bacteriólogo francés. Católico. Fue el pionero de la microbiología moderna y desarrolló la vacuna contra la rabia. Georges Lemaître (1894-1966). Físico y astrónomo belga. Sacerdote católico. Propuso la teoría de la expansión del universo y la teoría del Big Bang sobre el origen del universo. Jérôme Lejeune (1926-1994). Médico francés. Católico, está en proceso de beatificación. Es considerado el padre de la genética moderna. Gregor Mendel (1822-1844). Naturalista austriaco. Sacerdote católico. Es considerado el padre de la genética. En 1865 formuló las Leyes de Mendel sobre la transmisión de la herencia genética. Nikola Tesla (1856-1943). Ingeniero y físico serbio nacionalizado estadounidense. Cristiano ortodoxo. Fue el inventor del uso actual de la energía eléctrica por corriente alterna. Alexander

---

46. Thomas Woods, ob. cit.

Fleming (1881-1955). Científico británico. Católico. Premio Nobel de Medicina en 1945 por descubrir la penicilina. Guillermo Marconi (1874-1937). Ingeniero eléctrico italiano. Católico. Fue uno de los grandes impulsores de la radiotransmisión a larga distancia. Santiago Ramón y Cajal (1852-1934). Médico español. Católico. Premio Nobel de Medicina en 1906 por sus estudios sobre el sistema nervioso. Gerty Cori (1896-1957). Bioquímica estadounidense. Católica. Premio Nobel de Medicina en 1947 por descubrir el mecanismo por el que el glucógeno se convierte en ácido láctico en el tejido muscular. Fue la primera mujer que recibió este premio. Eric Wieschaus (1947). Biólogo estadounidense. Católico. Premio Nobel de Medicina en 1995 por sus descubrimientos sobre el control genético del desarrollo embrionario. Max Planck (1858-1947). Físico y matemático alemán. Protestante. Premio Nobel de Física en 1918 por la creación de la mecánica cuántica. Alexis Carrel (1873-1944). Médico francés. Católico. Premio Nobel de Medicina en 1912 en reconocimiento a su trabajo acerca de sutura vascular y trasplante de vasos sanguíneos y órganos. Werner Heisenberg (1901-1976). Físico alemán. Protestante. Premio Nobel de Física en 1932 por el descubrimiento de las formas alotrópicas del hidrógeno. Karl Landsteiner (1868-1943). Patólogo y biólogo austriaco. Católico. Premio Nobel de Medicina en 1930 por descubrir y tipificar los grupos sanguíneos. Peter Grünberg (1939). Físico alemán. Católico. Premio Nobel de Física en 2007 por su descubrimiento de la magnetorresistencia gigante. Clyde Cowan (1919-1974). Físico estadounidense. Católico. Codescubridor del neutrino en 1956 junto a Frederick Reines. Premio Nobel de Física en 1995 por sus estudios sobre las partículas subatómicas. Victor Francis Hess (1883-1964). Físico austriaco. Católico. Premio Nobel de Física en 1936 por sus estudios sobre los rayos cósmicos. Henri Becquerel (1852-1908). Físico francés. Católico. Premio Nobel de Física en 1903 junto al matrimonio Curie en reconocimiento de sus extraordinarios servicios por el descubrimiento de la radiactividad espontánea. Joseph John Thomson (1856-1940). Científico británico. Anglicano. Premio Nobel de Física en 1906 por su investigación sobre la conducción de la electricidad a través de los gases. Richard Smalley (1848-1945). Químico estadounidense. Protestante. Premio Nobel de Química en 1996 por el descubrimiento de los fulerenos. Robert Andrews Millikan (1868-1953). Físico estadounidense. Congregacionalista. Premio Nobel de Física en 1923 por sus investigaciones sobre el efecto fotoeléctrico y la carga del electrón. Max Born (1882-1970). Físico y matemático alemán. Protestante. Premio Nobel de Física en 1954 por sus trabajos en mecánica cuántica. George Hevesy (1885-1966). Físico y químico húngaro nacionalizado sueco. Católico. Premio Nobel de Química en 1943 por sus investigaciones sobre los isótopos usados como trazadores en el estudio de las propiedades químicas de las sustancias. Niels Bohr (1885-1965). Físico danés. Protestante. Premio Nobel de Física en 1922 por sus trabajos sobre la estructura atómica y la radiación. Brian Kobilka (1955). Fisiólogo molecular y celular estadounidense. Católico. Premio Nobel de Química en 2012 por el estudio de los receptores acoplados a proteínas G. Carlo Rubbia (1934). Físico de partículas italiano. Cristiano creyente. Premio Nobel de Física en 1984 por descubrir las partículas W y Z en el CERN. Albert Claude (1899-1983). Biólogo belga. Católico. Premio Nobel de Medicina en 1974 por ensanchar el conocimiento de las células. Werner Arber (1929). Microbiólogo suizo. Protestante. Premio Nobel de Medicina en 1978 por sus investigaciones sobre las enzimas de restricción. Mario Molina (1943). Ingeniero químico mexicano. Católico. Premio Nobel de Química en 1995 por ser uno de los descubridores de las causas del agujero de la capa de ozono antártica. Charles Hard Townes (1915-2015). Físico estadounidense. Miembro de la Iglesia Unida de Cristo. Premio Nobel de Física en 1964 por su trabajo fundamental en el campo de los electrones cuánticos. William Daniel Phillips (1948). Físico estadounidense. Metodista. Premio Nobel de Física en 1997 por sus contribuciones al campo de la refrigeración mediante láser. John William Strutt (1842-1919). Físico británico. Cristiano creyente. Premio Nobel de Física en 1904 por sus investigaciones sobre la densidad de un buen número de gases, así como por el descubrimiento del argón. Joseph Edward Murray (1919-2012). Médico y cirujano plástico estadounidense. Católico. Hizo grandes contribuciones a la mejora de los trasplantes de órganos. Recibió el Premio Nobel de Medicina en 1990. Joseph John Thomson (1856-1940). Científico británico. Anglicano. Premio Nobel de Física en 1906 por su trabajo sobre la conducción de la electricidad a través de los gases. Arthur Leonard Schawlow (1921-1999). Físico estadounidense. Metodista. Premio Nobel de Física en 1981 por su contribución al desarrollo del láser espectroscópico. Wolfgang Pauli (1900-1958). Físico austriaco nacionalizado estadounidense. Cristiano excatólico. Premio Nobel de Física en 1946 por su descubrimiento del principio de exclusión. John Gurdon (1933). Biólogo británico. Anglicano. Premio Nobel de Medicina en 2012 por sus descubrimientos sobre la clonación. Heinrich Rudolf Hertz (1857-1894). Físico alemán. Protestante. Descubrió el efecto fotoeléctrico, la propagación de las ondas electromagnéticas y las formas para producirlas y detectarlas. George Washington Carver (1864-1943). Científico, micólogo y botánico estadounidense. Cristiano evangélico. Es célebre por su investigación y promoción de cultivos alternativos al algodón como maní y batatas. Edmund Taylor Whittaker (1873-1956). Matemático británico. Católico. Hizo notables contribuciones en las matemáticas aplicadas, la física matemática y la teoría de funciones especiales.

Howard Atwood Kelly (1858-1943). Ginecólogo estadounidense. Metodista. Fue uno de los pioneros de la ginecología. Giuseppe Moscati (1880-1927). Médico y científico italiano. Católico, fue canonizado por el papa San Juan Pablo II. Se graduó con honores con su tesis sobre «Urogénesis de hígado». Pierre Teilhard de Chardin (1881-1955). Paleontólogo francés. Católico, religioso de la Compañía de Jesús. Presentó una teoría propia sobre la evolución, acuñando conceptos como la noosfera y el punto omega. Takashi Nagai (1908-1951). Médico japonés. Católico. Uno de los pioneros en el estudio de la radiología en Japón. Sobrevivió a la bomba atómica de Nagasaki. Charles Stine (1882-1954). Químico estadounidense. Cristiano creyente. Fundó el laboratorio en el que se inventó el nylon. John von Neumann (1903-1957). Matemático húngaro nacionalizado estadounidense. Católico. Hizo grandes contribuciones a la teoría de juegos y a la teoría del equilibrio general para la economía. José Gregorio Hernández (1864-1919). Médico y científico venezolano. Católico y franciscano seglar, está en proceso de beatificación. Introdujo el microscopio y otros instrumentos científicos en Venezuela, siendo un gran impulsor y pionero de la docencia científica en su país. Arthur Compton (1892-1962). Físico estadounidense. Presbiteriano. Descubrió el efecto Compton de los fotones de rayos X. Theodosius Dobzhansky (1900-1975). Genetista ucraniano. Cristiano ortodoxo. Es uno de los fundadores de la segunda oleada de la síntesis evolutiva moderna. Arthur Stanley Eddington (1882-1944). Astrofísico británico. Cuáquero. Difusor de la Teoría de la Relatividad de Einstein en Gran Bretaña. Demostró que la energía en el interior de las estrellas era transportada por radiación y convección. Pierre Lecomte du Noüy (1883-1947). Biofísico y matemático francés. Cristiano creyente. Inventó un tensímetro para medir la tensión superficial de los líquidos y un microviscosímetro para el estudio del suero. Stanley László Jáki (1924-2009). Físico húngaro. Sacerdote católico. Recibió el premio Lecompte du Noüy en 1970 y el premio Templeton en 1987. Buzz Aldrin (1930). Ingeniero, doctor en ciencias y astronauta estadounidense. Presbiteriano. Fue la segunda persona en pisar la luna, en 1969. Owen Gingerich (1930). Astrónomo estadounidense. Cristiano creyente. Gran divulgador científico, dirigió el comité de la Unión Astronómica Internacional para la definición de planeta. Michał Heller (1934). Físico polaco. Sacerdote católico. Ha trabajado en la unificación de la relatividad general y de la mecánica cuántica, las teorías de multiversos y los métodos geométricos en física relativista. Russell Stannard (1931). Físico británico. Cristiano creyente. En 1998 la reina Isabel II lo nombró oficial de la Orden del Imperio Británico por sus contribuciones a la física, la Universidad Abierta y la popularización de la ciencia. Karl Stern (1906-1975). Neurólogo y psiquiatra canadiense. Católico. Hizo investigaciones sobre neuropatología y psicoanálisis. Charles Coulson (1910-1974). Matemático y químico británico. Metodista. Fue un pionero de la aplicación de la teoría cuántica de valencia a problemas de estructura molecular, dinámica y reactividad. Arthur Peacocke (1924-2006). Bioquímico británico. Sacerdote anglicano. Fue pionero en investigar los principios de la química física del ADN. John C. Polkinghorne (1930). Físico británico. Sacerdote anglicano. Fue profesor de física matemática en Cambridge. George Ellis (1939).

Cosmólogo sudafricano. Cuáquero. Coautor del libro *La estructura a gran escala del espacio-tiempo* junto al físico británico Stephen Hawking. George Gabriel Stokes (1819-1903). Matemático y físico irlandés. Anglicano. Hizo grandes contribuciones a la dinámica de fluidos, la óptica y la física matemática. Mary Kenneth Keller (1914-1985). Informática estadounidense. Religiosa católica. Fue la primera persona que se doctoró en informática y la primera mujer en obtener un doctorado en computación. Franz Xaver Kugler (1862-1929). Químico, matemático y astrónomo alemán. Católico y religioso de la Compañía de Jesús. Fue un estudioso de la astronomía lunar y planetaria babilónica.

Robert James «Sam» Berry (1934). Genetista y naturalista británico. Cristiano creyente. Ha sido profesor de genética en el University College de Londres. José María Albareda (1902-1966). Científico español. Sacerdote católico. Doctor en farmacia. Fue el primer secretario general del Consejo Superior de Investigaciones Científicas (CSIC) de España y el primer rector de la Universidad de Navarra. Henry Baker Tristram (1822-1906). Naturalista, geólogo y ornitólogo británico. Sacerdote anglicano. Exploró el desierto de Sahara. Gregorio Marañón (1887-1960). Médico y científico español. Católico. Fue el fundador de la endocrinología en España. George Salmon (1819-1904). Matemático irlandés. Anglicano. Hizo notables contribuciones al álgebra superior moderna. Laurent Lafforgue (1966). Matemático francés. Católico. Es el actual director del Centro Nacional para la Investigación Científica (CNRS) de Francia. César Nombela Cano (1946). Científico español. Católico. Especialista en microbiología y académico de número de la Real Academia Nacional de Farmacia, ha presidido el Consejo Superior de Investigaciones Científicas (CSIC) de España y actualmente es rector de la Universidad Internacional Menéndez Pelayo. Pierre Macq (1930-2013). Físico belga. Católico. Hizo notables investigaciones en física nuclear experimental. Trabajó en el CERN y fue el primer rector laico de la Universidad Católica de Lovaina. Maria Montessori (1870-1952). Médica, psiquiatra, bióloga y psicóloga italiana. Católica. Fue la primera mujer italiana que se doctoró en medicina. Raoul Bott (1923-2005). Matemático húngaro. Católico. Hizo notables contribuciones al campo de la geometría. Manuel Carreira (1931). Astrofísico español. Sacerdote católico. Miembro del Observatorio del Vaticano, ha colaborado con la NASA en diversos proyectos. Henri Breuil (1877-1961). Naturalista, arqueólogo y geólogo francés. Católico. Fue el pionero del estudio del arte paleolítico de las cavernas. Salvador Cervera (1935-2012). Médico psiquiatra español. Católico. Fue uno de los grandes impulsores de la psiquiatría científica basada en los fundamentos biológicos de la enfermedad mental. Jean Baptiste Carnoy (1836-1899). Botánico, naturalista y micólogo belga. Sacerdote católico. Fue el fundador de la citología. Juan Martín Maldacena (1968). Físico teórico argentino. Católico. Ha hecho importantes estudios de la teoría de cuerdas y formuló la hipótesis más realista sobre el principio holográfico. Louis-Ovide Brunet (1826-1876). Botánico canadiense. Sacerdote católico. Fue el pionero de la botánica en Canadá. Piedad de la Cierva (1935-2012). Científica española. Católica. Fue pionera en los estudios de la radiación artificial en España. Giuseppe Mercalli (1850-1914). Sismólogo y vulcanólogo italiano. Católico. Creó la escala sismológica que lleva su nombre para evaluar la intensidad de los terremotos. George Mary Searle (1839-1918). Astrónomo estadounidense. Sacerdote católico. Descubrió seis galaxias y el asteroide Pandora.

Angelo Secchi (1818-1878). Astrónomo italiano. Sacerdote católico. Gran experto en el estudio del sol, un año antes de su muerte descubrió las espículas en la cromosfera solar. William Thomson (1929). Físico y matemático británico. Protestante. Es uno de los modernizadores de la física. Desarrolló la escala de temperatura Kelvin. Georg Cantor (1845-1918). Matemático ruso. Protestante. Inventor —junto a Dededkind y Frege— de la teoría de conjuntos. Henrietta Swan Leavitt (1868-1921). Astrónoma estadounidense. Protestante. Descubrió y catalogó las estrellas variables de las Nubes de Magallanes. Donald Knuth (1938). Científico estadounidense. Protestante. Es uno de los mayores expertos en ciencias de la computación. James Cullen (1867-1933). Matemático irlandés. Católico y religioso de la Compañía de Jesús. Definió los números naturales de Cullen. Julius Aloysius Arthur Nieuwland (1878-1936). Químico y botánico belga. Sacerdote católico. Es famoso por sus estudios sobre el acetileno y su aplicación para elaborar caucho sintético, que posteriormente daría lugar al neopreno. Pierre Duhem (1908-1988). Físico francés. Católico. Experto en estudios históricos sobre la ciencia medieval. Fue propuesto dos veces para el Premio Nobel de Física. Francis Collins (1950). Genetista estadounidense. Protestante. Ha dirigido el Proyecto Genoma Humano, con el que se descubrió la secuencia del genoma humano. José Agustín Pérez del Pulgar (1875-1939). Físico español. Sacerdote católico. Se especializó en electricidad y física matemática. Fundó la Escuela Técnica Superior de Ingeniería de la Universidad Pontificia de Comillas. Antonio Romañá Pujó (1900-1981). Matemático español. Católico y religioso de la Compañía de Jesús. Doctor en ciencias exactas, estudió el efecto-Tierra en la actividad solar, así como las manchas solares. Hippolyte Fizeau (1819-1896). Físico y astrónomo francés.

Católico. Investigó los fenómenos de la interferencia de la luz y de la transmisión del calor, y descubrió junto con Doppler el cambio de frecuencia aparente de las ondas en relación a su observador. John Carew Eccles (1903-1997). Neurofisiólogo australiano. Católico. Estudió la transmisión de señales entre los nervios y los músculos. Antonino Zichichi (1929). Físico italiano. Católico. Uno de los pioneros de la física nuclear, prolífico autor y galardonado con premios y grados en varios países. James Clerk Maxwell (1831-1879). Matemático británico. Protestante. Desarrolló la teoría electromagnética clásica y formuló las ecuaciones que llevan su nombre. John Ambrose Fleming (1848-1945). Físico e ingeniero británico. Protestante. Fue uno de los precursores de la electrónica.

Digamos por último, para todos aquellos amantes del progreso hostiles al cristianismo, que las propias revoluciones industriales que dieron inicio al mundo moderno son obra de cristianos en su gran mayoría. Incluso las corrientes filosóficas de las que se nutrirá el marxismo y gran parte del progresismo son también obra de cristianos. Todo esto demuestra que el desarrollo del pensamiento a través de la historia occidental fue posible gracias a las condiciones propuestas por el cristianismo en sus distintos momentos, favoreciendo el pensamiento crítico, la libertad de cátedra y el debate, algo de lo que no puede jactarse el mundo posmoderno, que a través de la censura sistemática lucha justamente contra todo aquello.

Capítulo
III

El cristianismo, Galileo y otros casos

«*En la época de Galileo la iglesia fue mucho más fiel a la razón que el propio Galileo. El proceso contra Galileo fue razonable y justo*».

—Paul Feyerabend, filósofo agnóstico[1]

«*A partir del Siglo de las Luces hasta nuestros días, el caso Galileo ha constituido una especie de mito, en el que la imagen que se ha reconstruido de los acontecimientos era bastante lejana de la realidad. En dicha perspectiva, el caso Galileo era el símbolo del pretendido rechazo, por parte de la iglesia, del progreso científico o, incluso, del oscurantismo "dogmático" opuesto a la libre búsqueda de la verdad. Este mito ha desempeñado un papel cultural considerable y ha contribuido a asentar en muchos científicos de buena fe la idea de [que] eran incompatibles el espíritu de la ciencia y su ética de investigación, por un lado, y la fe cristiana por el otro. Esta es una trágica incomprensión recíproca y se ha interpretado como el reflejo de una oposición radical entre ciencia y fe. Las aclaraciones aportadas por los*

---

1. Citado por Juan Pablo. Tomado del diario italiano *Corriere della Sera*, 30 de marzo de 1990.

recientes estudios históricos nos permiten afirmar que dicho doloroso malentendido pertenece ya al pasado».

—Juan Pablo II[2]

3.1   El cristianismo y Galileo

Un claro ejemplo sobre la efectividad de las mentiras históricas es indudablemente este, el cual ha sido utilizado *ad nauseam* por los enemigos del cristianismo para pretender probar una supuesta incompatibilidad entre el cristianismo y la ciencia. Pareciera increíble que en la era de la información exista tanta desinformación sobre temas capitales. Si alguien dudara de esta realidad, nada mejor para convencerlo que un dato recogido por el converso Vittorio Messori, desde su esclarecedor trabajo *Leyendas negras de la iglesia*: «Según una encuesta del Consejo de Europa realizada entre los estudiantes de ciencias de todos los países de la Comunidad, casi el 30 % de ellos tiene el convencimiento de que Galileo Galilei fue quemado vivo en la hoguera por la iglesia. Casi todos (el 97 %), de cualquier forma, están convencidos de que fue sometido a torturas. Los pocos —realmente, no muchos— que tienen algo más que decir sobre el científico pisano, recuerdan como frase "absolutamente histórica" el "*Eppur si muove!*" manifestado después de la lectura de la sentencia contra los inquisidores convencidos de poder detener el movimiento de la Tierra con los anatemas teológicos. Estos estudiantes se sorprenderían si alguien les dijera que estamos ahora en la afortunada situación de poder datar con precisión por lo menos este último falso detalle: la "frase histórica"

---

2. Juan Pablo II, Palacio Apostólico, 31 de octubre de 1992, encuentro con la Academia Pontificia de las Ciencias.

fue inventada en Londres en 1757 por Giuseppe Baretti, periodista tan brillante como a menudo muy poco fehaciente».[3]

Del caso Galileo se ha hablado mucho y mal. Si debiéramos fijar un punto de partida de este mito, hay que decir entonces que será particularmente a través de la obra infame del controvertido y polémico Bertolt Brecht (*La vida de Galileo Galilei*, 1939) que esta leyenda negra comienza a difundirse masivamente penetrando en cada recoveco existente. Un caso resonante y mejor conocido por nosotros es el del escritor argentino Bioy Casares, cuando afirmó que a Galileo lo habían matado. ¡Y este era uno de los modelos de la *intelligentzia* argentina!

Se ha querido convertir a Galileo en un mártir de la ciencia, presentándolo como un paradigma del conflicto entre la ciencia y la fe. La iglesia, como no podía ser de otra manera, aparece jugando el rol de opresora de todo progreso científico y de la modernidad en general. Lo cierto es que tan ligeras aseveraciones no parecen condecirse con la verdad de los hechos ni, ciertamente, con la documentación existente y el juicio de los entendidos. No deja de ser curioso el hecho de que la mayor parte de aquellos que pretenden hacer de Galileo un «mártir» son personas que, en primer lugar, no creen en ellos. Sorprende también que muchos de estos, adherentes confesos del pensador inglés John Locke, omitan su explícita defensa sobre la absoluta compatibilidad entre el cristianismo y la razón, oponiéndose, a la vez, al cuestionamiento de los milagros bíblicos.[4]

Los límites propuestos para el presente ensayo nos impiden extendernos lo que quisiéramos, motivo por el cual nos abocaremos a abordar los puntos sustanciales de la disputa.

---

3. Vittorio Messori, *Leyendas negras de la iglesia* (Barcelona: Editorial Planeta, 1996).
4. Hecho que menciona el mismo Léon Poliakov en su *Historia del antisemitismo,* tomo III, *El siglo de las luces*, p. 66.

Algunas cosas deben quedar claras:

1. Por lo pronto, Galileo no vivió en tiempos medievales, como frecuentemente se afirma, sino en el siglo XVII.

2. Tampoco —ya se ha mencionado— fue torturado ni ejecutado (¡menos quemado!) por la Inquisición ni por nadie. Tampoco fue excomulgado. Todo el castigo consistió en alguna prisión domiciliaria, gozando a la vez de una pensión papal. Así, en misiva a su amigo Vicentio Renieri, luego del segundo proceso, escribe: «Y se me señaló como cárcel, con generosa piedad, la casa del amigo más querido que tenía en Siena, el arzobispo monseñor Piccolomini, de cuya amabilísima conversación gocé con tal sosiego y satisfacción de mi ánimo que allí reanudé mis estudios y encontré y demostré gran parte de las conclusiones mecánicas sobre la resistencia de los sólidos y otras especulaciones».[5] Durante el proceso se puso a su entera disposición la vivienda de un alto funcionario inquisitorial, siéndole destinadas las habitaciones más cómodas y espaciosas. El cardenal Walter Brandmuller comenta: «El padre Maculano le hizo allí una muy cortés recepción, indicándole que podía moverse por la casa y por el jardín con entera libertad, servirse de su criado y surtirse de alimentos de la cocina del "palazzo Medici", además de poder mantener la correspondencia que deseara».[6]

3. No fue procesado por la Inquisición española ni por la medieval, sino por la romana. Fue tratado con gran respeto y consideración, como reconocería en la carta recién mencionada a su amigo Vicentio. Como hemos dicho, jamás fue perseguido por el Santo Oficio, ni por los papas (fue gran amigo tanto de Paulo V como de Urbano VIII), ni

---

5. Ver carta completa de Galileo a Renieri en Guillermo Furlong, *Galileo Galilei y la Inquisición Romana* (Buenos Aires: Club de Lectores, 1964), pp. 64-66.
6. Walter Brandmuller, *Galileo y la Iglesia* (Madrid: Ediciones Rialp, 1987), pp.122-123.

por los jesuitas (entre quienes gozaba de una gran reputación, estima y respeto) ni por nadie. No tenía gran simpatía por algunos dominicos, es cierto, pero tampoco la tenían los jesuitas.

4. No fue reprendido o procesado por sus teorías científicas, sino por su indisciplina. En 1616 se había comprometido frente al Santo Oficio y al pontífice a enseñar la doctrina copernicana solo como una hipótesis. Sin embargo, faltó a su palabra, lo que daría origen —luego de nuevas y repetidas advertencias— al proceso de 1633.

5. La iglesia católica siempre ha manifestado su vivo aprecio por Galileo, reconociendo sus enormes dotes intelectuales e incansable voluntad de trabajo. En 1612, recibido en audiencia por Paulo V, fue colmado de elogios, distinciones y privilegios, tanto por el pontífice como por varios cardenales y el entonces presidente de la Academia Romana de Lincei. Aunque como hace notar Guillermo Furlong, «fueron los jesuitas quienes le llenaron de gozo, y colmaron sus aspiraciones, además de avalar sus descubrimientos».[7] Es oportuno hacer notar que la Roma de aquellos tiempos, eminentemente católica, era el centro cultural y científico de toda Europa. Esto se debía indudablemente al constante impulso y promoción que hacía la iglesia de las distintas ciencias. Por esta mismísima razón se encontraba Galileo, justamente, en la Roma del papa. Para prueba fehaciente de ello bastan como ejemplos el

---

7. Los jesuitas organizarían distintos actos científicos en honor a Galileo. En una carta a su amigo Belisario Vinta, fechada el 1 de abril de 1611, Galileo escribe: «He tenido una larga discusión con el padre Clavio y otros dos de los padres más inteligentes de su orden [...] Los padres se han convencido al fin de que los astros mediceos (esto es, la Vía Láctea) existen en realidad y se han ocupado en observarlos durante estos dos últimos meses, y aún continúan. Hemos comparado nuestras notas, y las hemos hallado exactas bajo todos los conceptos». La entrañable amistad y respeto que sentía por el padre Cristóbal Clavio es por todos conocida. Citado en Guillermo Furlong, *Galileo Galilei y la Inquisición Romana* (Buenos Aires: Club de Lectores, 1964), pp. 20-22.

Collegio Romano de los jesuitas, la recién mencionada Academia Dei Lincei y eruditos de la talla de Clavius, Grienberger, Van Maelcote y Lembo, entre otros. De hecho, como bien apunta el sacerdote Ángel Peña, el primer gran observatorio astronómico, el más antiguo del mundo que funciona desde 1579— es el del Vaticano. Y las primeras universidades europeas y americanas fueron fundadas por la iglesia.

El método copernicano no fue considerado solo por Galileo, como pretende hacerse creer, sino también por numerosos contemporáneos suyos, especialmente por doctísimos jesuitas como el recién mencionado Grienberger y por Scheiner, quienes demostraron ser más «científicos» que el mismo Galileo, ya que no se aventuraron a sostener como verdad irrebatible algo sobre lo que no existían pruebas categóricas y definitivas, como exige la ciencia.

6. La teoría heliocéntrica copernicana[8] sostenida por Galileo no podía ser probada científicamente, más allá de que existían algunos fundamentos e indicios que daban cierta credibilidad a su tesis. Por ello la iglesia, sabia y prudente, permitió a Galileo considerar tal teoría como una posibilidad, pero no como una verdad inobjetable, inconcusa, como pretendía el estudioso. No se diga que el criterio de la iglesia fue aislado y acientífico, ¡pues debe recordarse que hasta el mismo Copérnico y Kepler habían considerado el heliocentrismo simplemente como una hipótesis bien fundada! ¡Cuán grande habría sido su disgusto, y tal vez su indignación, si hubiese podido saber que todavía en 1964 el heliocentrismo sería

---

8. Observa el historiador Walter Brandmuller que la teoría de Copérnico no fue tan revolucionaria como se ha pretendido, pues había sido enseñada por el obispo parisino Nicolas d'Oresme a mediados del siglo XIV, y un siglo más tarde por Nicolas de Kues y por el prelado Calcagnini. Ver notas y referencias en la obra del autor citada, *Galileo y la Iglesia*, p. 52.

tenido como una mera hipótesis!, expresaba con razón el sacerdote Guillermo Furlong.[9]

Si la verdad le dio la razón siglos después, esto era algo que la iglesia ni nadie podían saber; como nadie podría hoy saber a ciencia cierta qué nuevos descubrimientos tendrán lugar en los próximos cincuenta años, o qué rectificaciones científicas se impondrán. La iglesia decidió acertadamente dado el exacto momento histórico, en base a la evidencia fehaciente que en aquel momento existía. ¿No obró conforme a la más elevada razón y ciencia, que exigen pruebas tangibles, irrefutables y categóricas? Resulta evidente que sí. Entre otros, el físico Pierre Duhem asombraría al mundo en 1906, cuando declaró sin tapujos ni eufemismo alguno que «la lógica estuvo de parte de Osiander, Bellarmino y Urbano VIII, y no de parte de Kepler y Galileo».[10] Otro insospechado, el biólogo Tomás Henry Huxley, en carta fechada el 12 de noviembre de 1885, escribe a su colega el profesor Mirvart: «Durante mi estadía en Italia, he estudiado el asunto (de los procesos de Galileo) y he llegado a persuadirme de que el papa y los cardenales tenían la razón de su parte».[11]

No pueden dejar de citarse las palabras del Premio Nobel Arthur Koestler frente a esta polémica: «La gloria de Galileo descansa sobre descubrimientos que nunca hizo y sobre hazañas que nunca logró. Contrariamente a lo que se afirma en muchos libros, incluso recientes, de historia de las ciencias, Galileo no inventó el telescopio. Ni el microscopio. Ni el termómetro. Ni el

---

9. «Recuérdese que fue a principios del siglo XX que un sabio de la envergadura de Henri Poincaré afirmó, no sin escándalo de ciertas gentes indoctas, que la doctrina heliocéntrica no pasaba de ser una teoría, una hipótesis, lo que, por consiguiente, no excluía la posibilidad de la hipótesis contraria». Tomado de Guillermo Furlong, ob. cit., p. 17.
10. Ver cita completa en Walter Brandmuller, ob. cit., pp. 176-177.
11. Citado en Guillermo Furlong, ob. cit., p. 84.

reloj de balancín. No descubrió la ley de la inercia; ni las manchas solares. No aportó contribución alguna a la astronomía teórica. No dejó caer pesos desde lo alto de la Torre de Pisa; y no consiguió demostrar la veracidad del sistema de Copérnico. No fue torturado por la Inquisición, ni excomulgado, no dijo "eppur si muove" (sin embargo se mueve); nunca fue un mártir de la ciencia».[12] Y agrega: «La leyenda ha convertido a Galileo en mártir de la libertad de pensamiento y al romano pontífice en su ignorante opresor, y ha hecho del conflicto una especie de tragedia griega, ennoblecido por el sello de la fatalidad histórica. En realidad fue un choque de temperamentos, caprichosamente provocado y agravado por ciertas coincidencias infortunadas».

A su vez, la comisión para la investigación del caso Galileo, creada por Juan Pablo II, confirmaría lo dicho en uno de los puntos de su dictamen final: «De hecho, Galileo no pudo probar de manera irrefutable el doble movimiento de la Tierra, su órbita anual alrededor del sol y su rotación diaria alrededor del eje de los polos, si bien tenía la convicción de haber encontrado la prueba en las mareas oceánicas, de las que solo Newton demostraría [mucho tiempo después] su verdadero origen. Galileo propuso otro intento de prueba en la existencia de los vientos alisios, pero nadie en aquella época disponía de los conocimientos indispensables para comprender las aclaraciones necesarias. Se requirieron más de 150 años para hallar pruebas objetivas y mecánicas del movimiento de la Tierra [...] En 1741, ante la nueva comprensión de la rotación terrestre alrededor del sol, Benedicto XIV ordenó que el Santo

---

12. Arthur Koestler, Premio Nobel, en *Los sonámbulos* (1963). Citado en el sitio digital www.statveritas.com.

Oficio (de la Inquisición) concediera el imprimátur a la primera edición de las *opere complete* de Galileo».[13]

7. Se debe tener bien presente que la teoría de Galileo fue primera y principalmente puesta en duda por los máximos eruditos de la época, católicos y no católicos. Así, saliendo al cruce de aquellos detractores que omiten convenientemente algunos factores esenciales de la cuestión, dice el cardenal Biffi: «¿A quién se le ocurre preguntarse, por ejemplo, cuál fue, en la época del caso Galileo, la posición de las universidades y otros organismos de relevancia social respecto a la hipótesis copernicana? ¿Quién le pide cuentas a la actual magistratura por las ideas y las conductas comunes de los jueces del siglo XVII? O, para ser aún más paradójico, ¿a quién se le ocurre reprochar a las autoridades políticas milanesas (alcalde, prefecto, presidente de la región) los delitos cometidos por los Visconti y los Sforza?».[14] «Galileo», confirma Biffi, «fue desaprobado a causa de la hipótesis copernicana por los ambientes universitarios de su tiempo».[15]

8. Galileo se equivocó muchísimas veces, procediendo en no pocas ocasiones de forma poco científica. Entre sus fallas más graves y evidentes, conviene recordar que rechazó de modo categórico la idea que sostenían algunos jesuitas y el erudito Kepler

---

13. Informe leído por el cardenal francés Paul Poupard, presidente del Consejo de Cultura y responsable de la comisión de estudio del caso Galileo, en ocasión a la audiencia papal celebrada en la Academia Pontificia de las Ciencias el 31 de octubre de 1992. Consultar informe completo en Luigi Accattoli, *Mea Culpa* (Madrid: Grijalbo, 1997), pp.123-127.
14. En ob. cit. de Vittorio Messori; versión digital http://bibliaytradicion.wordpress.com/inquisicion/leyendas-negras-de-la-iglesia-indice-de-indices/leyendas-negras-de-la-iglesia-i.
15. «Y, sin embargo, ningún rector o decano ha sido llamado a responder por el comportamiento de las autoridades académicas de la época. De la misma forma, ¿quién podría querer denunciar al alcalde de Milán o al presidente de la región de Lombardía por los desastres provocados por la política de Ludovico el Moro?», Giacomo Biffi, *L'autocrítica eclesial*. Ver cita completa en Luigi Accattoli, *Mea Culpa*. pp. 67-71.

sobre que la órbita planetaria debía ser elíptica. Llegaría a decir que eso era imposible. Se equivocó. También creyó falsamente que el anteojo agrandaba todos los objetos visibles según una misma proporción, cualquiera fuese su distancia; creía que en el «candor lunar» influía la luz de Venus, contra lo que opinaban Kepler y el sacerdote, matemático y astrónomo Vicentio Renieri; creía que los planetas eran emanaciones atmosféricas y que se movían en línea recta, perpendicular a la tierra —lo que también es falso—, mientras el sacerdote y astrónomo Horacio Grassi sostenía que eran verdaderos astros y recorrían un círculo excéntrico alrededor del sol, o también una elipse muy alargada, que es cabalmente lo que se ha demostrado hoy. Una de las pruebas de su doctrina heliocéntrica —según él la segunda en fuerza probativa— era un hecho que hoy se sabe que es falso: el de las mareas. Galileo sostenía que era una al día, cuando en realidad se conoce que son dos y diferentes.[16] Tampoco inventó el compás proporcional, como se ha dicho, solo lo desarrolló. Y como estos se podrían añadir otros tantos yerros de Galileo.[17]

9. Galileo no fue ningún santo. Su comportamiento personal y público, su característica agresividad, desvergonzada soberbia, desobediencias, etc., han sido puestas de manifiesto por varios historiadores, aun los de tendencia anticatólica. Entre sus tantísimas poco felices exaltaciones era conocido el grave maltrato del que fue objeto su amigo, y por todos querido, Horacio Grassi —jesuita y astrónomo— al que se refería como un «estúpido y pedante» tan solo por haber

---

16. Guillermo Furlong, ob. cit., pp. 28-29.
17. A fines de febrero de 1981, aparecería en la prensa un trabajo del dominico William Wallace, donde daría cuenta, luego de investigar minuciosamente las obras científicas de Galileo, de gran cantidad de plagios. Ver Walter Brandmuller, ob. cit., p. 25

disentido con él.[18] Había combatido explícitamente gran parte de su vida la doctrina de Copérnico; no obstante, cuando la abrazó finalmente, trataría de «estúpidos, pigmeos mentales que no merecen ser llamados seres racionales» a los que ahora no la aceptaban. Se recuerda que llegaría a llamar burro incluso al papa Urbano, otrora su gran amigo. Su enconamiento con los dominicos era por todos conocido, llegando a referirse a ellos de las formas más despectivas y humillantes. La desobediencia sería tal que, aprovechándose de la buena voluntad e inocencia de un eclesiástico, llegó a poner en la cabecera de su obra *Diálogos* el imprimátur romano sin contar con la debida autorización y sin haber remitido a Roma, como se la había exigido, el texto retocado.

Este proceder —comenta el sacerdote e historiador Guillermo Furlong— lo llevó a cometer imprudencias lamentables, y estas le acarreaban, lógicamente, terribles conflictos. Era una persona sumamente impulsiva: decía lo que pensaba antes de pensar lo que decía. No obstante, hay que reconocer en Galileo una persona distinta cuando llegaba a serenarse luego de sus arrebatos de ira. Siempre manifestó vivamente, oralmente y por escrito su filial amor e incondicional adhesión a la iglesia católica y su magisterio. Galileo Galilei moriría como devoto católico.

10. La Inquisición romana solo prohibió uno de los escritos de Galileo de modo temporal, hasta que se corrigieran algunas frases que daban como cierta la teoría heliocéntrica. Subsanado el error, la obra fue inmediatamente permitida. Su principal obra, titulada *Discursos y demostraciones matemáticas sobre dos nuevas ciencias*, la escribió después del proceso. Murió siendo miembro de la Academia Pontificia de Ciencias.

---

18. «Y como Grassi hubiese apelado a los numerosos testigos de sus asertos, Galileo respondió con un tajante "non credo". Esto sucedió en 1618». Citado en Guillermo Furlong, ob., cit. pp. 24-25.

11. Ya se ha hecho referencia, al principio de este capítulo, a aquellos que creyeron encontrar en el caso Galileo una prueba irrefutable a la inviabilidad del «matrimonio» religioso-científico y a que la iglesia se había equivocado. Lo cierto es que nunca nadie le exigió a Galileo que abjurase del sistema heliocéntrico porque este fuera una herejía. Asimismo, conviene tener en cuenta que tanto en 1616 como en 1633 los órganos que actuaron fueron la Congregación del Índice y la Inquisición, es decir, organismos eclesiásticos en los que no concurría la capacidad de impartir una docencia infalible. Las veces que el pontífice intervino nunca lo hizo ex cátedra.

Por tanto, aun concediendo la existencia efectiva de algunas desinteligencias o juicios errados o apresurados durante el proceso por parte de algunos eclesiásticos, esto no supone de manera alguna un error de magisterio de la iglesia católica. La prueba la da el mismo Galileo, consciente de esta realidad, cuando en carta a su amigo Mersenne manifiesta: «Ahora bien, como no tengo noticia que esta sentencia haya sido respaldada por el papa o por el concilio —sino solo por una congregación aislada de cardenales inquisidores— no pierdo la esperanza de que en este caso ocurra algo parecido a lo que pasó con el tema de las antípodas, que también estuvo más o menos prohibido durante cierto tiempo».[19]

Se agrega y se deja subrayado que en ningún momento, como se ha mencionado, se calificó de herético al sistema de Copérnico, sino como «totalmente contradictorio con la Sagrada Escritura». Por esto mismo jamás se procesó a nadie por adherirse a este sistema, como no se procesó a Galileo, sino por razones disciplinarias; esto es, por insistir en afirmar, a pesar de las constantes advertencias, la teoría

---

19. Carta enviada en noviembre de 1633. Citada en Walter Brandmuller, ob. cit., p. 133.

heliocéntrica como verdad inconcusa en vez de, como aconsejaba la evidencia científica existente en aquel momento, considerarla como una probabilidad. Por último, digamos que a Copérnico la Inquisición romana —que se tenía como la más estricta de las inquisiciones en materia de prohibición— solo le prohibieron temporalmente algunos escritos hasta que los corrigiese; la iglesia había calificado explícitamente sus obras como «valiosas y útiles».[20] Se debe tener en cuenta que Copérnico había dedicado su obra más importante al papa.

Lo cierto es que si el Santo Oficio o el papa hubieran tenido la intención de destruir y condenar a Galileo, lo hubieran podido hacer con causa sobrada en innumerables oportunidades.

Sin dudas el objetivo central de los enemigos de la religión ha sido hacerle creer al mundo que la fe y la ciencia son en esencia incompatibles, especialmente si esta fe fuera de filiación cristiana. Esta concepción positivista y materialista, cuyo principal exponente se encuentra en Augusto Comte,[21] ha pretendido —especialmente desde el caso Galileo— un divorcio de la ciencia con la fe, de la razón y la lógica con la religión, como si estas fueran diametralmente antagónicas. Tales afirmaciones han sido ya magistralmente rebatidas por insospechados y prestigiosísimos científicos, algunos de los cuales se han mencionado. En apoyo a lo antedicho, se invita a consultar aquella declaración que entregaran en Roma a Juan Pablo II doce Premios Nobel, donde se

---

20. Walter Brandmuller, ob. cit., p. 90.
21. Según su *Ley de los tres estadios*, la humanidad ha pasado por tres fases. La primera es la «mítico-teológica»; en ella, el hombre inventaba dioses y causas sobrenaturales para explicar los fenómenos naturales que no entendía y encontrar una cierta seguridad. En la segunda, la «metafísica», el razonamiento abstracto de las teorías filosóficas sustituyó a la religión. Por fin, la tercera y definitiva, la fase «científica» o «positiva», se ha hecho posible gracias a la ciencia moderna, que permite al hombre desechar los mitos religiosos y las teorías metafísicas como inservibles, y controlar las fuerzas naturales gracias a un conocimiento científico que prescinde de buscar explicaciones últimas, ateniéndose a los hechos. Citado en Mariano Artigas, *Ciencia, razón y fe*, Ed. MC, Madrid, 1985, p. 15.

afirma de forma rotunda que lejos de ser contrarias la fe y la ciencia, estas son complementarias y se necesitan mutuamente.[22] Veamos el poema que Juan Pablo II dedica al Galileo de Polonia, Copérnico:

Camminiamo sulle suture. La Terra sembrana liscia,
    sembrava piana.
Fu lungamente creduta un piatto rotondo che l'acqua
    lambiva del basso
E IL Sole dall'alto.
Poi venne Copernico: la Terra perse i suoi cardini e ne
    divenne carine il moto.
Camminiamo sulle sutura, ma non come prima. Copernico
    fermo il Sole e dette una spinta alla Terra.[23]

Por último, y para finalizar este breve esbozo, se deja constancia de que, en el año 1981, el papa Juan Pablo II instituiría una comisión integrada por expertos con el fin de investigar profundamente los hechos. La investigación concluiría en el año 1992, arrojando valiosísimos datos, valoraciones y conclusiones. Con motivo de aquella ocasión, consignaba el pontífice que «las clarificaciones aportadas por los recientes estudios históricos (en alusión a los trabajos de la comisión) nos permiten afirmar que este doloroso malentendido

---

22. Los galardonados con el Premio Nobel que entregaran la declaración al papa en Roma, el 22 de diciembre de 1980, fueron: J. Dausset, C. de Duve, L. Eccles, L. R. Klein, F. O. Fischer, H. A. Krelos, F. A. von Hayek, S. Ochoa, I. Pricogine, C. H. Townes, M. H. F. Wilkins, R. S. Yalow. Tomado de Walter Brandmüller, *Galileo y la Iglesia*, p. 181.
23. «Caminamos sobre suturas. La Tierra parecía lisa, parecía plana. / Durante mucho tiempo se imaginó como un plato redondo que el agua mecía por debajo y el Sol por encima. / Después vino Copérnico: La Tierra perdió sus bases y el movimiento se convirtió en su base. / Caminamos sobre suturas, pero no como antes. Copérnico detuvo al Sol y dio impulso a la Tierra». Del poema *Veglia di Pasqua*, 1966, en Karol Wojtyla, *Pietra di luce. Poesie*. Librería Editrice Vaticana, Ciudad del Vaticano, 1979, p. 27.

pertenece al pasado». Con el tiempo se irán realizando nuevas investigaciones y aportes, entre los cuales merecen destacarse los del filósofo y sacerdote Mariano Artigas, volcados en su invaluable trabajo *Galileo y el Vaticano*, que entre otros hallazgos —con las actas del proceso en mano— prueba que Galileo no solo no fue torturado, quemado o ahogado —corroborando lo antes expuesto— sino que tampoco se castigó a Galileo por sus teorías científicas, sino por razones disciplinarias.

«A no haber mediado un orgullo indomado», reflexiona el historiador Guillermo Furlong, «a no haber sostenido como una verdad cierta lo que, desde Copérnico hasta el día de hoy, no pasa de ser una hipótesis, a no haber ofendido con su lenguaje agresivo y mordaz a los estudiosos de la época, la Inquisición ni se habría ocupado de Galileo, como no se ocupó de Copérnico».[24]

Gerome Langford, experto en la materia y no sospechoso de alguna afinidad con la iglesia católica, concluye lo siguiente: «No es del todo cierto retratar a Galileo como una víctima inocente de la ignorancia y los prejuicios. Los acontecimientos que siguieron —es decir, el proceso inquisitorial— son en parte imputables al propio Galileo, que se negó al consenso, entró a debatir sin disponer de pruebas suficientes y se metió en el terreno de los teólogos».[25]

3.2 Juana de Arco

De Juana de Arco se ha dicho también que fue quemada por la Inquisición, lo cual es falso. Juana de Arco fue juzgada farisaicamente

---

24. Guillermo Furlong, ob., cit. p. 43.
25. Thomas Woods, ob. cit., p. 99. Cfr http://www.buenanueva.net/iglesia/5_5_igl-ciencia-II.html.

por un tribunal eclesiástico al servicio de Inglaterra —entonces en guerra con Francia— y condenada por el tribunal civil de aquel país a morir en la hoguera. El «proceso», por tanto, no tuvo lugar en ninguna dependencia de la Inquisición. No sería justo empero culpar al tribunal eclesiástico, sino de forma puntual al tristemente conocido obispo de Beauvais, Pedro Cauchón. Este inventor del proceso fue quien arrastró tras de sí a varios clérigos. Tampoco sería justo dejar de mencionar a Gilbert Manchon, quien manifestando sus dudas —acerca de si un tribunal compuesto de adversarios manifiestos de Carlos VII era competente para juzgar a Juana de Arco, partidaria del rey— se opuso rotundamente al proceso.

En rigor, ninguna culpa puede arrojársele a la iglesia en este asunto, pues quienes intervinieron lo hicieron sin la anuencia de Roma, como ya ha sido probado. Juana había solicitado reiteradamente ser llevada frente al Santo Padre (como llamaba al papa, «a quien debemos obediencia», decía), una solicitud a la que el nefasto Cauchón respondía del siguiente modo: «Nosotros somos la iglesia». Por supuesto que no lo eran. No eran más que unos eclesiásticos vendidos al oro inglés. Lo cual resulta más que evidente en las últimas palabras que Juana dirige a sus opresores: «No estaría muriendo si me hubiera juzgado la iglesia, y no mis enemigos».[26]

Veinticinco años después, a instancias del rey Carlos VII —que nada hiciera para salvar a quien debía su corona—, y con la anuencia del papa Calixto III, el proceso sería reexaminado, y declarado nulo e inicuo. Juana de Arco sería rehabilitada por la iglesia y canonizada por Benedicto XV el 17 de mayo de 1920. En el año 2011, en sus Catequesis de los miércoles, Benedicto XVI llamó al mundo y a

---

26. Hillarie Belloc, *Juana de Arco* (Madrid: Emecé, 2002).

los políticos a tomarla como modelo de santa comprometida con la sociedad de su tiempo.[27]

3.3 Los Templarios

Mucho se ha hablado y se sigue hablando del fatal destino de esta Orden y sus caballeros, aunque casi siempre con pocos conocimientos de los hechos. Suele afirmarse que el papa y la Inquisición condenaron a los templarios, lo cual es absolutamente falso. Existió, es claro, una persecución implacable de la Orden, aunque a cargo y fruto de la codicia interminable de uno de los reyes más nefastos que haya ocupado la corona gala, Felipe IV el Hermoso (1268-1314), asistido por su obediente servidor Guillermo de Nogaret y un seudoinquisidor francés de triste memoria. ¿La causa? Por supuesto, el dinero. Aunque no debe subestimarse el papel que jugó la impecable reputación de la Orden y el gran poder e influencia que ostentaba, especialmente en Francia, que hacían sombra a la figura del rey.

Absolutista como pocos, este rey maquiavélico que hacía de la guerra un pasatiempo prontamente se vio necesitado, en forma constante, de nuevos ingresos para financiar sus interminables expediciones militares. Y así, luego de imponer enormes impuestos a los clérigos, expulsó a los judíos en 1306, expropiando todos sus bienes, y en 1311, a los mercaderes italianos. En 1307, comentan los historiadores García-Villoslada y Bernardino Llorca, «les llegaba el turno a los templarios. Para acaparar sus riquezas, sin embargo,

---

[27]. Catequesis del 26 de enero del 2011, en Zenit (www.zenit.org).

habría que anular su poder, su prestigio y, sobre todo, su dependencia directa del papado».[28]

Y fue entonces que comenzó a «armar la causa». Empezó a hacer circular por el pueblo rumores sobre los templarios, acusándolos de los crímenes más horrendos y aberrantes y recurriendo a falsos testigos para que depusieran contra ellos —algunos provenientes de la propia organización—, ya fuera sobornándolos o torturándolos. Y así, haciendo funcionar la farsa a toda máquina, en poco tiempo se había reunido un cúmulo importante de denuncias contra la Orden.

Logrado esto, el rey se dirigió al papa para pedirle la excomunión y el castigo de la Orden y sus miembros, reclamando sus propiedades para sí. Clemente V, el papa en ese momento, escéptico en un principio, debió acceder al interrogatorio de los caballeros, dada la cantidad de evidencia fabricada, pidiéndole al rey que se los enviara con este propósito. Pero mientras tanto Felipe, ni lento ni perezoso, seguía arrancando a los templarios confesiones falsas mediante indecibles torturas que infringían sus comisarios reales, cuidándose de enviar al pontífice solo a aquellos templarios más débiles, de los que estaba seguro que no iban a retractarse. Deliberadamente, por este motivo, no envió al gran maestre Jacobo de Molay ni a los más importantes jerarcas de la Orden. Parece que los prisioneros seleccionados se acusaron de tales delitos tan firmemente, que el papa se quedó gravemente impresionado, por lo que decidió comenzar el proceso. No obstante, con el correr del tiempo y conforme los procesos avanzaban, el pontífice fue advirtiendo la existencia de arbitrariedades

---

28. Catholic.net, «Los templarios: más allá de la leyenda», https://es.catholic.net/op/articulos/21804/miami#modal.

e irregularidades, mayormente cometidas por el gran inquisidor francés, a quien depuso seguidamente, prohibiéndole a la vez a esa institución —la Inquisición francesa, cooptada por el rey— intervenir en lo sucesivo en el caso de los templarios.

Es importante remarcar que durante el proceso fueron tantos los caballeros templarios que se retractaban de sus declaraciones anteriores, como asimismo alevosas las incongruencias entre estas, que prontamente quedó en evidencia el complot jugado contra la Orden. Así, por ejemplo, en Aragón los templarios fueron declarados inocentes en el proceso inquisitorial. Hubo también varios procesos diocesanos en los que se declaró la inocencia de los caballeros del Temple. En Portugal fueron declarados inocentes. En Alemania los procesos canónicos mostraron también la inocencia de los templarios. García Villoslada y Bernardino Llorca agregan: «Es oportuno notar que, en Chipre, la sede central de los templarios, fue organizado un proceso contra los miembros de la Orden (unos 180 en la isla). De entre ellos, muchos eran franceses y de otros lugares de Europa, y ninguno admitió conocer delito alguno de aquellos caballeros que habían sido antes compañeros en el Temple y que ahora confesaban culpas absurdas en las prisiones de Francia».[29]

Si bien el papa reconoció finalmente que no había sido probada la culpabilidad de la Orden, se decretó que fuera suprimida, pues a esa altura la Orden se encontraba tan fuertemente difamada que era algo casi seguro que ya nadie querría ingresar en la misma, no pudiendo a la vez cumplir con su fin propio de servir y defender la Tierra Santa.

En cuanto a los templarios acusados, Clemente V determinó, el 6 de mayo de 1312, que continuaran los procesos diocesanos, mientras

---

29. R. García-Villoslada, *Historia de la Iglesia Católica*, tomo II, Edad Media (800-1303) (Madrid: BAC, 2003).

que el juicio sobre el maestre y otros dirigentes de la Orden quedaría reservado al papa (lo cual terminaría delegando a una comisión de eclesiásticos). Estableció asimismo que se asegurara la devolución de los bienes a los templarios inocentes, y que fueran tratados benignamente aquellos que confesaran sus culpas. No obstante, cuando Jacobo de Molay y Godofredo de Charney se resolvieron a decir la verdad aun al costo de recibir la pena de muerte por falso testimonio, parece que fueron tan convincentes en sus declaraciones que los cardenales y todos los presentes comenzaron a creer seriamente en la inocencia de los acusados, resolviéndose entonces realizar una nueva sesión para analizar de nuevo y detenidamente los hechos. Enterado Felipe de lo sucedido, no quiso esperar y los mandó a quemar inmediatamente ese mismo día.

Ese mismo año morían Felipe IV y su servidor y cómplice Nogaret. Hay quienes atribuyen ambas fatalidades a la justicia divina.

Para concluir, añaden García-Villoslada y Llorca: «En este sentido podemos señalar que, a inicios del año 2006, fue dado a la luz un documento reencontrado en los archivos vaticanos en el que se recoge la absolución del Papa Clemente V a Jacobo de Molay y a los dirigentes de los templarios, documento que lleva la fecha de 17-20 de agosto de 1308 y que está firmado por varios cardenales. El documento, conocido como "folio de Chinon", puede ser visualizado en la página del Vaticano [...] Posteriormente, cuando se cumplían los 700 años del inicio del drama de los templarios (octubre de 2007) vio la luz el volumen histórico *Processus contra Templarios*, que recoge los originales de las actas del proceso oficial contra los templarios (desde junio de 1308 hasta el año 1311)».[30]

---

30. R. García-Villoslada y B. Llorca, *Historia de la Iglesia Católica*, tomo III. Edad Nueva (Madrid: BAC, 1999), cuarta edición. Consultar también para este tema García-Villoslada, *Historia de la Iglesia Católica*, tomo II. Edad Media (800-1303), (Madrid: BAC, 2003), séptima edición.

Capítulo
IV

El cristianismo y la caridad

«Mientras que los sacerdotes paganos desprecian a los pobres, los odiados galileos (esto es, los cristianos) se entregan a obras de caridad y, en un alarde de falsa compasión, establecen y cometen los más perniciosos errores. Ved sus banquetes de amor y sus mesas dispuestas para los indigentes. Esta práctica es común entre ellos y provoca desprecio hacia nuestros dioses».[1]

—Juliano el Apóstata

4.1 La caridad cristiana en la historia

Mucho se habla en nuestros tiempos de caridad,[2] solidaridad y justicia social, especialmente en la arena política, pero lo cierto es que la mayor parte de las veces aquellas nobles causas no son más que tópicos vaciados y utilizados por el populismo advenedizo y por progresistas disfrazados de filántropos, ya fuere para ganar el favor de la gente en campañas electorales o para imponer agendas globalistas.

---

1. Cayetano Baluffi, *The Charity of the Church* (Dublin: Gill and Son, 1885), p. 16
2. La caridad (del latín: *caritas*) (o amor, en español moderno) es, para la iglesia católica, aquella virtud teologal por la cual se ama a Dios sobre todas las cosas por Él mismo y al prójimo como a nosotros mismos por amor a Dios. La caridad tiene por frutos el gozo, la paz y la misericordia. Exige la práctica del bien y la corrección fraterna; es benevolencia; suscita la reciprocidad; es siempre desinteresada y generosa; es amistad y comunión.

La caridad —que por norma debe ser un acto voluntario y desinteresado, producto de la genuina generosidad sin afanes de notoriedad, con el fin de aliviar el sufrimiento y la miseria humana— es creación del cristianismo, que desde su surgimiento la ha practicado *urbe et orbi* a gran escala, siguiendo las enseñanzas de Jesucristo.

¿Fue el cristianismo realmente el inventor y principal difusor de la caridad? Sin dudas. Si bien no puede desconocerse que en tiempos anteriores al cristianismo encontraremos casos de generosidad hacia terceros, lo cierto es que estos constituyeron prácticamente casos excepcionales por parte de personas pudientes, donde la ayuda ofrecida era más bien restringida a proyectos sociales de destino educativo (como bibliotecas, escuelas, baños y edificios públicos, etc.) de los que sus dadores se beneficiaban en términos de notoriedad. En estos casos, no es la compasión al prójimo lo que los motiva, sino la búsqueda de las alabanzas de sus compatriotas. La caridad o ayuda cristiana es algo totalmente distinto a la de filántropos y agentes asistencialistas estatales, puesto que la ayuda suele ser dada de modo anónimo, buscando ante todo el reconocimiento de Dios.

Como ejemplo de caridad precristiana suele citarse a veces a la escuela de los estoicos, que enseñaban a ayudar sin esperar nada a cambio, pero como destaca el historiador Thomas Woods, en este acto de fraternidad hacia los hombres se anulaba completamente todo sentimiento y emoción, que eran considerados impropios de los grandes hombres. Así nos dice:

El hombre debía permanecer imperturbable ante cualquier acontecimiento externo, por trágico que fuese. Debía poseer un estricto autocontrol, a fin de afrontar la peor de las catástrofes con un espíritu de indiferencia absoluta; y con ese mismo espíritu debía asistir a los menos afortunados: no con el ánimo de compartir el dolor y la pena de aquellos a los que ayuda, ni con el de establecer con ellos un vínculo emocional, sino con el espíritu desinteresado y carente de emoción de quien sencillamente cumple con su obligación. Rodney Stark afirma que la filosofía clásica «consideraba la piedad y la compasión emociones patológicas, defectos del carácter que los hombres racionales debían evitar. Porque al implicar la piedad el ofrecimiento de ayuda inmerecida, aquella era contraria a la justicia.[3]

La magnanimidad del cristianismo consiste fundamentalmente en que la mentada ayuda debe ser extendida a todos los hombres —pues todos son hechos a la imagen de Dios—, sin distinción de religión, raza, nacionalidad o pensamiento, lo cual lo diferencia del resto de las religiones o creencias que suelen reservar su ayuda para los propios y otorgarles prioridad sobre el resto.

La caridad es parte fundamental de la doctrina cristiana y son sus mandatos los que explican acabadamente su interés por los pobres y enfermos. El mismo Jesucristo ordenaba: «Un mandamiento nuevo os doy: Que os améis unos a otros; como yo os he amado, que también os améis unos a otros. En esto conocerán todos que sois mis discípulos» (Juan 13:34-35; también Santiago 4:11). En Mateo 25:36-40, nos dice: «Estuve [...] enfermo, y me visitasteis [...] en cuanto lo hicisteis a uno de estos mis hermanos más

---

3. Woods, *Cómo la Iglesia construyó la civilización occidental*, p. 213.

pequeños, a mí lo hicisteis». En la parábola del buen samaritano repite la enseñanza de mostrarle misericordia a nuestro prójimo. Nadie puede permanecer inmóvil ante el sufrimiento ajeno, nos dice Jesucristo. Sobre la extensión de la caridad, el apóstol Pablo señala que también los no cristianos merecen el cuidado y la caridad de los cristianos, aun cuando sean enemigos de la fe (Romanos 12:14-20; Gálatas 6:10).

San Cipriano escribía tomando una serie de frases de Jesús mismo: «Si solo hacemos el bien a quienes nos lo hacen a nosotros, ¿podemos considerarnos mejores que los infieles y publicanos? Si somos hijos de Dios, cuyo sol ilumina el bien y el mal, y envía la lluvia sobre los justos y los injustos, hemos de demostrarlo con nuestros actos, bendiciendo a quienes nos maldicen y haciendo el bien a quienes nos persiguen».[4] Esta enseñanza fue completamente revolucionaria en aquel mundo antiguo.[5] Indudablemente, la moral cristiana influyó decididamente en la mentalidad de la sociedad entonces existente, constituyendo la asistencia a los desposeídos una parte central de la nueva religión. Así, abundan los casos de personas adineradas que renuncian a todas sus pertenencias para dar y asistir a los que nada tienen, o que ofrecen su vida al cuidado de los enfermos.

---

4. Woods, ob. cit., p. 217.
5. El gran crítico del cristianismo William E. H. Lecky se ve obligado a reconocer lo siguiente: «No cabe la menor duda ni en la teoría ni en la práctica, ni en las instituciones que se fundaron o en el puesto que alcanzó en la escala de obligaciones, de que la caridad ocupó en la antigüedad una posición en modo alguno comparable a la que se ha alcanzado con el cristianismo. La ayuda era competencia casi exclusiva del Estado y venía dictada más por la política que por la benevolencia, y la costumbre de vender a los hijos, las duras privaciones, la presteza de los pobres a convertirse en gladiadores o las frecuentes hambrunas muestran cuánto sufrimiento quedaba sin ser aliviado». Tomado de Woods, ob. cit., p. 215.

El cristianismo siempre ha sido extremadamente generoso en este sentido. El mencionado historiador Thomas Woods cuenta la siguiente anécdota, que ilustra perfectamente el espíritu cristiano:

> El hambre y la enfermedad azotaban al ejército del emperador Constantino en los comienzos del siglo IV. Pacomio, un soldado pagano, contemplaba atónito cómo los romanos ofrecían comida a los hombres afligidos y, sin discriminación de ninguna clase, prestaban ayuda a quienes la necesitaban. Intrigado, preguntó por aquellas gentes y supo que eran cristianos. ¿Qué clase de religión era aquella, se preguntó, que inspiraba semejantes actos de humanismo y generosidad? Empezó a aprender sobre la fe y, antes de darse cuenta, ya había iniciado el camino de la conversión.[6]

Desde sus primeros tiempos, el cristianismo patrocinaba la creación de hospitales en todas las grandes ciudades, de manera que nadie se quedara sin atención médica. Señalemos en este sentido que en las culturas precristianas no hubo ninguna institución semejante a nuestros hospitales, lo cual queda demostrado en los propios escritos de Hipócrates y Galeno, donde no se menciona ninguna institución dedicada al cuidado de los enfermos. Tampoco Plutarco, que vivió entre los años 40 y 120 y habla con detalle de la práctica de la medicina, hace referencia alguna a los hospitales. Sabemos que, durante el período helénico, en determinadas ocasiones el sacerdote

---

6. Woods, ob. cit., p. 211. El propio Juliano el Apóstata, enemigo acérrimo de los cristianos, se lamentaba de la ayuda que los cristianos le alcanzaban a los paganos: «Estos impíos galileos no solo alimentan a sus pobres, sino también a los nuestros; los invitan a sus ágapes para atraerlos, tal como se atrae a los niños con un dulce». Alvin Schmidt, *Social Results of Early Christianity*, p. 328.

pagano recibía en el templo a algún enfermo oficiando tanto de intercesor ante la divinidad como de médico, pero no se admitían los casos de enfermedad grave o a los moribundos porque era considerado una irreverencia morirse en aquel recinto sagrado. Hay que señalar asimismo que la admisión del enfermo no era inmediata, ya que podía demorar varios días, pues había una serie de reglas que debían observar, como purgarse, no beber vino, bañarse en aguas termales, descansar, comer poco y cosas por el estilo.

Los médicos eran funcionarios públicos que a cambio de un salario se establecían en determinada región, contando en ocasiones con alguna sala de consulta, de operaciones, de instrumental y farmacia. Los romanos, por su lado, si bien incorporaron parte importante del legado griego, especialmente en materia de filosofía, ciencia, historia, etc., no mostraron demasiado interés por la medicina griega, al punto de considerar a los médicos profesionales de poca valía, estimando asimismo, incluso el propio Cicerón, que la medicina no era una carrera adecuada para un romano bien nacido. Plinio el Viejo pensaba que un hombre bien educado podía adquirir los conocimientos necesarios como para curarse a sí mismo y que los médicos eran unos asesinos (matasanos) y corruptores. Estas ideas fueron cambiando con el tiempo. «¿Explica esto tal vez la aparición tardía de los hospitales en Occidente?»,[7] se pregunta el historiador de la medicina Horacio Boló.

En tiempos romanos precristianos existían algunos centros de curación donde se atendía a los heridos en batallas, debiendo estos pagar los gastos a los curadores. A fines de la república, aparecieron

---

7. Horacio Boló, «La ciudad cristiana y el nacimiento de los hospitales». Artículo 4/2/2009. Cfr. https://centropieper.blogspot.com/2009/02/la-ciudad-cristiana-y-el-nacimiento-de.html.

enfermerías llamadas «valetudinarias», creadas para la atención médica de los esclavos, pero no movidos por un afán de compasión, sino porque los esclavos tenían un valor comercial; muestra clara de ello es que los esclavos considerados incurables eran abandonados, por tanto, no recibido en esos centros médicos.[8] En síntesis, estos centros que actuaron en alguna medida como precursores de los hospitales modernos solo atendían a soldados, esclavos y personas adineradas.

Los hospitales civiles o los hospitales de caridad no se desarrollaron hasta el siglo IV d. C. y fueron producto de la piedad cristiana. Se acepta actualmente que los primeros hospitales destinados exclusivamente a la atención médica de los enfermos (es decir, no solo dedicados a servir como asilo) fueron fundados por San Juan Crisóstomo y San Basilio de Cesarea, creándose en Jerusalén, en el año 350, bajo el mandato de Justiniano, el célebre Hospital San Juan de Dios, que dará nacimiento a los Caballeros de Malta. Desde entonces fueron fundándose de modo ininterrumpido en los siguientes siglos hospitales en Jerusalén, Antioquia, Edesa, Alejandría y todo Medio Oriente.[9] Según refiere Horacio Boló, aquellos hospitales, entonces llamados nosocomios y luego xenones, tenían exactamente la misma estructura que los hospitales modernos:

> A partir del siglo VII van a tener todos un modelo común. No tenían habitaciones privadas y estaban divididos en salas

---

8. J. M. Barrionuevo Montealegre, *Historia de los hospitales. Apuntes de administración hospitalaria*. Versión digital, https://www.binasss.sa.cr/revistas/hcr/n21974/art7.pdf.
9. Horacio Boló, ob. cit. Agrega el autor: «En Constantinopla, hoy Estambul, había además instituciones que eran muy semejantes a nuestros geriátricos, casas para huérfanos y para los pobres y otras dedicadas a la atención de enfermos crónicos». Para ahondar en este tema, Boló recomienda consultar la obra *The Birth of the Hospital in the Byzantine Empire* de Timothy S. Miller, profesor de historia en Maryland, Estados Unidos.

comunes con un número de camas que variaba entre 6 y 12 por sala. Había una sala para enfermos quirúrgicos, otra para enfermos generales, casi todos contaban con una sala especial para pacientes con enfermedades de los ojos y una sala para mujeres, y muchos tenían una sala de pocas camas para pacientes muy graves y para la recuperación posoperatoria, nuestra sala de cuidados intensivos. Todas las camas eran individuales y debían estar provistas de colchón, almohada, sábanas y en invierno con dos mantas de lana de cabra. A los más pobres les daban ropa. Un detalle interesante es que algunos tenían camas especiales para los pacientes muy débiles o que no podían moverse con un agujero en el medio para que no tuvieran que levantarse para ir al baño. Las letrinas estaban separadas de las salas. Como para la medicina de la época los baños eran una forma de tratamiento de varias enfermedades, contaban con una sala especial destinada a tal efecto. Algunos tenían bibliotecas y salas de lectura. Todos tenían una iglesia. Los pacientes recibían una dieta vegetariana bien equilibrada de alrededor de 3.300 calorías diarias. Eran atendidos por enfermeras día y noche. Y además cocineros, lavanderos, una farmacia a cargo de un farmacéutico, porteros, sacerdotes, panaderos, un equivalente a la central de materiales de nuestros hospitales donde se limpiaba y reparaba el material quirúrgico y un grupo de gente dedicada a la administración que en general no eran monjes. Muchos de ellos se van a encargar también de los entierros y del servicio religioso de los funerales. Había dos médicos por cada sala, equivalentes a nuestros jefes de sala que se turnaban, ya que un mes trabajaban en el hospital y el otro en la práctica privada, y tres médicos asistentes como mínimo. Vale la pena destacar que los que estaban a cargo de la sala de mujeres contaban con la ayuda de una médica jefe y cuatro médicas asistentes que hacían guardias nocturnas. Los médicos jefes y sus asistentes examinaban juntos a cada paciente todos los días. Además, tenían cuatro médicos, dos de cirugía y dos de clínica, para la atención de los consultorios externos. Por encima de estos profesionales había otros médicos de alta jerarquía que supervisaban el funcionamiento de todo el hospital, participaban en las revistas de sala con los jefes y sus asistentes, controlaban los tratamientos y actuaban como consultores en los casos difíciles que se presentaban en los consultorios externos. Llevaban un registro de los pacientes y de su evolución donde se detallaba el tratamiento recibido. Pronto se convirtieron en centros de enseñanza con un sistema muy semejante a las residencias médicas actuales, y era necesario haber concurrido durante algunos años a los hospitales como asistentes y contar con la aprobación de las corporaciones médicas para poder ejercer la medicina privada.[10]

Según el citado autor, el cambio de concepción en cuanto a la función del hospital se da con Sampson el Hospitalario —un destacado médico con estudios en Roma asentado en Constantinopla—, quien entendía que no era suficiente atender al paciente según las reglas de la medicina, sino también según el mandato de Jesucristo, debiendo además alojarlos y alimentarlos.

---

10. Boló, ob. cit.

El cristianismo se ocupaba tanto de la salud física y espiritual de los hombres como de sus necesidades materiales, incluso económicamente a través de la entrega de ofrendas durante los servicios religiosos. Primero la caridad se expresó en las limosnas y las donaciones; los obispos y los diáconos eran los encargados de juntarlas y distribuirlas. Sin embargo, ya hacia comienzos del siglo II, Policarpo de Esmirna menciona que los obispos debían ocuparse de los enfermos como una de sus responsabilidades primarias, e incluso en una norma del año 215 decía que los obispos debían recoger en su propia casa a los enfermos. La caridad cristiana obligaba también a ocuparse de los entierros y funerales porque consideraban que darles un entierro digno a los pobres y vagabundos era una de las principales obras de misericordia, e incluso pagaban y organizaban comunidades de mujeres que cantaban en los servicios fúnebres y procesiones.

Justino Mártir relata que muchas personas que amaban las riquezas y los bienes materiales antes de su conversión se sacrificaban luego por los pobres con espíritu de gozo.[11] Y aquí estuvieron involucrados todos los cristianos, incluso los padres de la iglesia. San Agustín fundó un hospicio para peregrinos y esclavos fugados, donde se repartía ropa entre los pobres. Juan Crisóstomo fundó una serie de hospitales en Constantinopla, mientras que Cipriano y Efrén organizaban campañas de ayuda en tiempos de hambrunas y epidemias.

Desde sus orígenes, la iglesia se preocupó por el cuidado de las viudas y los huérfanos, ocupándose especialmente de los enfermos

---

11. John A. Ryan, «Charity and Charities», *Catholic Encyclopedia*, segunda edición, 1913; Charles Guillaume Adolphe Schmidt, *The Social Results of Early Christianity* (Londres: Sir Isaac Pitman & Sons, 1907), p. 251. Fuentes provistas en Woods, ob. cit.

en tiempos de devastadoras epidemias. El modo en que los cristianos afrontaron las sucesivas plagas y pestes que afectaron a Cartago y Alejandría despertó la admiración y el respeto hacia ellos por la valentía con que consolaban a los moribundos y enterraban a los muertos, en un momento en el que los paganos abandonaban incluso a sus amigos y familiares. El enfermo para los paganos pasaba a ser una suerte de maldito contra quien todo estaba permitido, lo cual motivó la enérgica represión del obispo Cipriano en el siglo III a la población pagana de la ciudad norteafricana de Cartago por robar las pertenencias de las víctimas de la plaga en lugar de ayudarlas: «No mostráis compasión alguna por los enfermos, sino que con codicia saqueáis a los difuntos; y aquellos a los que el miedo impide ser clementes, se atreven sin embargo a obtener ilícitos beneficios. Aquellos que rehúsan enterrar a los muertos, corren con avaricia a apropiarse de lo que dejan».[12]

El obispo cristiano Dionisio también denunciaba que en los tiempos de una terrible plaga en Alejandría los paganos «arrinconaban a los que caían enfermos y se alejaban incluso de sus amigos más queridos, arrojaban en los caminos a los moribundos y allí los dejaban, tratándolos con profundo desprecio cuando morían y sin darles sepultura». Señala asimismo la actitud de los cristianos, que a diferencia de los paganos, «no se abandonaban los unos a los otros, sino que permanecían unidos y visitaban a los enfermos, sin pensar en el peligro que corrían, para ocuparse de ellos asiduamente [...] atrayendo sobre sí la enfermedad de sus vecinos y dispuestos a aceptar la carga de los sufrimientos de quienes los rodeaban».[13]

---

12. Woods, ob. cit., p. 216.
13. Alvin J. Schmidl, *Under the Influence*, cita y fuente provistas en Woods, ob. cit., p. 217.

En el capítulo II de este libro, concerniente al cristianismo y la cultura, hemos señalado varios aspectos de los monjes benedictinos relacionados con la caridad. A estos efectos, conviene mencionar la Regla de Benito de Nursia: «El cuidado de los enfermos debe estar por encima de todo, ya que en verdad deben ser atendidos como Cristo, porque Él mismo dijo: "Estuve enfermo y me visitasteis", y "Todo lo que hicisteis a esos pequeños, a Mí me lo hicisteis"». Y esta actitud de socorrer a todos los enfermos fue una constante en todos los hombres cristianos, cualquiera fuera su denominación (protestante, anglicana, católica, etc.). Un caso claro a estos efectos es el de Martín Lutero, quien en un ensayo en el que discute si un ministro cristiano está moralmente legitimado para huir de una plaga, concluye que no, ya que su lugar está junto a su rebaño, para atender sus necesidades espirituales hasta el momento de la muerte. Él mismo permaneció en Wittenberg en agosto de 1527 cuando una plaga afectó la región. Decidió quedarse junto a su esposa embarazada para mostrarles caridad cristiana a los enfermos a pesar del peligro. Por su parte, Efrén, un eremita de Edesa, es recordado por su heroísmo cuando el hambre y la peste asolaron la infortunada ciudad. No solo coordinó la colecta y la distribución de limosnas, sino que creó hospitales, atendió a los enfermos y se ocupó de los muertos.

En referencia a los hospitales, conviene insistir en que, bajo la regencia pagana, estos estaban destinados exclusivamente a atender a los soldados y no a la población general, y mucho menos a aquellos sin recursos, que podían morirse en la calle sin que nadie hiciese nada. El notable historiador Alvin Schmidt señala que fue la iglesia quien comenzó a patrocinar y crear instituciones que cuidaran a todos los enfermos. Hemos mencionado ya que los primeros hospitales surgen en el siglo IV, donde además se daba cobijo a extranjeros sin recursos y se cuidaba a las viudas, enfermos y personas pobres. El tema ha sido abordado por distintos historiadores. Guenter Risse señala que los cristianos dejaron de lado «la hospitalidad recíproca que había prevalecido en la Grecia antigua y la devoción familiar de los romanos» para atender a «determinados grupos sociales marginados por la pobreza, la enfermedad y la edad».[14] Por su parte, Fielding Garrison señala que antes del período cristiano «la actitud hacia los enfermos y los infortunados no era de compasión, y el crédito de aliviar el sufrimiento humano a gran escala corresponde enteramente al mundo cristiano».[15] Conviene señalar que el Concilio de Nicea en el 325 d. C. estableció instaurar un hospital en cada catedral con el fin de atender a los peregrinos, quienes solían llegar enfermos. Allí tenemos a Basilio, quien construyó un hospital en Cesarea, y a Fabiola, quien vendió todos sus bienes e impulsó la creación del primer hospital en Roma a fines del siglo IV.

Asimismo, también los monasterios cumplieron en ocasiones funciones similares. Con la muerte de Carlomagno en el siglo IX, el cuidado de los pobres, hasta entonces a cargo de las iglesias parroquiales, pasó en gran medida a ser responsabilidad de los monasterios:

> Tras la caída del Imperio romano, los monasterios se convirtieron durante siglos en proveedores de cuidados médicos organizados que no se ofrecían en ninguna otra parte de Europa. Tanto por su funcionamiento como por su

---

14. Guenter B. Risse, *Mending Bodies, Saving Souls: A History of Hospitals* (Nueva York: Oxford University Press, 1999), p. 73. Cita y fuente tomada de Woods, ob. cit., p. 218.
15. Fielding H. Garrison, *An Introduction of the History of Medicine*, W. B. Saunders, Filadelfia, 1914, p. 118; citado en Alvin Schmidt, *Under the Influence*, p. 131. Cita y fuentes proporcionadas en Woods, ob. cit.

ubicación, estas instituciones eran auténticos oasis de orden, piedad y estabilidad, donde la curación podía producirse. Con el fin de cultivar estas prácticas, los monasterios se transformaron también en centros de conocimiento médico entre los siglos V y X, el período clásico de la llamada medicina monástica, y emergieron en el Renacimiento carolingio del siglo VII como principales centros de estudio y transmisión de los textos médicos antiguos.[16]

Como ya he mencionado, los monasterios fueron durante muchos siglos el centro de toda actividad religiosa, cultural y caritativa, donde diariamente se ofrecía todo tipo de ayuda a los pobres. Aquí encontramos entre otros a los benedictinos, cistercienses y premonstratenses, y luego a las órdenes mendicantes de los franciscanos y los dominicos. Para hacernos una idea de la influencia que las ordenes monásticas tenían en las sociedades cristianas, bástenos decir que Cluny, el monasterio benedictino fundado en el siglo X, llegó a contar con 10.000 monjes y 1450 casas, y el Cister, con 348 monasterios distribuidos en toda Europa.[17] Para 1316, los franciscanos contaban con 1400 casas y más de 30.000 religiosos, mientras que para 1303 los dominicos tenían 600 casas y 10.000 frailes.[18] W. E. H. Lecky aborda este aspecto de los monasterios y sus órdenes: «La caridad fue adoptando formas muy diversas con el paso del tiempo, y cada monasterio se convirtió en un centro de caridad. Los nobles quedaban impresionados por los monjes: los pobres eran protegidos, los enfermos atendidos, los viajeros acogidos,

---

16. Guenter B. Risse, ob. cit., p. 95. Cita y fuente tomada de Woods, ob. cit., p, 218.
17. Sáenz, *La cristiandad*, p. 161.
18. Ibídem, pp. 161-162.

los prisioneros rescatados, las más remotas esferas del sufrimiento exploradas. En el período más oscuro de la Edad Media, los monjes fundaron un refugio para peregrinos en medio del horror de las nieves alpinas».[19]

Para el siglo XIII, la Orden de los Hospitalarios, creada en tiempos de las Cruzadas, administraba veinte hospitales y leprosarios.[20] Por mencionar solo un ejemplo más de la proliferación de hospitales en toda Europa, señalemos que entre el año 1000 y el 1500 se crearon en la región de Florencia 63 hospitales.[21] La caridad cristiana ha sido reconocida incluso por varios de sus propios enemigos. El intelectual pagano Luciano (130-200) no ocultaba su asombro: «Es increíble el celo con que quienes profesan esta religión se ayudan unos a otros en la necesidad, para lo cual no escatiman esfuerzos. Su dador de la ley inculcó en ellos la idea de que todos eran hermanos».[22] Juliano el Apóstata (331-363), por su parte, reconocía que los cristianos superaban ampliamente a los paganos en materia de caridad: «Mientras que los sacerdotes paganos desprecian a los pobres», escribió «los odiados galileos

---

19. W. E. H. Lecky, *History of European Morals From Augustus to Charlemagne*, vol. 1, D. (Nueva York: Appleton and Company, 1870), p. 89.
20. Guenter B. Risse, ob. cit., p. 149.
21. En Horacio Boló, ob. cit., el autor agrega: «El primero de ellos fue el Spedale della Badia Fiorentina en el 1031 y que funcionó durante 200 años. Casi la mitad de ellos permanecieron durante siglos: San Pablo a Pinti fue fundado en 1065 y estuvo en actividad hasta 1751, San Jacobo a San Eusebio desde 1186 hasta 1780. Santa Maria Nuova (*vide supra*) y San Giovani di Dio, que fue fundado en el 1388 con el nombre de Spedale di S. Maria dell'Umiltà, funcionan hoy». Sobre la acción del cristianismo en materia de caridad en toda su historia, Boló recomienda consultar los siguientes trabajos: *The Birth of the Hospital in the Byzantine Empire* de Timothy S. Miller. John Hopkins University Press, Baltimore, 2da ed., 1997; *The Renaissance Hospital: Healing the Body and Healing the Soul* de John Henderson. Yale University Press, 1ra ed., 2006; *The Knights of Saint John and the Hospitals of the Latin West* de Timothy S. Miller, Speculum, 1978. Medieval Academy of America; *The Chapel of Physicians at Santa Maria Antiqua* de David Knipp, Dumbarton Oak Papers No. 56, 2003, Washington D.C.
22. Woods, ob. cit., p. 222.

(esto es, los cristianos) se entregan a obras de caridad y, en un alarde de falsa compasión, establecen y cometen los más perniciosos errores. Ved sus banquetes de amor y sus mesas dispuestas para los indigentes. Esta práctica es común entre ellos y provoca desprecio hacia nuestros dioses».[23] El citado emperador, a fuerza de competir con el cristianismo y evitar más conversiones hacia la nueva religión, se propuso intentar imitar el ejemplo cristiano. En carta escrita al sacerdote pagano Arsace, propone como estrategia para combatir al cristianismo «la imitación de la severidad de costumbres y de amor hacia los enfermos; la fundación de xenodoquios a beneficio de todos los hombres de todas las religiones del Imperio».[24] Los sucesores del emperador, visto el éxito seguido de esta política social, llegaron a contar en Constantinopla con 35 establecimientos de beneficencia.[25]

No obstante, esta gran institución caritativa sería destruida en gran medida por la revolución francesa, cuyo acérrimo anticristianismo la llevó a perseguir y exterminar a los cristianos, expropiando las propiedades eclesiásticas, entre las cuales estaban naturalmente los monasterios. Medio siglo después de la revolución jacobina, Francia tenía casi un 50 % menos de hospitales.[26] Todavía hoy, la mayor parte de los hospitales vigentes en países del denominado «tercer mundo» son de iniciativa cristiana (basta nomás con reparar en sus nombres). No cabe duda de que la profesionalización de la medicina y la creación de los hospitales como actualmente los concebimos se debe al cristianismo, con la salvedad de que el cristianismo

---

23. Cajetan Baluffi, *The Chanty of the Church*, Gill and Son, Dublin, 1885, p. 16.
24. *Historia de los Hospitales*, Parte 2, p. 13.
25. *Ibidem*.
26. Michael Davies, *For Altar and Throne: The Rising in the Vendée*, Remnant Press, St. Paul, Minn., 1997, p. 11.

asistía gratuitamente a todos los enfermos y/o aquellos que no contaran con recursos para curarse.

Lewis Mumford concluye que «la concepción cristiana de la existencia con su afirmación del sufrimiento y su disposición a socorrerlo dieron nacimiento a instituciones de las que no existe ninguna evidencia en las civilizaciones antiguas».[27]

4.2 La caridad cristiana en la actualidad

Aun en la actualidad el cristianismo, en todas sus vertientes, continúa siendo el mayor garante de la caridad mundial. Católicos, protestantes, evangélicos, anglicanos, etc., destinan diariamente la mayor parte de sus recursos a ayudar de distintos modos a las personas con menores recursos materiales. Por ejemplo, la fuente de atención de enfermos de VIH-SIDA más grande del mundo es provista por la iglesia católica, especialmente a través de organizaciones como Caritas Internationalis y Catholic Relief Services,[28] que a su vez organizan impresionantes colectas anuales destinadas a ofrecer alimento, ropa, educación, salud y albergue a las personas más pobres, sosteniendo además un sinfín de institutos y estructuras que persiguen el mismo objetivo.

---

27. Lewis Mumford, *The City in History*, Penguin Books Ltd, London, 1979, pp. 309 y 340. Tomado del trabajo de Horacio Boló.
28. Mons. José H. Gómez, *El pueblo de Dios con VIH/SIDA: Recursos para la educación y el cuidado pastoral, Arquidiócesis de Los Ángeles*, EE. UU., 2020. Ratificado en informe de Caritas de 15/8/2008. Cfr. https://www.caritas.org/2008/08/la-iglesia-catolica-al-servicio-de-las-personas-con-el-vih-y-el-sida/?lang=es. En el sitio oficial pueden descargarse y consultarse todos los informes anuales que dan precisos detalles de toda la ayuda que brinda esta organización en el mundo. En relación a Catholic Relief Services, consultar su sitio digital e informes en https://www.crs.org/.

Entre las denominaciones cristianas, la iglesia católica no solo destina el dinero recibido a sostener al clero y sus ministros, sino fundamentalmente a acciones caritativas. Los ejemplos abundan y son fácilmente verificables por todos. Además de Caritas, la iglesia ha fundado un sinfín de instituciones cuyo objeto es la ayuda benéfica. Por no irnos muy atrás en el tiempo, señalemos el Pontificio Consejo «Cor Unum» (1971).[29] En 1984, Juan Pablo II creó la Fundación Juan Pablo II para el Sahel (fundación que lucha contra la sequía y la desertización y ayuda a los afectados) y la Fundación *Popolorum Progressio* al servicio de la población indígena, mestiza, afroamericana y de los campesinos pobres de América Latina y el Caribe.[30]

Mencionemos a los Caballeros de Colón, que es nada menos que la organización laical católica más grande del mundo. En 2007 habían hecho donativos para obras de caridad en todo el mundo por un concepto de 143 millones de dólares, sumado a las 68.200.000 horas de voluntariado de sus miembros para ayudar al prójimo. Manos Unidas (www.manosunidas.org), creada en 1960, destinó en 2007 más de 30 millones de euros a iniciativas contra el hambre, especialmente en África. Tenemos luego a la asociación Ayuda a la Iglesia Necesitada (www.ain-es.org), que en el mismo año destinó casi 165 millones de euros para iniciativas en 136 países, algunos de ellos de mayoría musulmana como Pakistán, Irán e Iraq. Por su parte, la Fundación Altius (www.altius.org) viene desarrollando hace largo tiempo obras educativas a favor de personas de escasos recursos.

---

29. Entre los incontables aportes a víctimas de calamidades de todo tipo, en 2007 donó 100 mil dólares para los afectados por el terremoto de agosto de 2007 en Perú. Cfr. http://www.vatican.va/roman_curia/pontifical_councils/corunum/corunum_sp/index_sp.htm.
30. «¿Qué hace la Iglesia con dinero?» (Artículo) de Jorge Enrique Mújica, LC. Fuente: Catholic.net.

Y como estas organizaciones católicas, existen miles. Además del dinero para sostener estructuras de ayuda, sus fieles asisten voluntariamente en todo tipo de lugar donde el hombre ejerza alguna actividad: guarderías, escuelas, universidades, centros de posgrado, escuelas de educación especial y de readaptación social, hospitales, centros de salud, ambulatorios, dispensarios médicos, orfanatos, asilos de ancianos, centros para atención de discapacitados, madres solteras, niños con síndrome de Down, centros de consultoría familiar, juvenil, de atención a la mujer, penitenciaria en las cárceles, pastoral de la familia, la juventud y la niñez, etc.

De hecho, es tal la cantidad de dinero que se destina con este objeto que ha habido veces que los informes anuales de la iglesia han reportados déficits. Las rendiciones de cuentas anuales siempre han sido muy claras y transparentes por parte de la iglesia católica. Veamos por caso el balance económico de la Santa Sede para el año 2008:

> El pasado mes de julio de 2008, el arzobispo Velasio De Paolis, C. S., presidente de la Prefectura de Asuntos Económicos de la Santa Sede, hizo público el balance económico de la Santa Sede correspondiente al año 2007. Es el balance más actual. En ese informe se refleja un déficit (número rojos) de 9 millones de euros, es decir, algo más de 14 millones de dólares. Durante el año 2007 la Santa Sede tuvo entradas por 236.737.207 euros y salidas por 245.805.167 euros. El balance depende de las entradas directas de donativos de diócesis, congregaciones religiosas y fieles de todo el mundo. Sus servicios solo generan gastos. En la curia romana, por ejemplo, trabajan en total 2.748 personas (44 más que en 2006). Hay 929 jubilados. Aunque no es el único, uno de

los motivos del déficit se debe a la pérdida del valor del dólar estadounidense, pues buenas partes de las entradas de dinero que recibe son en esa moneda. Es ejemplar que, año con año, la Santa Sede haga público su balance económico de manera que cualquier persona o investigador pueda saber de dónde vinieron sus entradas de dinero y a qué fueron destinadas.[31]

En 2021, la iglesia tuvo un déficit de 20 millones de euros. ¿Qué hizo el Vaticano? Vendió activos inmobiliarios del fondo del Óbolo de San Pedro por 50,3 millones de euros. Sobre el origen de los ingresos económicos de la iglesia, tomemos como muestra el caso del mentado 2021: el 63 % de estos donativos procedieron de diócesis (gran parte de las donaciones que las personas hacen en las misas), el 29 % de fundaciones, el 5,5 % de oferentes privados y el 2,5 % de órdenes religiosas.[32]

Todas las estructuras de la iglesia, y del cristianismo en general, están abocadas a la ayuda del prójimo. Su labor en campos tan diversos como la educación, la cultura o la asistencia a los más desfavorecidos supone, además, un importante ahorro para el estado. No sería aventurado afirmar que quien invierte verdadera y desinteresadamente en la sociedad es la iglesia.[33] Un informe presentado por la Conferencia Episcopal Española de 2021 señalaba que la iglesia le ahorra al estado 4.356 millones de euros solo en educación, más cultura y acción social. Del documento, llamado

---

31. Ibídem.
32. El Debate, «Finanzas vaticanas: el óbolo de san Pedro ingresa 90 millones por la venta de inmuebles y donativos», 10/07/2023. Cfr. https://www.eldebate.com/religion/vaticano/20230710/finanzas-vaticanas-obolo-san-pedro_126571.html.
33. «La Iglesia invierte en la sociedad un 138 % de lo que recibe del IRPF» (Artículo). Cfr. https://www.abc.es/sociedad/abci-iglesia-invierte-sociedad-138-por-ciento-recibe-irpf-201706020952_noticia.html.

«Memoria de actividades de la iglesia en España», se desprenden que la iglesia ahorra al estado 4.356 millones de euros cada año; la iglesia aporta un 3 % al PIB a través de su patrimonio cultural, material e inmaterial; la iglesia crea 225.000 puestos de trabajo directos e indirectos; la iglesia atiende a casi 4.000.000 de personas con su asistencia social.[34] En el resto del mundo, los ejemplos que encontraremos sobre la acción de la iglesia de diferentes denominaciones son similares.

Resulta sorprendente que la iglesia católica y otras denominaciones cristianas, a pesar de la constante ayuda que se les da a los necesitados, sean acusadas en no pocos casos de conservar sus riquezas. Hay quienes le exigen a la iglesia vender todos los bienes del Vaticano, ignorando que esto no es posible puesto que, al igual que tantos edificios y obras artísticas de distintas religiones y culturas, están protegidos por la UNESCO debido a su carácter de Patrimonio Cultural de la Humanidad. Por tal razón, escribe el sacerdote Olivera Ravasi: «Los bienes artísticos encuadrados como Patrimonio de la Humanidad están valorados contablemente en un euro. En rigor, no tienen valor de mercado, pues no pueden venderse ni darse en garantía. Es de sentido común que una cosa que no se puede vender no tiene más valor que el hipotético surgido de una casi siempre subjetiva apreciación religiosa, espiritual, estética o sentimental».[35] Con no poca vehemencia, responde Eduardo Volpacchio a los detractores de la iglesia:

---

34. Consultar documento completo en: https://www.religionenlibertad.com/espana/615462976/reto-medir-iglesia-espana-fe-educacion-cultura-accion-social-que-nunca-.html. En el año 2013, el balance anual cerró con un déficit de 24,5 millones de euros. En el 2012, encontramos superávit por solo 2,2 millones de euros. Cfr. www.chieza.espresso.repubblica.it/articolo/1349490.
35. Padre Javier Olivera Ravasi, *Que no te la cuenten II*, Ediciones Buen Combate, 2015, p. 79.

¿De qué riquezas estamos hablando? Seamos serios, que alguien aporte datos. Si se da por supuesto que en el Vaticano hay grandes tesoros, que se diga ¿qué tipo de tesoros? ¿Joyas, cuentas bancarias...? ¿Dónde están? ¿Cuánto es su valor? Pero uno comienza a preguntarse, ¿acaso alguien considera a la iglesia como una institución millonaria? ¿Quién pensaría encontrar obispos en las revistas con listas de millonarios tipo Fortune? ¿Tiene la iglesia fines de lucro? ¿Cotiza en bolsa? La acusación, de entrada, sugiere cosas falsas: la vida lujosa del papa, obispos, curas, monjas, etc., que serían quienes usufructuarían de esos tesoros. Afán de lucro escondido bajo la excusa de la religión [...] Además, estimula imaginaciones frondosas: al hablar de «tesoros» uno imagina cuartos llenos de lingotes de oro, cofres llenos de joyas, películas de piratas [...] Pero en la realidad, ¿a qué «riquezas» se refieren? Basta que mires las pertenencias de la iglesia que están a tu alcance —tu parroquia, tu catedral— para no encontrar cosas lujosas por ningún lado. Los «tesoros» —como los llaman— son un tesoro cultural, espiritual, histórico, pues se trata de iglesias, imágenes, cuadros, frescos, cálices, ornamentos [...] Esos «tesoros» no tienen ningún valor comercial ni financiero. Están dedicados al culto divino en iglesias o expuestos en museos que conservan el patrimonio cultural de dos mil años de cristianismo.[36]

Fue tal vez Vittorio Messori quien primero se dispusiera a abordar esta acusación tan común contra la iglesia. Con los

---

36. Citado en padre Javier Olivera Ravasi, *Que no te la cuenten II*, Ediciones Buen Combate, 2015, p. 80.

documentos en la mano, señalaba que el presupuesto de la Santa Sede era, para 1989, la mitad del presupuesto del parlamento italiano. Con sentido del humor, concluía que los católicos no parecen ser demasiado generosos, considerando que para principios de los años 90 existían 800 millones de católicos en el mundo. Sin embargo, los dos millones de estadounidenses miembros de la Iglesia Adventista del Séptimo Día recaudaban más dinero que el Vaticano. Lo mismo con los Testigos de Jehová o la Iglesia de la Unificación Sun Moon, cuyas riquezas son ampliamente superiores a las de Roma.

En pocas palabras, donde existe una necesidad material y/o espiritual, allí está el cristianismo para ayudar a la humanidad.

Capítulo V

El cristianismo, los DD.HH. y la violencia

> *«A los cristianos les importan los derechos del hombre mucho más que a los incrédulos, porque para estos solo tienen fundamento en el hombre, quien los olvida, mientras que para los cristianos tienen fundamento en los derechos de Dios, quien no nos permite olvidarlos».*[1]
> —Étienne Gilson

5.1 Los falsos derecho-humanistas

Cuando el hombre promedio piensa en DD.HH., tiene por costumbre datar su origen en la revolución francesa y, particularmente, en su declaración de los derechos del hombre, cuyo artículo primero reza lo siguiente: «Los hombres nacen y permanecen libres e iguales en derechos». Y aquí el error es doble. Primeramente, en lo concerniente al origen de los DD. HH., puesto que la igualdad y la fraternidad entre todos los hombres había ya sido proclamada por Jesucristo y una pléyade de sus discípulos hacía casi 2000 años. En segundo término, porque los jacobinos franceses no «inventaron» la «libertad, igualdad y fraternidad», sino que practicaron

---

1. Étienne Gilson, *Elementos de filosofía cristiana* (Madrid: Rialp, 1977).

todo lo contrario con un salvajismo pocas veces antes visto. Por esto, no le faltaba razón a Carlos Marx cuando consideraba al comunismo como hijo putativo de la revuelta parisina, pues ¿qué ha demostrado ser el marxismo sino una ideología de violentos, resentidos sociales y variopintos marginales que justifican sus crímenes con consignas altruistas y significantes vacíos? ¿Qué son los marxistas sino profesionales del engaño disfrazados de humanistas y filántropos, a pesar de que en solo 70 años cometieron el genocidio más grande que conoce la historia de la humanidad: 100 millones de muertos?

No obstante, el colmo de los falsarios es atribuir todas las desgracias de la humanidad a aquella religión que ha sido justo la única que ha luchado realmente, de modo efectivo y enérgico, en defensa de los derechos humanos: el cristianismo.

Pero digamos primero una o dos cosas acerca de la laudada revolución francesa.

En el año 1789 se produce la revolución que pondría fin a la «tiranía y el despotismo monárquico» y a las supersticiones religiosas y le daría el poder al «pueblo», pronosticándole un mundo de libertad absoluta y prosperidad. Estos nuevos garantes de la «tolerancia», representados en figuras como Voltaire y Robespierre, darían prontamente muestra de su espíritu «diverso e inclusivo», tomando como acto fundacional de aquella nueva era la ejecución de Luis XVI y la persecución y muerte de todo disidente político e ideológico. Desde 1789 hasta 1801 existió el proceso de descristianización (más bien, de persecución religiosa) más grande hasta entonces conocido. Recordemos que, hasta ese momento, la inmensa mayoría de la población era cristiana, así como también su cultura y tradiciones eran las más practicadas. Mencionemos algunos «hitos» y puntos centrales del programa revolucionario de los amantes de la «diosa Razón».

- En noviembre de 1789 se confiscaron todas las tierras y bienes de la iglesia (en su mayoría, constituidas por donaciones de los feligreses).
- En febrero de 1790 se suprimieron las órdenes religiosas y se removieron y/o destruyeron estatuas, altares y cualquier clase de iconografía de los lugares de culto.
- Se reemplazó el tradicional catecismo cristiano por un credo revolucionario que obligaba a la población a rendir pleitesía a un supuesto Ser Supremo o «Arquitecto» constituido por la «Razón» (nada menos, que el «dios» de la secta masónica profundamente anticristiana).
- En 1792 comenzó el denominado «Reinado del Terror» en Francia, ejecutándose solo en ese año a 40.000 personas.
- El 2 y 3 de septiembre de ese mismo año se sacrifican al menos a 191 mártires en cuatro diferentes puntos de París, los cuales luego fueron canonizados.
- En marzo de 1793 inició la Guerra de la Vendée, donde el ejército francés exterminó a toda la población de esa región por negarse a abandonar su fe católica.[2]
- El 21 de octubre de 1793 se promulga una ley que condena a muerte a todos los sacerdotes que no prestasen juramento de fidelidad al régimen.

---

2. Consultar *Le génocide franco français: la Vendée vengée*, de Reynald Secher.

- El 10 de noviembre de 1793 fue abolido formalmente el culto cristiano y sustituido por el culto a la diosa Razón (ateísmo de estado).
- El 20 de febrero de 1798 fue arrestado en Roma el papa Pío VI y extraditado a Francia.
- En septiembre de 1792 la Asamblea Legislativa legalizó el divorcio, que era y es contrario a la doctrina católica. Al mismo tiempo, el estado tomó el control de funciones hasta entonces encomendadas a la iglesia como el registro de nacimientos, defunciones y matrimonios.
- Tras la aprobación de estas medidas por parte de la Asamblea Legislativa (sucesora de la Asamblea Nacional Constituyente), París vivió un caos de unas 48 horas. Tres obispos y más de doscientos sacerdotes fueron asesinados por la multitud enfurecida. Esto constituye parte de los sucesos que luego llegaron a llamarse «Masacres de septiembre». Cientos de sacerdotes fueron encarcelados y torturados en el Puerto de Roquefort.
- Tanto la Asamblea Legislativa como su sucesora la Convención Nacional, así como muchos consejos de departamentos en todo el país, aprobaron leyes contra la iglesia. Muchas de las leyes de descristianización de 1793 tenían como objeto confiscar el oro y la plata de la iglesia para financiar los esfuerzos de guerra. En noviembre de 1793, el consejo departamental de Indre-et-Loire suprimió la palabra domingo, cuya etimología es «día del Señor». Asimismo, el calendario gregoriano, instituido por el papa Gregorio XIII en 1582, fue reemplazado por el calendario republicano. Este abolía el sábado, los días de los santos, así como cualquier otra referencia a la iglesia.

- Se organizaron desfiles anticlericales y el arzobispo de París fue obligado a abandonar sus tareas y a reemplazar su mitra por el gorro frigio rojo, símbolo de la república francesa. Se renombraron nombres de calles, plazas y lugares públicos con connotaciones religiosas. De esta forma las ciudades de Saint-Tropez y Montmartre pasaron a llamarse Héraclée y Mont-Marat respectivamente, entre otros muchos ejemplos. Se prohibieron los feriados de origen religioso y se reemplazaron con otros que celebraban la vendimia y otras fiestas no religiosas.
- La descristianización de Francia alcanzó su punto álgido a mediados de 1794 en los momentos previos a la caída de Robespierre. Tras su ejecución en 1795, se aprobó una ley legalizando el culto público, aunque con limitaciones estrictas, lo que suponía una cierta vuelta a la situación anterior, si bien el tañido de campanas, las procesiones religiosas y el despliegue de cruces católicas estaba todavía prohibido.
- En 1799 todavía existían sacerdotes deportados realizando trabajos forzados o en prisión y perseguidos. El general Louis Alexandre Berthier capturó Roma y encarceló al papa Pío VI, que moriría en cautividad en territorio francés en agosto de 1799.
- Entre 20.000 y 40.000 personas fueron asesinadas durante el Reinado del Terror. Estimaciones indican que aproximadamente el 8 % de los condenados por tribunales revolucionarios eran aristócratas, el 6 % sacerdotes, el 14 % de la clase media, y el 70 % eran trabajadores o campesinos acusados de acaparar pan, evadir el reclutamiento, desertar, rebelión

y otros crímenes. De todos los grupos sociales, el clero de la iglesia católica sufrió proporcionalmente las mayores pérdidas.

- Bajo la amenaza de muerte, encarcelamiento o servicio militar obligatorio en tiempos de guerra o la pérdida de ingresos, alrededor de 20.000 sacerdotes constitucionales se vieron obligados a dimitir y entregar sus cartas de ordenación, y entre 6.000 y 9.000 de ellos fueron obligados a casarse. Muchos abandonaron sus deberes pastorales por completo. Sin embargo, algunos de los que habían abdicado continuaron secretamente oficiando.
- A finales de la década, aproximadamente 30.000 sacerdotes se habían visto obligados a salir de Francia, y otros que no salieron fueron ejecutados. La mayoría de las parroquias francesas se quedaron sin sacerdote y privadas de sacramentos. Cualquier sacerdote no juramentado podía hacerlo frente a la guillotina o ser deportado a la Guayana Francesa. En la Pascua de 1794, solo algunas de las 40.000 iglesias de Francia permanecieron abiertas: muchas habían sido cerradas, vendidas, destruidas o convertidas a otros usos.

Bien señala el sacerdote Alfredo Sáenz, que la revolución comenzó mucho antes, subvirtiendo primero el orden de las ideas, pues así comienza toda revolución u operación barbárica: con malas ideas. Voltaire, uno de sus principales ideólogos, llamaba abiertamente en sus escritos a «destruir a la infame» (es decir, a la iglesia). Su desbordada soberbia le hacía decir cosas como estas: «Jesucristo necesitó de doce apóstoles para propagar el cristianismo. Yo voy a demostrar que basta uno solo para destruirlo». Afirmaba asimismo el de marras que la Biblia no había traído más que desgracias a los hombres; que no tenía grandeza ni belleza y que la iglesia era sin excepción una institución de locura, totalitarismo y corrupción.[3] Con todo este tipo de diatribas sin sustento, el escriba francés y sus colegas fueron poco a poco influenciando y manipulando a la sociedad francesa y envalentonando a los hombres más perversos, entonces controlados por una sociedad regida por la moral cristiana, que era la abrazada por la corona y el poder político. Paulatinamente, fue resquebrajando los cimientos de toda la cultura occidental cristiana, sembrando el relativismo y la duda o profiriendo insultos y mentiras contra la religión. Una de sus frases de cabecera era: «De las cosas más seguras, la más segura es dudar».

También Jacobo Rousseau tuvo un papel preponderante en la gestación de esta revolución, como señala el historiador Díaz Araujo: «Casi toda la problemática de la revolución —el utopismo, el mesianismo, el cristianismo corrompido, la mística democrática, la voluntad general totalitaria, el monismo político-religioso, la religión secular, el optimismo ético, el progresismo indefinido, la pedagogía anárquica, la santificación del egoísmo, el romanticismo, etc.— pasa por su obra. Todos los revolucionarios prácticos, desde Marat y Saint-Just, pasando por Babeuf, Marx, Lenin, Bakunin, Trostsky, hasta llegar al Che Guevara y Mao Tse-Tung, son tributarios suyos y discípulos confesos y vergonzantes».[4] Indudablemente, como remarca J. M. Bargalló Cirio, la visión idílica del hombre y del pueblo propuesta por Rousseau, solo corrompidos por la cultura, el

---

3. Citas tomadas del padre A. Sáenz, *La cristiandad. Una realidad histórica*, p. 355. Sobre este tema, recomendamos consultar el trabajo de Enrique Díaz Araujo (QEPD) titulado «Prometeo desencadenado o la ideología moderna», Revista de la Facultad de Ciencias Jurídicas y Sociales de la Universidad de Mendoza, n. 3, Mendoza, 1977.
4. «Prometeo desencadenado o la ideología moderna», p. 28.

prejuicio religioso o el despotismo político, «ha construido el mito más vigoroso donde se nutrió el pensamiento revolucionario».[5] Desde su tristemente célebre «Contrato Social», el francés decía que la solución para ser verdaderamente libres, como lo habríamos sido antes de ser corrompidos por las estructuras sociales, consiste en que cada persona entregue su poder a la llamada «Suprema Dirección de la Voluntad General». Es decir, llaman al hombre a descreer y desprenderse de las instituciones fundacionales de Occidente y entregar su voluntad a estos nuevos «iluminados», arrogándose la representatividad popular. Pocos conceptos tan absurdos y/o engañosos como el de la voluntad popular o voluntad general, que el marxismo aún continúa utilizando en nuestros tiempos. Como dice Jacques Maritain, esta «voluntad general» termina constituyéndose en una «especie de Dios social inmanente, yo común que es más yo que yo mismo, en el cual me pierdo para encontrarme, y al que sirvo para ser libre».[6]

Este tipo de ideas, de rechazo y demonización del cristianismo ante el pueblo, trajo como consecuencia lo que muchos historiadores han denominado el «primer gran genocidio moderno», que tomó lugar en la región francesa de La Vendeé, donde cientos de miles de campesinos católicos fueron ejecutados por las tropas revolucionarias al permanecer fieles al rey y a su fe. Cuando el Comité de Salvación Pública de la convención revolucionaria se enteró de que los hombres de aquella región se negaban a juramentar fidelidad al nuevo régimen anticristiano, ordenó «arrasar

---

5. J. M. Bargalló Cirio, *Rousseau. El estado de naturaleza y el romanticismo político*, V. Abeledo, Buenos Aires, 1952, pp. 53-54. Citado en Sáenz, *La cristiandad*, p. 357.
6. Jacques Maritain, *Tres reformadores: Lutero-Descartes-Rousseau* (Madrid: Ediciones Encuentro, 2006), p. 159.

la Vendée», una directriz que conllevaría el asesinato de miles de mujeres y niños. La Guerra de la Vendée es considerada cada vez por más historiadores como el primer genocidio moderno. Citemos nuevamente a Messori:

> En los mapas de los geómetras estatales de la época está la prueba de una tragedia inimaginable: diez mil de cincuenta mil casas, el 20 % de los edificios de la Vendée, fueron completamente derruidas según un frío plan sistemático en los meses en que se desencadenó la furia de los jacobinos gubernamentales con su lema aterrador: «Libertad, igualdad, fraternidad o muerte». Prácticamente todo el ganado fue masacrado. Todos los cultivos fueron devastados. Todo esto, según un programa de exterminio establecido en París y realizado por los oficiales revolucionarios: había que dejar morir de hambre a quien, escondiéndose, había sobrevivido. El general Carrier, responsable en jefe de la operación, arengaba así a sus soldados: «No nos hablen de humanidad hacia estas fieras de la Vendée: todas serán exterminadas. No hay que dejar vivo a un solo rebelde». Después de la gran batalla campal en la que fueron exterminadas las intrépidas pero mal armadas masas campesinas de la «Armada Católica», que iban al asalto detrás de los estandartes con el Sagrado Corazón y encima la cruz y el lema «Dieu et le Roy», el general jacobino Westermann escribía triunfalmente a París, al Comité de Salud Pública, a los adoradores de la diosa Razón, la diosa Libertad y la diosa Humanidad: «¡La Vendée ya no existe, ciudadanos republicanos! Ha muerto bajo nuestra libre espada, con sus mujeres y niños. Acabo de enterrar

a un pueblo entero en las ciénagas y los bosques de Savenay. Ejecutando las órdenes que me habéis dado, he aplastado a los niños bajo los cascos de los caballos y masacrado a las mujeres, que así no parirán más bandoleros. No tengo que lamentar ni un prisionero. Los he exterminado a todos».[7]

Hay quienes hablan de 500.000 personas muertas por la acción del gobierno revolucionario francés. Las cifras menores sugeridas por algunos autores son 100.000. Como sea, un verdadero exterminio. «La destrucción sistemática de casas y cultivos», comenta Messori, «iba en la misma dirección: dejar que los supervivientes desaparecieran por escasez y hambre. Pero ¿cuántos fueron los muertos? Secher da por primera vez las cifras exactas: en dieciocho meses, en un territorio de solo 10.000 kilómetros cuadrados, desaparecieron 120.000 personas, por lo menos el 15 % de la población total. En proporción, como si en la Francia actual fueran asesinadas más de ocho millones de personas. La más sangrienta de las guerras modernas —la de 1914-1918— costó algo más de un millón de muertos franceses».[8]

—·»«·—

La «Declaración de las Naciones Unidas», que continúa y ratifica la «Declaración de los derechos del hombre de 1789», es indudablemente el documento internacional más violado y escarnecido de toda la historia, como apunta Messori, «incluso por parte de gobiernos que, mientras pisan todos los derechos del hombre, que

---

7. Vittorio Messori, ob. cit., p. 80.
8. *Ibidem.*

solemnemente han votado y aceptado, se sientan y pontifican en aquella misma Asamblea de Nueva York. Es suficiente dar una mirada al informe anual de Amnistía Internacional: lectura aterradora que nos enseña la eficacia de los "compromisos morales" y de las declaraciones de libertad, igualdad y fraternidad que solo se basan en la "razón" y no derivan de Alguien cuya ley trascienda al hombre».[9] Esto último que menciona el autor italiano es vital, pues, en rigor, no debería sorprender a nadie los crímenes de estos presuntos derecho-humanistas, ya que cuando sus propias constituciones y proclamas señalan que el deber es únicamente hacia los hombres, sus pares, que el hombre es el centro de todas las cosas, ese hombre no se siente verdaderamente obligado o incentivado. Ahora, cuando el deber es hacia Dios, hacia Alguien que sabe superior y toma como un ejemplo, a ese hombre le costará mucho traicionar esa fidelidad, y si en algún momento lo hace, procurará por todos los medios legítimos posibles reparar su equivocación.

Por último, un dato no menor. Muchos ignoran que la pena de muerte había sido abolida por Luis XVI, es decir, un rey cristiano. ¿Quién restauró la pena de muerte en Francia? Los tolerantes, humanistas y pacifistas revolucionarios franceses en 1789.

5.2 Los verdaderos derecho-humanistas

Como hemos venido considerando, el proceso de valoración de los derechos humanos nace con el mismo cristianismo y las enseñanzas de Cristo, cuyo mensaje permeaba cada vez más profundamente en

---

9. Messori, ob. cit., p. 73. Algo que criticó con justicia el papa Juan XXIII en 1963, objetando de esa Declaración «la falta de fundamento ontológico».

las sociedades. Fue el cristianismo quien irá gradualmente atemperando y ordenando los vicios propios del pecado original. Si se nos exigiera datar con alguna precisión la fecha aproximada del nacimiento de los derechos humanos y su institucionalización, tal cual hoy los concebimos, deberíamos remontarnos seguramente al siglo XV y a una figura particular: Isabel la Católica; a aquello que el afamado historiador francés Jean Dumont llamara justicieramente «el amanecer de los derechos humanos», citando como acto fundacional la actitud de aquella reina, no solo prohibiendo la esclavitud de los indios (algo inusitado en aquellos tiempos), sino estableciendo la obligación de protegerlos y asistirlos en todas sus necesidades. Naturalmente, siempre el cristianismo tuvo en su centro la protección del más débil, pero fue la España católica la que, en gran medida, promulgó institucional y jurídicamente todos aquellos derechos hoy contemplados dentro de los DD.HH. En momentos donde las conquistas estaban a la orden del día y las categorías imperantes eran otras —lo cual no implica que se puedan necesariamente juzgar como malas *per se*—, aquellos cristianos fueron los primeros en ofrecer igualdad ante la ley a los vencidos o conquistados. Hablamos del siglo XV.

El historiador Lewis Hanke escribe: «Fue en 1550, el mismo año en que el español había alcanzado el cenit de su gloria. Probablemente nunca, ni antes ni después, ordenó como entonces un poderoso emperador la suspensión de sus conquistas para que se decidiera si eran justas».[10] Se refiere a Carlos V, cuando recibidas algunas denuncias acerca de la existencia de ciertos abusos por parte de españoles hacia indígenas, decide poner en pausa la conquista hasta investigar a fondo

---

10. Lewis Hanke, *La lucha por la justicia en la conquista de América* (Buenos Aires: Editorial Sudamericana, 1949).

los hechos, llegando a cuestionar algo que ningún otro monarca se había jamás cuestionado: la legitimidad del proceso de conquista.

Progresivamente, el cristianismo apuntó a mitigar la violencia en los conflictos armados mediante una serie de disposiciones que fueron poniéndose en práctica. Un claro ejemplo de ello es la llamada Paz de Dios, del siglo X. Antiguamente, las guerras eran verdaderas carnicerías donde nadie quedaba a salvo, pero a partir de este tipo de normativas se comenzó a distinguir a los guerreros de las poblaciones civiles, que no podían ser agredidas. Se impusieron severísimas sanciones a quienes violaran mujeres, maltrataran a niños, campesinos, religiosos o cualquier persona o grupo indefenso, prohibiéndose asimismo robar o quemar sus bienes, hogares, templos, etc. Un siglo después, se implementó la Tregua de Dios, que limitaba la guerra en el tiempo, no pudiéndose, por ejemplo, guerrear en ciertos tiempos litúrgicos. «Imagínense lo que serían esas guerras fragmentadas, que no podían durar más de tres días seguidos».[11]

Uno de los grandes logros del cristianismo en este sentido fue educar al soldado, pues hubo tiempos donde existía un código de conducta para el guerrero y otro para el cristiano. Así, el cristianismo transformó a aquel feroz guerrero en un noble caballero. Alfredo Sáenz nos dice:

> El que antes se lanzaba a la batalla atraído por la borrachera de los encontronazos, la violencia y el pillaje, se convirtió en el defensor del débil; su violencia brutal se volvió fuerza armada al servicio de la verdad desarmada; su gusto del riesgo se mudó en coraje consciente y generoso.[12]

---

11. Alfredo Sáenz, *La cristiandad. Una realidad histórica* (Gratis Date, 2005), p. 213.
12. Sáenz, ob. cit., p. 214.

Toda esta doctrina cristiana en relación con los derechos humanos y la guerra será sintetizada magistralmente por un fraile español del siglo XV: Francisco de Vitoria, quien fue uno de los fundadores de la Escuela de Salamanca y es considerado universalmente como el padre del derecho internacional. De hecho, tanto la Convención de la Haya como la Convención de Ginebra —actualmente vigentes en el mundo occidental— parten de las enseñanzas de este cristiano. Ratificando las enseñanzas de sus antecesores, Vitoria recordó que no podía hacerse la guerra a otra nación o grupo por el mero hecho de pertenecer a otra religión, ya que no se puede forzar las creencias: son un acto de libre albedrío y este nos lo da Dios. Afirmaba asimismo que todos, tanto los indios como cualquier otro grupo humano, deben ser tratados en igualdad ante la ley. Carlos V tenía como asesor principal al propio Vitoria. No hay más que leer las leyes indianas promulgadas por la España cristiana para darse una buena idea de las intenciones y logros del cristianismo en materia de DD.HH.

5.3 Sobre la «violencia cristiana» y la pena de muerte

Comencemos diciendo que el cristianismo busca la paz, pero no es pacifista, que son cuestiones muy distintas. Pensar que el espíritu evangélico es incompatible con la condición militar, y necesariamente con la guerra, es decididamente falso (producto de sofismas y juegos dialécticos artificiales, por tanto, equivocados). Así, «el mensaje cristiano queda reducido a una pasiva aceptación de cualquier cosa, a condición de que se mencione genéricamente la "fraternidad", el "amor" o algún otro tópico por el estilo, cuanto más vagamente mejor. A su vez, el estado militar se reduce al ejercicio ciego de la violencia, descontando que ella será siempre sinónimo de abuso y atropello».[13] Ante la presunta incompatibilidad entre el oficio militar y el cristianismo, escribía San Agustín: «No pienses que nadie puede agradar a Dios si milita con armas de guerra. Militar era el santo David [...] Soldado era aquel centurión [...] Soldado era Cornelio».[14]

Digámoslo claro: si los cristianos del siglo VIII y del siglo XV hubieran sido pacifistas, Europa hubiera sido arrasada por la barbarie islámica, presa de sultanatos totalitarios, y América hubiera sufrido invariablemente igual destino. Esto, por poner solo un ejemplo de por qué la fuerza no solo es muchas veces un derecho, sino una obligación para proteger lo propio y a los propios. Aquí aplica el sentido común, pues una cosa es rechazar y condenar excesos de ciertos soldados y otra muy distinta es condenar la existencia misma de lo militar y la legitimidad de la utilización de la fuerza en determinados casos.

El pacifismo es anticristiano, y explicamos por qué: no puede ser cristiano aquel acto que rechace la justicia y la verdad so pretexto de alguna concepción torcida de fraternidad, como no es cristiano el dejar a los indefensos a merced de un enemigo que busca esclavizarlos y/o exterminarlos. En esta línea, el sacerdote Alfredo Sáenz exponía como epígrafe de su obra *La Caballería* la siguiente consigna: «La fuerza armada al servicio de la verdad desarmada».

En ámbitos cristianos suele citarse la doctrina de la «otra mejilla» como prueba irrefutable de la incongruencia de ser cristiano y al mismo tiempo utilizar la fuerza, como si esto implicara que el

---

13. Jorge Ferro y Antonio Caponnetto, en prólogo al libro *La Caballería*, de Alfredo Sáenz (Buenos Aires: Gladius, 1991), p. 5.
14. San Agustín, A Bonifacio, Epístola 189, párrafo 6.

cristiano debería renunciar al derecho a defenderse a sí mismo y a los suyos. La otra mejilla de la que hablaba Jesucristo se refiere a la ofensa privada, la cual estamos obligados a perdonar. Ahora bien, cuando la ofensa o ataque es contra Dios mismo y contra el bien común de la sociedad, no cabe aquí la pasividad, sino la espada. Lo contrario sería renunciar al evangelio mismo. El asunto ha sido abordado con meridiana claridad por los autores cristianos Antonio Caponnetto y Jorge Ferro:

> Es cierto que Cristo nos dejó su Paz, pero ella es cosa bien distinta del pacifismo; por eso agregó que «no es como la del mundo la que Yo os doy» (Juan 14:27). Para esa Paz —vertical y difícil— es preciso «que no se turbe vuestro corazón ni se intimide» (Juan 14:27); más aún, habrá que resguardarla muchas veces; por eso, «ahora el que no tenga, venda su manto y compre una espada» (Lucas 22:36, BJL).
>
> Es doctrina enseñada por la iglesia —desde los tiempos apostólicos hasta nuestros días— que hay una violencia lícita servidora del Bien Común, una fuerza, que es expresión de Caridad y Templanza, dispuesta a preservar «la tranquilidad en el orden». En tal sentido, la posibilidad de la guerra justa no ha sido excluida por el Magisterio: más aun, se ha hecho expresa referencia a ella. Cuanto más se insista en que la paz es un don de Dios, más deberá recalcarse que, precisamente por eso, no puede negociarse ni obtenerse de cualquier modo.[15]

---

15. Jorge Ferro y Antonio Caponnetto, en prólogo al libro *La Caballería*, de Alfredo Sáenz, p. 11.

Juan Pablo II, un pontífice universalmente aclamado por propios y extraños, advertía que «los pueblos tienen el derecho y aun el deber de proteger, con medios adecuados, su existencia y su libertad contra el injusto agresor».[16] Insistirá en el mismo concepto años más tarde, en ocasión de la Guerra del Golfo Pérsico, recordando a todos que «los cristianos no somos pacifistas. Queremos la paz, pero una paz justa y no a cualquier precio».[17] En el mismo sentido, San Agustín, en carta a Bonifacio, sostenía lo siguiente: «La guerra se hace para lograr la paz».[18] Una paz perdurable, justa, sincera. Porque la paz no es solo ausencia de guerra, lo cual queda claro en estos tiempos, donde existe una guerra planteada en términos ideológicos cuyas consecuencias nefastas son muchas veces peores que las de una guerra regular: baste con ver los millones de niños abortados o pervertidos desde su más tierna infancia con perversiones como la ideología de género o las constantes censuras y persecuciones al cristianismo, los cristianos y sus principios. «Hay guerra justa», escribe San Agustín, «cuando se propone castigar la violación del derecho, cuando se trata, por ejemplo, de castigar a un pueblo que se rehúsa a reparar una acción mala o a restituir un bien injustamente adquirido».[19] Vicente de Beauvais, compilador del siglo XIII, sintetizaba la doctrina cristiana: «Tres son las condiciones para que una guerra sea justa y lícita: la autoridad del príncipe que ordena la guerra; luego, una causa justa, y, por fin, una intención recta», agregando que «por causa justa hay que entender que no se va contra sus hermanos sino cuando han merecido un castigo por alguna infracción al deber, y

---

16. Mensaje de su Santidad Juan Pablo II para la celebración de la XV jornada mundial de la paz. «La paz, don de Dios confiado a los hombres», 1/1/1982, p. 12.
17. La Nación, 18/2/1991, p. 4.
18. San Agustín, A Bonifacio, Epístola 189, párrafo 6.
19. San Agustín, *Quaestiones Heptateuchum* VI: PL 34, 781.

la intención recta consiste en hacer la guerra para evitar el mal, para hacer avanzar el bien».[20]

Con mayores o menores diferencias, los cristianos de distintas denominaciones sostienen el principio de Guerra Justa, la que es lícita y justificada en casos, por ejemplo, en que la patria y/o los inocentes son agredidos. Es decir, existe una violencia defensiva lícita, aun si esta causare la muerte del agresor, que es el culpable. Desde ya se procurará ejercer esa defensa del modo más equilibrado posible.

Lo cierto y verificado es que no hay paz sin violencia. Por eso, el historiador y sacerdote español Federico Suárez Verdeguer señala que «la paz es algo muy relacionado con la guerra, porque es consecuencia de la victoria. La paz exige de mí una continua lucha. Sin lucha no podré tener paz».[21] Algunos —incluso bien intencionados— caen en un utopismo que no es propio del cristianismo ni del sentido común. Pretender que las guerras y los conflictos pueden eliminarse por completo es no conocer la propia naturaleza humana ni las consecuencias del pecado original. En general, los pacifistas suelen ser hombres de izquierda o anticristianos, de manera tal que sus intenciones parecieran buscar desarmar aquellas fuerzas que pueden combatir al marxismo y a cualquier otra fuerza criminal. No en vano advertía Pío XII que «una propaganda pacifista que provenga de quien niega la fe en Dios es siempre muy dudosa», cuyo objeto podría constituir «de propósito un simple medio encaminado a procurar un efecto táctico de confusión».[22]

---

20. Vicente de Beauvais, *Speculum morale*, I. III, pars V, dist. 124.
21. F. Suárez, *La paz os dejo* (Madrid: Rialp, 1974), p. 68.
22. Juan Pablo II hace uso de estas palabras en su mensaje navideño de 1948. Citado por A. Sáenz, *La Caballería*, p. 14.

Insistimos: la violencia, se quiera o no, existe. Es parte de la historia y la naturaleza humana, y debe ser utilizada proporcionalmente para combatir al mal una vez agotadas todas las instancias anteriores. El caso de la caballería cristiana durante la Edad Media es un claro ejemplo de esto:

> La caballería es en lo social lo que la virtud de la fortaleza en lo personal. La agresividad que todos tenemos nos ha sido dada para emplearla en desarraigar los obstáculos que nos impiden alcanzar el bien. La fuerza quitada al caballero no desaparece: la ejercerá el bandido, el usurero, la empresa sin alma, el estado endiosado, o quien fuere. Porque la fuerza no puede ser *suprimida*, sino que debe ser ordenada. El enemigo trata de dejarnos inertes frente a su agresión; y tendrá entonces, el monopolio de la fuerza desordenada. El caballero, en cambio, pone la espada al servicio de la justicia y de las causas nobles. Si esto no ocurre, o bien se sucumbe frente al enemigo externo o bien frente al interno, limitándose, en ocasiones, a responder con una fuerza igualmente ciega y brutal; y entonces quien realmente triunfa es el Gran Enemigo en nuestro corazón. El uso de la fuerza entraña, pues, una enorme responsabilidad, una clara consciencia de los fines y una prudente consideración de los medios.[23]

Naturalmente, el cristianismo no ama la guerra, sino que la aborrece. Hará siempre todo lo posible por evitarlas, especialmente

---

23. Sáenz, *La Caballería*, p. 17.

aquellas estériles. No obstante, conoce la naturaleza humana y constata la existencia de la violencia. Tanto en el Nuevo Testamento como en el Antiguo, la guerra aparece mencionada, pero como un castigo hacia aquellos pueblos corrompidos y timoratos. Ante la inevitabilidad de las guerras, se propuso cristianizarlas lo más posible, insistiendo siempre en la proporcionalidad de fuerzas y daños, imprimiendo un código de conducta en la guerra para todo cristiano. El caso de la caballería cristiana medieval es un claro ejemplo de ello, donde los soldados debían ser personas honradas, generosas, justas, honestas, morales y espirituales.[24]

Pero ¿es lícito pelear por Cristo?, se pregunta el reconocido historiador de la iglesia Javier Olivera Ravasi, a lo que responde:

> Suele haber entre los cristianos un cierto complejo cuando se oye hablar de la «guerra por Cristo» o de «dar la sangre por defender la fe». El enemigo de la iglesia católica ha venido repitiendo hasta el cansancio que «el valor supremo es la paz» y que nada puede oponérsele, sea cual fuere el motivo de la contienda.
>
> Dicha posición ha sido calificada como la «herejía» del «irenismo» (de *eirene*, en griego, «paz»); en resumen, esta postura dice que siempre hay que aguantar cualquier tipo de agresión, tanto a uno mismo como a un tercero y jamás responder con violencia.
>
> Pero esto no ha sido así siempre y si algo fue verdad antes, también puede serlo ahora. La iglesia no nació ayer y el problema de la guerra ha existido desde la creación del mundo;

---

24. Consultar trabajo de A. Sáenz, *La Caballería* (Buenos Aires: Gladius, 1991), caps. II, II.

en el ámbito de la teología se denomina con las palabras de «guerra justa» al modo de oponer, contra malicia, milicia [...] máxime cuando se trata de defender lo propio o lo de un tercero.

Ya la Sagrada Escritura tiene innumerables testimonios del uso de la violencia ordenadamente. El mismo Señor, en un pasaje que los pacifistas prefieren olvidar, tomó unas cuerdas y haciendo un látigo expulsó a los mercaderes del templo en razón del celo que le causaban las cosas de su Padre (Juan 2:15). Pero ya desde san Agustín y san Ambrosio, dos santos padres de la iglesia (siglos IV y V), se fue gestando la sana doctrina del uso de la violencia como parte de la virtud cardinal de la fortaleza. El cristiano amará la paz, pero conocerá que muchas veces es necesario alcanzarla y sostenerla por vía del combate.

Como bien señala Caponnetto siguiendo a san Isidoro, «ninguna guerra puede ser justa, a no ser por causa de vindicta o para rechazar al enemigo» (*Etimología*, XX), pero en esos casos la acción punitiva será un recurso honesto [...] Defender a Dios y a la patria son obligaciones tan graves para el cristiano, que por cumplirlas debe estar dispuesto a armarse «en la milicia temporal», con una conducta tal —dice Radero— «que no pierda en modo alguno el alma que vive para siempre» (*Praeloquiorum Libri sex*, 1,11). Opiniones firmes y unívocas que de un modo u otro reiteraron Pedro Damián o el obispo Rufino, san Anselmo de Canterbury, Yves de Chartres, Abelardo o Alejandro II, entre otros.

En el esplendor del siglo XIII, sus sabios y sus santos volvieron a reiterar la doctrina de siempre: Raimundo de

Peñafort en la *Summa de Paenitentia*, Enrique de Susa en su *Summa Áurea*, Alejandro de Halesen en *De lege punitionis*, y el gran san Buenaventura, quien comentando el Evangelio de Lucas, dirá rotundamente que «hay causa conveniente (de guerra lícita) cuando se trata de la tutela de la patria, de la paz o de la fe» (*Commentarium in Evangelium Lucas*, III, 34) [...]

Más próximo a nosotros, el papa Pío IX, condenó en el *Syllabus* los enunciados pacifistas, y el mismo Benedicto XV —a quien le tocó regir la iglesia durante la Primera Guerra Mundial— distinguió entre los horrores de la contienda, la conveniencia de una verdadera paz y la doctrina moral tradicional que justifica determinadas luchas. Pío XI, como bien se sabe, apoyó y bendijo sin reservas la Cruzada Española de 1936 y la noble resistencia cristera de los católicos mexicanos (1926-1929) en documentos tan límpidos como emocionantes y aleccionadores, siendo su sucesor Pío XII quien nos ha legado quizás, entre los pontífices modernos, las más elaboradas razones sobre la paz y la guerra, las armas y la justicia, y el deber cristiano de hacer frente a la iniquidad. No la inmoralidad de la guerra de agresión, enseña Pío XII, no el armamentismo provocador y amenazante ni la «monstruosa crueldad de las armas modernas», pero tampoco la tibieza, la pusilanimidad y la paz a todo precio. Siempre será «moralmente lícito o incluso, en algunas circunstancias concretas, obligatorio, rechazar con la fuerza al agresor [...] Un pueblo amenazado y víctima de una injusta agresión, si quiere pensar y obrar cristianamente, no puede permanecer en una indiferencia pasiva [...] y si no quiere dejar las manos libres a los criminales internacionales, no le queda otro remedio que prepararse para el día en que tendrá que defenderse» [...]

Como vemos, el luchar cuando hay que hacerlo, no solo es un derecho en el cristiano sino, en algunos casos, hasta un deber.[25]

— ·›› ‹‹· —

Sobre la pena de muerte, por la cual muchas personas se rasgan las vestiduras hoy mientras al mismo tiempo promueven y/o toleran y/o contemplan sin demasiado escándalo o conmoción el crimen más abominable que existe que es el del aborto, conviene decir que fue una práctica históricamente aceptada por hombres de toda religión y/o condición, y actualmente sigue vigente aun en países que hoy se proponen como estandartes de los derechos humanos. ¿Pero es intrínsecamente mala la pena de muerte? Lo cierto y verificado, nos guste o no a los cristianos, es que el propio Dios la aceptó, cuando no era ordenada por Él mismo, como vemos en el Antiguo Testamento. Veamos como ejemplo Génesis (9:6), donde Yahvé le dice a Noé: «El que derramare sangre de hombre, por el hombre su sangre será derramada; porque a imagen de Dios es hecho el hombre». Cuando en los Mandamientos se dice: «No matarás», esto significa «no asesinar, no matar injustamente», por tanto, no se rechaza la pena de muerte legal porque se dirige al individuo y no a quien posee autoridad legítima sobre el pueblo. Que algunas tendencias cristianas, pretendiendo reescribir la doctrina de Jesucristo y adaptarse a los tiempos, pretendan ocultar o dulcificar esto, es inadmisible, ya que

---

25. Olivera Ravasi, *Que no te la cuenten*, «¿Es lícito pelear por Cristo?», Vol. II.

es Palabra de Dios, le guste a quien le guste. Cuando Pilato le dice a Jesucristo que tiene el poder para liberarlo o crucificarlo, Cristo no rechaza la pena de muerte, solo le recuerda al romano de dónde procede su autoridad. Vittorio Messori, ofrece más ejemplos:

> Pero fue Pablo principalmente quien concedió el *jus gladii*, el derecho a usar la espada del verdugo a los príncipes, a los que llamó «ministros de Dios para castigar a los malvados», y enviarlos a la muerte si fuera necesario. Y no hay que olvidar el capítulo trece de la Carta a los Romanos, famoso en otra época y actualmente silenciado con una cierta incomodidad, donde se dice: «¿Deseas no tener que temer a la autoridad? Haz el bien y recibirás recompensa porque aquella está al servicio de Dios por tu bien. Pero, si haces el mal, témela entonces, porque no es en vano que lleva la espada; de hecho, está al servicio de Dios para imponer la justa condena a quien obra mal» (Romanos 13:3-4).[26]

Digamos, para finalizar, que desde sus orígenes el cristianismo supuso un gran avance en términos de derechos humanos. Poco a poco, logró influir y luego modificar costumbres asentadas en la sociedad romana, como el culto al militarismo, a las guerras y a la violencia física, manifestada claramente en los sangrientos combates de gladiadores y esclavos que constituían verdaderas ejecuciones públicas. Con el cristianismo, el débil —mujeres, ancianos, niños,

---

26. Vittorio Messori, ob. cit., p. 138.

esclavos y personas despreciadas por aquella Roma— pasará a ser sujeto de especial protección, y las prácticas de la guerra y el trato a los vencidos irán dulcificándose. Recordemos asimismo, que en aquella cultura no existía el derecho a la vida del nonato. Tanto Platón como Aristóteles sostenían que el estado debía obligar a abortar a las mujeres mayores de cuarenta años, tanto por el riesgo de malformación de los niños como modo de control demográfico.[27]

La conversión del emperador Constantino (312 d. C.) al cristianismo supuso sin dudas el comienzo de una era más justa. En las décadas siguientes, la influencia cristiana dulcificaría la legislación imperial de acuerdo con algunos de sus principios más esenciales. Así lo entiende César Vidal:

> Los ejemplos de la huella cristiana en la legislación constantiniana no son, desde luego, escasos. En el 325, por ejemplo, el emperador prohibió las luchas de gladiadores, pese a su popularidad, y ordenó que la pena de muerte que pesaba sobre aquellos que eran condenados a morir combatiendo en la arena fuera sustituida por la de trabajos forzados. De hecho, en términos generales la imposición de la pena capital se vio dificultada e incluso se abolió el suplicio de la cruz. Además, penas físicas como la marca con fuego en la frente o quebrarle las piernas a los reos quedaron excluidas del derecho penal romano. No fue este el único terreno que se vio afectado por la carga humanitaria del cristianismo. Constantino promulgó también medidas que dificultaran el infanticidio y el abandono de niños. Por ejemplo, en África y en Italia se ordenó la

---

27. En Aristóteles, *Política*, 7, 14, 10. En Platón, *República*, 5, 9.

entrega de diversas cantidades de dinero, alimentos y ropas a familias que, sometidas a difíciles circunstancias económicas, se sintieran inclinadas a tomar decisiones como las señaladas. Asimismo, prohibió la separación de las familias de esclavos cuando se dividían los fundos imperiales a los que estaban adjuntos y facilitó la manumisión en las iglesias, algo notable si se tiene en cuenta que Constantino no fue precisamente favorable a dulcificar la vida de estos desdichados. Junto con la influencia humanitaria, Constantino incorporó, siquiera en parte, algunos de los principios cristianos relativos a la vida familiar y conyugal, y esto, muy posiblemente, por razones más prácticas que espirituales. Así, restringió las causas de divorcio, permitiendo a los hombres que repudiaran a sus esposas solo por causa de adulterio, envenenamiento o proxenetismo.[28]

---

28. Vidal, ob. cit., pp. 65-66.

Capítulo VI

El cristianismo y las Cruzadas

«No hay que olvidar que fue gracias a las Cruzadas, más que a cualquier otro acontecimiento de aquella época, que la cristiandad tomó conciencia de su unidad. Por encima de las reales diferencias que distanciaban a los diversos pueblos, aquellos hombres comprendieron que existía una realidad superior».

—Alfredo Sáenz

¿Cuántas veces hemos escuchado afirmar que las Cruzadas fueron una empresa criminal e irracional del medioevo cristiano, producto de una ambición desmedida por el poder? El cristiano moderno, que desconoce totalmente su propia historia, asiente ante estas aseveraciones pidiendo perdón, cuando en realidad, lo veremos, debería reivindicarlas como una página dorada de la cristiandad.

Gibbon, historiador anticristiano, las calificó como «la disputa mundial», y en esto no se equivocaba. Luego de siglos de invasiones musulmanas en las cuales la civilización occidental había perdido más de la mitad de sus territorios, siendo los cristianos perseguidos y/o aniquilados y sus casas y ciudades quemadas, sus mujeres violadas y sus niños muertos o secuestrados, Occidente se encontraba cerca de caer completamente bajo la dominación musulmana. Era el siglo

XI, y quedaba claro que, si no se reaccionaba de modo inmediato y categórico, nuestra civilización se hubiera desmoronado como una pluma. La justa y necesaria reacción llegó, y fueron las Cruzadas, o como las denomina el autor inglés Hilarie Belloc: la Primera o gran Cruzada.

Desde el siglo V, la comunicación y el intercambio cultural, religioso y turístico entre occidente y oriente había sido bastante fluido. Por ejemplo, colonias de sirios habían introducido en occidente ideas religiosas e importantes manifestaciones artísticas y culturales varias, y los hombres del oeste europeo viajaban a Egipto, Siria, y fundamentalmente a Palestina a visitar los lugares santos en enormes peregrinaciones. Existía ya un itinerario de Burdeos a Jerusalén del año 333, en 385 San Jerónimo y Santa Paula habían fundado los primeros monasterios latinos en Jerusalén, y en el año 600, San Gregorio el Grande hizo erigir un hospicio en Jerusalén para el alojamiento de los peregrinos. A comienzos del siglo IX, gracias a gestiones de Carlomagno, el califa Haroun al-Raschid reconoció un protectorado franco sobre los cristianos de Jerusalén, lo que garantizaba a los cristianos poder visitar la Ciudad Santa sin temor a ser molestados o perseguidos. Sin embargo, con la muerte de este, las cosas fueron cambiando, con su punto culminante en 1009, cuando Hakem, el califa fatimí de Egipto, ordenó la destrucción del Santo Sepulcro y de todos los establecimientos cristianos en Jerusalén, y a partir de ese momento los cristianos fueron ferozmente perseguidos.[29] En 1027 el protectorado franco fue derrocado.

---

29. Ver la relación de un testigo ocular, Iahja de Antioquía, en la *Epopée byzantine* de Schlumberger, II, p. 442. Fuente citada por Royo Mejía en artículo sobre la historia de las Cruzadas: https://www.infocatolica.com/blog/historiaiglesia.php/el-por-que-de-las-cruzadas-i.

No obstante, la devoción de los cristianos por visitar Tierra Santa iba en aumento, a pesar de los sabidos peligros que conllevaba tamaña travesía de enormes distancias, privaciones, peligros de ataques y emboscadas musulmanas que podían terminar con sus vidas. Pero en aquellos tiempos, el amor a Cristo justificaba cualquier tipo de sacrificio. El historiador Alberto Royo Mejía da cuenta de esto:

> En vez de disminuir, el entusiasmo de los cristianos occidentales por el peregrinaje a Jerusalén pareció más bien aumentar durante el siglo XI. No solo príncipes, obispos y caballeros, sino aun hombres y mujeres de las más humildes clases emprendieron la jornada santa (Radulphus Glaber, IV, vi). Ejércitos enteros de peregrinos cruzaron Europa, y en el valle del Danubio se establecieron hospicios donde podían completar sus provisiones. En 1026, Ricardo Abad de Saint-Vannes condujo 700 peregrinos a Palestina con gasto de Ricardo II, duque de Normandía. En 1065, más de 12.000 alemanes que cruzaron Europa bajo el mando de Günther, obispo de Bamberg, en su camino a Palestina tuvieron que buscar refugio en una fortaleza en ruinas, donde se defendieron contra una banda de beduinos (Lambert de Hersfeld, en «Mon. Germ. Hist.: Script», V, 168). Así es evidente que a fines del siglo XI la ruta de Palestina le era bastante familiar a los cristianos occidentales que tenían al Santo Sepulcro como la reliquia más venerada y estaban listos a afrontar cualquier peligro para visitarlo.[30]

---

30. «El por qué de las Cruzadas I», Infocatólica (Artículo), 25 julio 2009.

Podemos decir que, en líneas generales, hasta el año 1000 las relaciones de Bizancio (Europa oriental) con el islam habían sido razonablemente buenas no solo en términos de relaciones comerciales, ya que incluso se permitía a los emperadores cristianos participar en la reconstrucción del Santo Sepulcro, entonces dominado por los musulmanes. Pero todo cambió con la llegada de los turcos seléucidas, que aprovechando las divisiones del imperio y la debilidad del Imperio persa, fueron conquistando todas sus ciudades y territorio. Para mediados del siglo XI habían tomado la Mesopotamia y conquistado Bagdad. En 1064 tomaron la Armenia cristiana, demostrando que el imperio cristiano de oriente no era ya el bastión seguro de la cristiandad. La caída de Bizancio y de todo reducto cristiano en oriente era inminente. Esto motivó al entonces emperador bizantino Miguel VII a dejar de lado las disputas religiosas con Roma (producidas por el Cisma de Oriente de 1054, donde el papa de Roma y el patriarca de Constantinopla se excomulgaron mutuamente) y pedir ayuda militar al papa Gregorio VII, pues en definitiva todos eran cristianos y la amenaza del islam turco era un grave peligro para todos. Indudablemente, el momento no era el más propicio, pues en occidente aun prevalecían en no menor grado las querellas por las investiduras (es decir, el enfrentamiento del poder secular con la autoridad del pontificado; emperadores que pretendían dominar también el poder espiritual) y conflictos entre no pocos príncipes cristianos. El papa, bien dispuesto a socorrer a sus hermanos de oriente, hizo rápidamente un llamamiento a todos los cristianos de occidente, pero las divisiones y problemas mentados eran tales que se hizo imposible organizar una fuerza conjunta.

Sin embargo, cuando en 1076 los turcos conquistaron Jerusalén, tomando gran parte de Asia Menor, la cosa cambió, y todos los cristianos fueron verdaderamente conscientes de la gravedad de la situación y de su misión y responsabilidad como cristianos. La Europa cristiana estaba siendo invadida por hordas de bestiales ejércitos que sin duda pronto avanzarían por la conquista de todo el continente. Tierra Santa, el lugar más santo y querido para los cristianos, había sido invadida y profanada. Aprovechando la conmoción general que este hecho había generado en toda la cristiandad, el papa Urbano II reunió a los principales líderes cristianos, solicitando la conformación de un ejército común para rechazar a los invasores. Es aquí, en esta jornada histórica, cuando finalizado el discurso papal, todos los presentes se lanzaron vivamente a entronar un grito que sería convertido en la divisa de esta empresa: *Deus lo vult* (¡Dios lo quiere!).

He aquí el célebre discurso del papa:

De Jerusalén y de Constantinopla llegan tristes noticias [...] Una raza maldita, salida del reino de los persas, un pueblo bárbaro, alejado de Dios, ha invadido las tierras cristianas y las ha devastado. Estos invasores son árabes y turcos. Han avanzado por el Imperio de Constantinopla hasta el Mediterráneo, hasta el estrecho conocido por el Brazo de San Jorge [...] Los turcos se han llevado cautivos a muchos cristianos; han destruido las iglesias de Dios o las han empleado para sus propios ritos. ¿Qué más hemos de deciros? ¡Escuchad! Los invasores ensucian los altares, circuncidan a los cristianos y derraman la sangre de la circuncisión sobre los altares o las pilas bautismales. Guardan sus caballos en las iglesias, que ya no son consagradas al servicio de Dios. Ahora los turcos torturan a los cristianos, cubriéndolos de flechas u obligándolos a arrodillarse y a inclinar la cabeza para ver si sus guerreros pueden cortarles el cuello con un solo golpe de su espada. ¿Qué vamos a decir de las violaciones de las mujeres? Hablar de ello es peor que permanecer callados. Vosotros caballeros, estáis llenos de orgullo y os lanzáis contra vuestros hermanos. ¿Es este el modo de servir a Cristo? Digamos la verdad, aunque nos avergüence. Esta no es forma de vivir. Si queréis salvar vuestras almas tenéis que cambiar de proceder. Marchad a la defensa de Cristo. Vosotros que estáis en la lucha constante, haced la guerra a los infieles. Vosotros que sois ladrones, convertíos en soldados. Guerread por una causa justa. Trabajad por una compensación eterna.

«Cuando dos o tres personas se reúnen en mi nombre, Yo estoy en medio de ellos». Si Dios no hubiera estado en el espíritu de todos vosotros, no habríais gritado así. Por lo tanto, os digo que Dios os ha inspirado ese grito. Y ese debe ser vuestro grito de guerra. Cuando marchéis contra el enemigo, decid: ¡Dios lo quiere! Y más aún, todos los que realicen el viaje deben llevar una cruz sobre su cabeza o pecho. Dejad que el rico ayude al pobre. Que no os detengan las riquezas, ni el amor a vuestros familiares. Recordad el evangelio: «Todo aquel que por Mí causa abandone casa, hermanos, padres, esposa, hijos o tierras, recibirá cien veces más y gozará de la vida eterna». Poneos en marcha hacia el Santo Sepulcro; arrancad aquellas tierras del poder de la raza maldita y guardadlas para vosotros [...] Jerusalén [...] Allí murió Cristo por nosotros; allí fue enterrado. Y en el sepulcro continúa realizándose el milagro anual. Pues —os digo lo que bien sabéis— todos los años, durante la Pasión, las lámparas se encendían sin intervención humana en la oscura iglesia. Y ahora, solo unos cuantos han presenciado el milagro; las lámparas continúan encendiéndose milagrosamente. Esto debe servirnos de estímulo. ¿Quién tendrá el corazón tan duro que no se conmueva con tan gran milagro? Id y no temáis. Vuestros bienes quedarán a salvo, y arrancaréis al enemigo tesoros aún mayores. No temáis morir donde Dios ha muerto por vosotros. Si alguno muere durante el camino o en su lucha, le serán perdonadas sus culpas. No temáis la tortura, pues con ella ganaréis la corona del martirio. El camino es corto, la lucha breve, el premio eterno.[31]

El discurso caló tan hondo en las fibras más íntimas de la población cristiana general, que la gente comenzó a cortar retazos de los mantos y cortinas para hacer con ellos cruces de tela roja, que los voluntarios cosieron sobre el hombro derecho de cada soldado. Cuentan que esa misma noche se llegó a acabar la tela roja en Clermont. Ante cada pausa en el discurso, la multitud conmocionada gritaba «Deus lo vult», agitando los brazos. «De aquí vino la denominación de "cruzados", o "señalados con la cruz". Porque no fue sino el signo de la cruz el que guiaría a aquellas falanges», escribe el historiador Javier Olivera Ravasi.[32]

El grito de guerra se propagó como la pólvora por toda Europa, desde España, Francia y Alemania hasta los pueblos escandinavos. En aquel entonces, la patria era la religión, y defender al cristianismo era defender su propia patria y civilización. Desde el hombre más humilde hasta el más pudiente sintió una obligación irrenunciable de defender la cristiandad. La historiadora y medievalista Régine Pernoud remarca

---

31. Cfr. Harold Lamb, *Historia de las Cruzadas*, tomo II (Buenos Aires: Juventud Argentina, 1954).
32. Padre Olivera Ravasi, *Que no te la cuenten*, vol. II.

que las Cruzadas constituyeron un evento único, ya que fueron llevadas a cabo por voluntarios procedentes de todos los pueblos de Europa, al margen de cualquier organización centralizada.[33] Narrando aquellos tiempos, nos dice el historiador y escritor francés Jules Michelet:

> Viose muchos hombres asquearse súbitamente de todo lo que habían amado, y así los barones abandonaron sus castillos, los aldeanos sus campos, para consagrar sus esfuerzos y su vida a preservar de sacrílegas profanaciones aquellos diez pies cuadrados de tierra que habían recogido, durante unas horas, el despojo terrestre de su Dios.[34]

Fue tal el ímpetu, la disposición y la grandeza de espíritu, que los cristianos lograron imponerse en esta primera cruzada, coronando en el año 1099 a Godofredo de Bouillon como emperador de Tierra Santa. Más de un millón de cristianos se lanzaron a la empresa, caminando o a caballo decenas de miles de kilómetros por tierras extrañas y hostiles, muchas veces sin siquiera agua o comida. Es cierto que hubo de todo entre los combatientes cristianos, algunos prácticamente sin organización ni instrucción militar y con discutible moral, y otros que fueron verdaderos ejemplos de caballeros cristianos.

Entre los ejércitos organizados podemos hablar principalmente de cuatro. El primero, integrado mayormente por franceses, era el liderado por el mencionado Bouillon, duque de Baja Lorena, que iba acompañado de su hermano Balduino de Boulogne, constituyendo una fuerza de cerca de setenta y cinco mil hombres. El segundo ejército tenía como líder a Raimundo IV, conde de Tolosa, cuyas fuerzas

---

33. *Los hombres de las Cruzadas* (Madrid: Swan, 1987), p. 13.
34. Citado en Sáenz, *La Cristiandad*, p. 231.

estaban integradas por franceses del sur o provenzales. Por la fuerza y recursos de su ejército, Raimundo era considerado la autoridad militar central de las fuerzas cristianas que marchaban hacia Jerusalén. El tercer ejército es llamado por Belloc el de los «franceses del norte», que no tenían jefe único, siendo el duque Roberto, soberano de Normandía, el más reconocido entre ellos. La cantidad de soldados de este ejército era similar a los dos anteriores. Del cuarto y último de los ejércitos organizados era el llamando «normando», constituido por italianos del sur al mando de jefes franceses, entre quienes destacaba especialmente Bohemundo. Este era el menos numeroso de los ejércitos cristianos. Las cuatro fuerzas de la cristiandad se reunieron en Constantinopla, que era el punto de encuentro para comenzar la recuperación. A partir de allí, la avanzada sería toda por tierra. Hilarie Belloc estima en 300.000 la cantidad de combatientes, contabilizando todas las unidades militares cristianas.[1] Pero luego de la marcha por Asia Menor, y las bajas sufridas en Nicea (capital de los turcos), quedaban 100.000 hombres, y un mes antes de la toma de Jerusalén (julio de 1099) eran 30.000 los soldados sobrevivientes.

La Cruzada duraría hasta el siglo XIII. Si bien suele hablarse de ocho cruzadas, lo cierto es que existieron muchas más, aunque en rigor fue propiamente una (la iniciada en 1095), de la que luego se irían desprendiendo en el tiempo otras, con menor o mayor éxito. Sería la cruzada encabezada por el caballero ejemplar Godofredo de Bouillon.

Al mismo tiempo que Pierre l'Ermite lanzaba sus turbas, los nobles preparaban la cosa con seriedad, constituyendo varios

---

1. Belloc, *Las Cruzadas*, p. 75.

cuerpos de ejército. El primero de ellos estaba formado por belgas, franceses y alemanes. Su jefe era el duque Godofredo de Bouillon, un hombre espléndido desde todo punto de vista, fuerte, valiente, de un vigor extraordinario, a la vez sencillo, generoso, y de piedad ejemplar, el paradigma del Cruzado auténtico, casi un santo. Las crónicas relatan que cuando entró en Jerusalén en el año 1099, se negó a aceptar el título de rey de Jerusalén, por no querer ceñir corona de oro allí donde Jesús había llevado corona de espinas.[2]

Para proteger las regiones recientemente conquistadas se crearon las órdenes religiosas militares, agrupaciones religiosas que buscaban conjugar la vida monástica con el ideal del caballero medieval. Sus miembros eran monjes que habían profesado los votos de pobreza, castidad y obediencia. Vivían siguiendo una regla (por lo general, la benedictina) y dependían directamente del papa. Al mismo tiempo, peleaban junto a los demás caballeros de Europa para recuperar Tierra Santa y asistían a las personas necesitadas hospedándolas y curándolas. Su vestidura era la armadura del caballero y el hábito propio de la Orden.

Las principales órdenes militares fueron: primer lugar, la Orden de los Hospitalarios, creada en 1048 para atender a los cristianos heridos o enfermos que iban a Jerusalén; fueron quienes impidieron el avance de los musulmanes en Palestina, Rodas y Malta (Vestían hábito negro con cruz blanca). Podemos mencionar luego a la Orden de los Teutónicos fundada en 1190 por Federico de Suabia, hijo de Federico Barbarroja. Se distinguían por utilizar un manto

---

2. Sáenz, *La Cristiandad*, p. 233.

blanco con cruz negra. Mencionemos finalmente a La Orden de los Caballeros Templarios, fundada por Hugo de Payens en 1118, dedicada a proteger a los peregrinos en el camino de Jerusalén. Esta fue indudablemente una de las órdenes militares cristianas más poderosas de la Edad Media.

Durante la primera mitad del siglo XII los estados cristianos de oriente estaban completamente organizados, y en muchos casos se mostraron más prósperos que sus pares occidentales, pero los peligros no tardarían en llegar. Los enemigos externos, que iban reorganizándose y sumando una enorme cantidad de soldados, aunado también a la indisciplina y los vicios de carácter de parte de las fuerzas francesas y también de las bizantinas, fueron debilitando la posición cristiana en aquellos lugares. En el sur los califas de Egipto, en el este los ámeles seléucidas de Damasco, Hama y Alepo, y en el norte los emperadores bizantinos, que deseaban tomar el control de los estados en manos de cristianos occidentales. A medida que pasaban las décadas desde la reconquista de Jerusalén, los recursos (humanos, económicos y militares) provenientes de occidente eran cada vez menores, mientras que paralelamente los de sus enemigos crecían a gran escala. «Sin embargo», nos dice Alberto Royo Mejía, «esos caballeros occidentales, aislados en medio de musulmanes y forzados, debido al tórrido clima, a llevar una vida muy diferente de aquella a la que estaban acostumbrados en casa, desplegaron valentía y energía admirables en su esfuerzo por preservar las colonias cristianas».[3]

—❧❦—

3. Catholic.net, «El por qué de las Cruzadas (y II): Aventura controvertida sin final feliz». Cfr. https://www.infocatolica.com/blog/historiaiglesia.php/el-por-que-de-las-cruzadas-y-ii.

Sin duda, hubo incontables cruzados ejemplares, y no podremos mencionarlos aquí a todos ellos. Pero no podemos dejar de recordar al rey Ricardo Corazón de León, cuya figura se hizo legendaria tanto entre cristianos como musulmanes. Tal es así que Alfredo Sáenz recoge dos anécdotas. La primera cuenta que cuando las madres árabes querían hacer callar a sus hijos, los amenazaban con llamar al «rey Ricardo» («una especie de hombre de la bolsa», clarifica Sáenz). La segunda, relatada por un cronista de la época, cuenta que Ricardo se encontraba a punto de atacar por sorpresa al enemigo y hasta allí llegó un clérigo para hablar con el rey, llamado Hugo de la Mare, quien dándole un consejo le dijo: «Huid, señor, son demasiado numerosos». El rey le contestó: «Señor clérigo, ocupaos de vuestros asuntos, no os entrometáis. Dejadnos a nosotros la caballería. ¡Por Dios y por Santa María!». Luego de este intercambio, el buen rey venció a las tropas enemigas.[4] Ricardo murió en combate junto a los suyos. ¡Esos eran reyes cristianos! Lo mismo podríamos decir del rey San Luis, que a pesar de no haber conseguido victorias en combate, siempre guerreó valientemente, cayendo en el campo de batalla en defensa de la fe. Todos los cruzados, nobles y campesinos, tenían buenos motivos para emprender semejante empresa; motivos fundamentalmente religiosos y morales. Desde la promesa de expiar los pecados hasta la oportunidad de demostrar el honor caballeresco y la valentía. Hay quienes afirman con demasiada ligereza que lo que motivó a gran parte de los cruzados a emprender semejante travesía respondía a promesas de riquezas, pero lo cierto es que partir a la cruzada era bastante oneroso y a la vez muy peligroso. Jonathan Phillips,

---

4. Tomado de A. Sáenz, *La Cristiandad*, p. 236.

de la Universidad de Londres, es de esta opinión: «Debían tener mucho dinero para continuar la expedición y, como no había cajeros automáticos, estaban obligados a llevarlo encima. El público suele pensar que los soldados viajaban con el objetivo de enriquecerse a base de saqueos, pero en las ciudades no había tantas riquezas».[5] Y aun si unos pocos hubieran podido procurarse alguna riqueza, lo más seguro era que no pudieran disfrutarla, pues eran pocos los que lograban volver con vida.

Si bien militarmente, en su conjunto, las Cruzadas no fueron exitosas (el Santo Sepulcro solo pudo ser conservado durante un siglo por los cristianos), lo que demuestran es el más sano espíritu cristiano, donde lo que realmente importaba no era tanto el éxito, sino dar el buen combate, aun contra fuerzas inmensamente superiores en cantidad y recursos. Les debemos a las Cruzadas el espíritu de unidad que se alcanzó allí; una fraternidad de todos los pueblos cristianos, sellada bajo fuego y sangre. A pesar de la distancia, clima, escasez, pocos refuerzos y pocos soldados en relación con su contraparte musulmana, lograron la empresa titánica no solo de recuperar el Santo Sepulcro para toda la cristiandad, sino de resistir estoicamente por más de cien años. Naturalmente, como toda empresa llevada a cabo por seres humanos, existieron algunos excesos de particulares, especialmente por parte de los combatientes que no integraban los ejércitos de nobles (donde existía un estricto código moral), pero bien podemos decir que estos constituyeron hechos aislados y oportunamente repudiados por los cruzados de bien, que rechazaban el pillaje y el maltrato al vencido.

---

5. ABC Historia, «Un experto contra las mentiras mil veces contadas de las cruzadas cristianas». Entrevista a Jonathan Phillips. Cfr. https://www.abc.es/historia/experto-mentiras-cruzadas-solo-guerra-barbarie-20240624150254-nt.html.

Recapitulando, será tal vez Henri Daniel-Rops, el gran historiador de las Cruzadas, quien mejor comprendió la significación e implicancias de esta noble empresa, hoy tan injustamente olvidada o vilipendiada: «Que la misma palabra de Cruzada tenga todavía hoy el sentido de empresa heroica realizada con una intención pura y noble al servicio de una gran idea, es cosa que no carece de significación».[6] Hace más de medio siglo, Hilarie Belloc lanzaba una advertencia para el siglo XX y sus postrimerías: «El islamismo subsiste. Su religión está intacta, y, por lo tanto, su fuerza material puede volver a manifestarse. El cristianismo está en peligro de ser disuelto. ¿Quién puede confiar en la continua destreza, y mucho menos en la continua obediencia de los que hacen y manejan nuestras máquinas?».[7] Más adelante agrega como últimas líneas de su libro, las cuales poseen hoy notoria actualidad:

> Estamos divididos frente a un mundo musulmán; divididos en toda forma —por rivalidades nacionales independientes y aisladas, por intereses encontrados de poseedores y desposeídos—, y esa división no puede remediarse, porque el vínculo que una vez uniera a nuestra civilización, el vínculo cristiano, se ha roto.[8]

---

6. Daniel-Rops, *La Iglesia de la Catedral y de la Cruzada*, p. 591.
7. Belloc, *Las Cruzadas* (Buenos Aires: CS Ediciones, 2007), p. 16.
8. Belloc, ob. cit., p. 273.

Capítulo VII

El cristianismo y la herejía

«Para el economista ateo siempre será mayor criminal el contrabandista que el hereje».

—Menéndez Pelayo[9]

«La herejía no es un tema fósil. Es una materia de interés permanente y vital para la humanidad, porque está relacionada con el tema de la religión, sin la cual ninguna sociedad ha podido ni podrá durar. Los que creen que el tema de la herejía puede despreciarse porque la palabra les resulta anticuada y porque se relaciona con algunas disputas abandonadas desde hace mucho, están cometiendo el error común de pensar con palabras en lugar de pensar con ideas».

—Hilaire Belloc[10]

LA PALABRA «HEREJÍA» DERIVA DE LA PALABRA GRIEGA *hairesis*, que quiere decir «elección propia»; su traducción latina es «secta». La denominación herejía, como hace notar Jiménez Monteserín, no era infame antes de que se establecieran las bases de la

---

9. Menéndez Pelayo, *Historia de los heterodoxos españoles*.
10. Hilaire Belloc, *Las grandes herejías* (Buenos Aires: Tierra Media, 2000), p. 14.

religión cristiana; se tomaba en buen sentido y significaba aquella disciplina a la que cada uno seguía o se dedicaba. Esto originaba que varias sectas de filósofos fuesen llamadas herejías, donde se llamaban estoicos, peripatéticos, académicos de esta o de aquella otra opinión, etc.[11]

El Diccionario de la Real Academia Española —en relación a una doctrina religiosa— traduce el término como «error sostenido con pertinacia» y «sentencia errónea contra los principios ciertos de una ciencia o arte». Belloc la define como «dislocación de una estructura completa y autosostenida mediante la introducción de la negación de una de sus partes esenciales».[12]

Es importante agregar —y clarificar— que el peligro y/o lo que se castigaba no era tanto la «elección propia» o apostasía, sino el enérgico proselitismo —secreto, discreto y/o abierto— al que se abocaban los herejes. Estos, muy lejos de limitarse a guardar su creencia para sí, difundían y pretendían imponer sus errores al resto de la sociedad mediante doctrinas que atacaban reciamente los cimientos sobre los que se erigía la armonía social y el bien común.

Al respecto hace notar uno de los historiadores que más profundamente logró penetrar en la esencia de la herejía, el recién citado Hilaire Belloc: «Pertenece a la esencia de la herejía el dejar incólume gran parte de la estructura a la cual ataca. De esta manera puede seguir dirigiéndose a los fieles y continúa afectando sus vidas desviándolos de sus características originales. Es por ello

---

11. Citado en Eymeric-Peña, *Manual del Inquisidor*, p. 38. Al respecto, ver alocución del diputado de las cortes de Cádiz de 1813, Riesco, donde da cuenta de cómo la iglesia y los príncipes trataron la herejía en los primeros doce siglos.
12. Consultar al respecto el gran trabajo del historiador inglés Hilaire Belloc, *Las grandes herejías*. En esta misma obra hace notar: «Por desgracia, en el mundo moderno se ha perdido el hábito de esas definiciones. La palabra "herejía", habiendo venido a connotar algo extraño y pasado de moda, ya no se aplica a los casos que son claramente casos de herejía y deben ser tratados como tales».

que de las herejías se dice que "sobreviven por las verdades que retienen"».[13]

De allí que las herejías significaran un gravísimo peligro no solo para la religión, sino para la sociedad y los reinos, y de allí que estos utilizaran la fuerza como último recurso para aplacarlas. Hay que destacar no solo la licitud en reprimir la herejía, sino la necesidad, cuando no la obligación, de hacerlo para mantener el orden y evitar las nefastas consecuencias que podía originar el tolerarla, pues las divisiones —especialmente las religiosas— no traerían más que asesinatos en masa de inocentes y disidentes.

Es inexacto afirmar, como se cree frecuentemente, que el enemigo era el hereje. El enemigo siempre ha sido la herejía, que es algo bien distinto. Condenar el error y no al que yerra había sido premisa fundamental del cristianismo en todas sus épocas. No debemos olvidar que la predicación del evangelio desde los tiempos de la iglesia primitiva era básicamente mostrar la verdad del error, tal como lo dice Santiago: «Sepa que el que haga volver al pecador del error de su camino, salvará de muerte un alma, y cubrirá multitud de pecados» (Santiago 5:20, BJL). Este pasaje explica en gran medida el carácter en esencia caritativo y por lo general benigno manifestado posteriormente en los procedimientos inquisitoriales.

Lo cierto es que el hereje era una persona impopular detestada en todos los niveles de la sociedad.

Un antecedente significativo

Para comprender y visualizar mejor la verdadera peligrosidad de la herejía y sus sectas, ningún ejemplo podrá ser más ilustrativo

---

13. Belloc, *Las grandes herejías*. p. 14.

que el de los cátaros. Por su envergadura, esta secta de origen maniqueo[14] será el antecedente más inmediato a la herejía de los conversos. Surgiría en el siglo XII bajo el disfraz de un movimiento de protesta contra la corrupción existente de algunos miembros del clero cristiano. Alcanzaría su máxima expansión y expresión en los últimos decenios del siglo XII en el Mediodía francés (Languedoc y Provenza) y en la Italia septentrional (Lombardía y las llanuras del Po), convirtiéndose rápidamente en el movimiento herético más grande que había sufrido la iglesia y la sociedad hasta el momento. La doctrina intrínsecamente contranatural que sostenía y difundía no solo amenazaba a la sociedad cristiana, sino a la humanidad entera.

Se llamaban a sí mismos «puros» o «perfectos» por el extremo ascetismo que ostentaban algunos de sus miembros —virtud que algunos prelados cristianos habían perdido— y su fanática aversión hacia el mundo temporal. La doctrina de esta secta puede sintetizarse básicamente en su lema: «Todo lo que está bajo el sol y bajo la luna no es más que corrupción y confusión»; considerando, por tanto, diabólico e impuro todo cuanto comprendía al mundo terrenal: los hombres, autoridades, leyes, juramentos, procreación, la comida y muy especialmente a las mujeres, a quienes despreciaban abiertamente por el pecado original. Consideraban criminal, por ejemplo, al soldado que defendía su patria. Es importante recordar que el juramento, la

---

14. Hay ciertos historiadores que creen que los cátaros fueron la continuación de la secta de los maniqueos de los primeros siglos. Otros, que a pesar de las similitudes doctrinales, no fueron enteramente el mismo movimiento. Se ha tendido a confundir bastante también la relación entre las sectas heréticas de los valdenses, cátaros y albigenses. Hay quienes afirman que eran todas ellas parte de un mismo movimiento, con algunas pequeñas variantes. Otros aseveran que deben considerarse movimientos heréticos distintos. Nos inclinamos por la primera opinión, pues todas nacen y logran su plenitud al mismo tiempo y su doctrina es prácticamente idéntica. Solo varía, en algunos casos, la ubicación geográfica entre unos y otros (aquí podría explicarse en buena medida aquellas «pequeñas diferencias»).

palabra empeñada, constituía la esencia de la organización de aquella sociedad feudal; por tanto, rehusar el juramento era quebrar los cimientos de la sociedad. El jesuita Alfredo Sáenz apunta al respecto:[15] «Si una sociedad de perfectos hubiera sido realizable, la sociedad hubiera desaparecido a corto plazo por el suicidio universal y la virginidad total», pues entre otras cosas su doctrina favorecía el suicidio, entendiendo que «solo así podría librarse el alma de aquella cárcel que es el cuerpo». A su vez, fomentaban la no procreación a fin de «no traer más elementos contaminados y malvados a la tierra». «El matrimonio», explica Sáenz, «era así un estado de vida esencialmente pecaminoso, peor que el adulterio o la fornicación, porque los casados, al no experimentar vergüenza, se sentían inclinados a persistir en su cohabitación. Algunos de aquellos herejes llegaron a decir, si bien en secreto, que así como la relación sexual fuera del matrimonio era mejor que la que se realizaba entre marido y mujer, de manera semejante cualquier forma antinatural de contacto sexual del que no se siguiera la concepción de hijos, por ejemplo el de los homosexuales, era mejor que la cohabitación natural. La procreación se veía, pues, como un acto irremediablemente demoníaco».[16]

Por elocuentes y por provenir justamente de, tal vez, el mayor enemigo de la Inquisición, se transcriben las palabras de Charles Lea: «Cualquiera sea el horror que puedan suscitar los medios empleados para combatirla —a la herejía cátara—, cualquiera sea

---

15. Alfredo Sáenz, *La nave y las tempestades* (Buenos Aires: Ediciones Gladius, 2002), p. 234. Consultar al respecto la obra de William Thomas Walsh, *Personajes de la Inquisición*, pp. 51-55.
16. A. Sáenz, ob. cit., p. 154. Quien mejor la comprendió en su tiempo fue el inquisidor Bernardo Gui, que advierte clara y detalladamente sobre los peligros y perversiones de esta secta. Consultar su exposición completa de la herejía en la instrucción que dirige a los inquisidores, que titula: *Los errores de los maniqueos en la época actual* (ver en Alec Mellor, *La Tortura*, Editorial Sophos, Buenos Aires, 1960, pp. 89-93).

la piedad que nos inspiren los que murieron víctimas de sus convicciones, reconocemos sin vacilar que, en esas circunstancias, la causa de la ortodoxia no era otra cosa que la de la civilización y el progreso. Si el catarismo hubiese logrado dominar, o por lo menos equilibrar al catolicismo, no cabe duda de que la influencia habría resultado desastrosa. El ascetismo del que hacía profesión en lo que concierne a la relación entre los sexos, si hubiese llegado a ser común, habría conducido inevitablemente a la extinción de la especie. Condenando el universo visible y la materia en general como obras de Satanás, el catarismo trocaba en pecado todo esfuerzo por el mejoramiento material de la condición de los hombres. Así, si esta creencia llegaba a reclutar a una mayoría de fieles, Europa habría vuelto al salvajismo de los tiempos primitivos. No constituía solamente una revuelta contra la Iglesia, sino la abdicación del hombre delante de la naturaleza».[17] Otro acérrimo enemigo de la Inquisición, el historiador protestante Pablo Sabatier, reconoce: «El papado no siempre estuvo al lado de la reacción y del oscurantismo; pues cuando aniquiló, por ejemplo, a los cátaros, su historia fue la del buen sentido y la de la razón».[18] Estas palabras insospechadas dan una idea bastante certera de lo que herejías de esta magnitud podían significar para la sociedad y el mundo.

Esta secta subversiva contaba con una impresionante infraestructura y organización, evidenciada entre otros factores por su notable solvencia económica y los estrechos vínculos forjados con el poder. Asimismo, habían llegado a celebrar un Concilio propio. Entre otros se destacan las figuras de Raimundo VI, conde de Toulouse;

---

17. Citado en Tomás Barutta, *La Inquisición. Esclarecimiento y cotejo*, Apis, Rosario, Argentina, 1959, pp.126-127.
18. Alfredo Sáenz, *La nave y las tempestades*, p. 234.

Raimundo Roger, vizconde de Carcasota; y Berenger, arzobispo de Narbona. Constituían una verdadera e implacable organización terrorista. Incluso se permitían desafiar a las autoridades abiertamente, un peligro sobre el que advertirían diferentes clérigos, principalmente desde aquel gran Concilio Ecuménico de Letrán de 1179, en el cual, entre otros cánones, encontramos el número XXVII: «que ya no ejercen su maldad ocultamente como otros, sino que manifiestan su error públicamente y atraen a su acuerdo a los simples y a los débiles».

Sería un error considerarla como una secta herética pasiva solo dedicada a predicar privadamente doctrinas erróneas y perniciosas, pues además de haber intentado arrastrar a toda la sociedad hacia sus errores mediante la difamación, no vacilarían un segundo en hacerlo por la fuerza —al igual que los falsos conversos judíos—, levantándose en armas sobre todos aquellos que pensaban diferente: «Los albigenses, protegidos por magnates poderosísimos, incendiaban, asolaban, perpetraban por todas partes crímenes sin número ni semejanza [...] Organizados en ejércitos de 100.000 hombres entraban a saco a las ciudades destrozándolas, especialmente los templos y los monasterios. Ningún crimen dejó de serles familiar ni deleitoso. Los pueblos eran presa de terror».[19] El gran historiador español Martínez Millán dice que «al multiplicarse en el siglo XII, los herejes constituyeron un ejército único que se lanzó al asalto de Roma».[20] En Avignonet, enviados por el poderoso conde cátaro de Toulouse Raimundo VII, cincuenta Bons homes —cátaros— irrumpieron salvajemente en una reunión donde se encontraban

---

19. Ezequiel Teyssier, *Europa y los judíos* (México: Ed. Claridad, 1938), pp. 186-187.
20. Citas tomadas de Cristián Rodrigo Iturralde, *La inquisición, un tribunal de misericordia* (Buenos Aires: Vórtice, 2012), p. 320. El historiador protestante Hoffman Nickerson comenta que en el año 1199, en Italia, los herejes habían asesinado a un prestigioso y piadoso magistrado católico.

algunos dominicos, un franciscano y dos inquisidores, e hicieron una verdadera carnicería; «cráneos abiertos con hachas y porras, cuerpos traspasados una y otra vez con la lanza», según cuenta la crónica. Entre los mártires medievales más importantes asesinados por herejes debemos mencionar, en primer lugar, al inquisidor San Pedro de Verona, y al legado pontificio, ayudante de Santo Domingo, Castelnau, cuyas últimas palabras dirigiéndose a su victimario fueron: «Que Dios te perdone como yo lo hago».

La iglesia, como hace notar Hilaire Belloc, siempre paciente, intentó insistentemente durante varias décadas convertir de sus errores a estos perturbadores sociales. Lo hizo principalmente por medio de las órdenes mendicantes, de las que nos decía el protestante Hoffman Nickerson: «Santo Domingo atacaba la herejía de frente utilizando argumentos directos. Sus "frailes predicadores" observaban la pobreza más estricta, no tanto como un bien en sí mismo, como lo hacía San Francisco, sino con el espíritu de un soldado que aligera su mochila para poder desempeñarse mejor en campaña».[21]

Finalmente, no quedó más remedio que la Cruzada, que lograría triunfar casi milagrosamente contra ejércitos que los llegaron a

---

21. Citas tomadas de Iturralde, ob. cit., p. 325. Nickerson sostiene que la vinculación de Santo Domingo con la Inquisición, si bien ha sido muy discutida, «es clara». Cita en su apoyo dos documentos, al parecer aceptados por historiadores de distinta opinión, que «prueban» que Santo Domingo llegó a cumplir tareas de inquisidor. Lo cierto es que, en rigor, esto es solo parcialmente cierto, pues si bien persiguió y castigó duramente la herejía, no por ello puede concluirse que haya compuesto el Tribunal de la Inquisición. No fue propiamente un inquisidor, como no lo fueron los eclesiásticos, más que en el grado de reprimir la herejía y juzgar a los herejes. Utilizando el criterio de Nickerson deberíamos entonces concluir que San Agustín y San Ambrosio fueron inquisidores, lo cual es inexacto. Sin embargo, Nickerson reconoce seguidamente que «el dominico sanguinario que han querido presentar los historiadores protestantes, no existió nunca», y cita en su apoyo al mismo Charles Lea. Menos podrá decirse que fue el santo fundador de la inquisición. Esta confusión, muchas veces sembrada de forma deliberada, busca ensuciar la imagen ejemplar de este santo. Además, ante la visión subjetiva de una inquisición sanguinaria, entonces necesariamente todos sus protagonistas fueron sanguinarios.

superar en un número de cien a uno. Como ejemplo de ello se cita aquí aquella memorable y decisiva batalla de Muret, que tan bien ilustrara el sacerdote Sáenz en su obra *La nave y las tempestades*. Vencidos en campo abierto, los herejes resolvieron pasar a la clandestinidad, lo cual naturalmente supuso un problema aún mayor, pues ahora se hacían casi indetectables a las autoridades, ya que exteriormente se mostraban como buenos y devotos cristianos.

Ante tal situación, viéndose comprometida la paz lograda con tanto esfuerzo, se hizo imperativo arbitrar algún medio para vencer, de una vez por todas y en forma definitiva, este veneno que carcomía a la sociedad. Así nace la Inquisición pontificia, que servirá como modelo a la postrera española.

Esta fue la herejía cátara que, Cruzada e Inquisición mediante, pudo derrotarse. Y hay que agregar, conforme muestran claramente los registros de la época recogidos por los expertos del Simposio Internacional sobre la Inquisición, que se condenaron a muerte a solo tres decenas de delincuentes, como veremos más adelante en este trabajo. Por tanto, no es cierto que este tribunal «ejecutó» a millares de herejes, como algunos historiadores poco serios aseveran o pretenden hacer creer. Resulta oportuno a este respecto hacer notar que en Inglaterra, en el siglo XIII, donde no había Inquisición, los cátaros eran arrestados y marcados con fuego al rojo vivo, sus casas eran destruidas, todos sus bienes eran confiscados como primera medida y, por supuesto, eran ejecutados por el estado. Ante este cuadro los cátaros decidieron desaparecer prontamente de la isla e ir a regiones donde hubiera tribunales inquisitoriales, pues estos al menos le ofrecían garantías procesales si eran descubiertos y arrestados por las autoridades.

Como ya lo he mencionado, de no haber actuado tan diligentemente las inquisiciones española y francesa, la herejía de los conversos habría generado consecuencias de una magnitud inimaginable para la humanidad.

La represión de la herejía

La legítima defensa de las personas y las sociedades no es una excepción a la prohibición de la muerte del inocente que constituye el homicidio voluntario. La acción de defenderse puede entrañar un doble efecto: el uno es la conservación de la propia vida; el otro, la muerte del agresor [...] solamente es querido el uno; el otro, no (S. Tomás de Aquino, Suma Teológica 2-2, 64, 7, en Catecismo de la Iglesia Católica, canon 263).

La legítima defensa puede ser no solamente un derecho, sino un deber grave, para el que es responsable de la vida de otro, del bien común de la familia o de la sociedad (Catecismo de la Iglesia Católica, canon 2265).

Hasta el establecimiento de la inquisición medieval (1231), los emperadores se arrogaban el derecho de juzgar y reprimir la herejía, relegando a un segundo plano el juicio capacitado de la iglesia, a la que por derecho divino correspondía esta tarea. Con el establecimiento de esta inquisición pontificia terminan en gran medida los tiempos del cesaropapismo; los emperadores, condes y reyes que pretendían ser la máxima autoridad tanto del orden temporal como del religioso, empleando muchas veces el castigo de la herejía como instrumento político contra sus rivales directos. Bajo ese régimen, es cierto, no serían infrecuentes algunas injusticias contra los sospechosos de herejía ni la aplicación de un excesivo rigor. La llegada del tribunal de la inquisición medieval —como lo será luego el de la inquisición española— significó indudablemente un respiro tanto para los sospechosos de herejía como para los herejes mismos, pues ahora los sospechosos tenían derechos y garantías procesales que no podían quebrantarse, so pena de excomunión y otros graves castigos para quien lo hiciera. Los herejes, hasta los más notorios, que antes eran enviados a la hoguera sin mayores miramientos por el poder secular, veían en la Inquisición una oportunidad de salvar su vida, lo cual se lograba mediante la abjuración o la absolución en el proceso.

La represión de la herejía no significaba una acción arbitraria de las autoridades, sino un derecho y una obligación inalienable para mantener el orden y la salud física y espiritual del pueblo. De la misma forma en que hoy entendemos que es lógico que un estado castigue —conforme a leyes vigentes sobre seguridad nacional— al ciudadano que actúe en connivencia con naciones hostiles a la suya o al que envenene las fuentes de agua de la ciudad, resulta igualmente razonable que las autoridades de una determinada religión, especialmente en una sociedad cristocéntrica, aplicaran algún castigo a aquel fiel que hiciera peligrar las bases de esa fe. De igual opinión, Vittorio Messori expresa: «Así como las autoridades de hoy en día consideran su obligación la tutela de la salud de los ciudadanos, la iglesia católica estaba convencida de tener que responder ante Dios de la salvación eterna de sus hijos. Salvación que corría peligro a causa del más tóxico de los venenos: la herejía».[22] El canon 2214 del Código Eclesiástico estipula «el derecho innato, propio, independiente de toda autoridad humana que posee la iglesia, de reprimir a sus súbditos culpables mediante penas espirituales, ya sean temporales»

---

22. Messori, ob. cit., p. 38.

(*coercendi delinquentis sibi subditos poenis tum spiritualibus tum etiam temporalibus*).

El hereje, lejos de limitarse a creer privadamente su error y de abocarse a un intenso proselitismo, procuraba incluso conformar un ejército para imponerse mediante el hierro y la sangre contra todos aquellos que respetaran y defendieran el orden vigente establecido. Ya se ha citado el caso de los cátaros.

¿De qué otra forma, luego de agotados los medios pacíficos, se hubiera podido salvaguardar a la sociedad de estas hordas infernales sino empleando la fuerza? Así lo entiende José de Maistre al decir en sus Cartas: «De ninguna forma, los grandes males políticos, de ningún modo, sobre todo los ataques violentos lanzados contra el cuerpo del Estado, pueden ser previstos o rechazados sino por medios similarmente violentos. En todos los peligros imaginables, todo se reduce a la fórmula romana: "Que los cónsules velen por la seguridad del Estado"».[23]

No obstante, debo destacar que la mayor parte de las veces eran los mismos fieles y no las autoridades cristianas quienes exigían mayor rigor contra los contaminadores de la fe. Así, generalmente, las leyes representaban el sentir popular. El filósofo y teólogo español Jaime Balmes apunta al respecto: «El legislador es siempre, más o menos, el órgano de esta misma conciencia, la conciencia pública. Cuando en una sociedad es mirada una acción como un crimen horrendo, no puede el legislador señalarle una pena benigna, y, al contrario, no le es posible castigar con mucho rigor lo que la sociedad absuelve o excusa».[24]

Naturalmente, para comprender esta concepción tan propia de aquellos siglos se hace imperioso penetrar en la mentalidad y el

---

23. Citado en Cristián Rodrigo Iturralde, *La Inquisición, un tribunal de misericordia*, p. 109.
24. Citado en Henri Hello, *La verdad sobre la Inquisición* (Buenos Aires: Editorial Iction, 1981), pp. 55-56.

corazón de aquel hombre medieval, que era, ante todo, esencialmente religioso. Así los describe el historiador Cecil Roth:

> En aquel tiempo los hombres creían realmente (es decir, no se limitaban a decir que creían) que Dios les había dotado de almas inmortales. Creían de veras en la existencia de un cielo y de un infierno, donde deberían rendir cuenta de lo que habían hecho durante su transitoria existencia terrenal. También creían que la teofanía y la encarnación eran la clave de las verdades eternas, además de indicarles la senda para ir al cielo, la única senda, pues todas las demás conducían al infierno, y no estaban dispuestos a que este precioso secreto se viera puesto en peligro o menospreciado. Hoy día, los hombres se muestran indiferentes o escépticos con todo esto. Puede que tengan un buen motivo para ello, pero no tienen derecho a confundir su actitud con tolerancia.[25]

Este —el factor religioso— era el rasgo común que unía a todos los hombres. Tal era así, que en tiempos donde no se habían forjado todavía plena y propiamente las «nacionalidades» —como hoy se entienden— la cristiandad constituía su patria y hogar; de ella, sus costumbres, tradiciones ordinarias y sagradas, trasmitidas de generación en generación, constituyéndose en su más valioso legado, que permitía sobrellevar con infinita esperanza los males de las guerras, hambrunas, pestes y todo tipo de pesares. Así lo sintetiza Thomas Walsh: «El Europeo medieval se consideraba en cualquier país no como un súbdito de tal o cual estado, sino como un cristiano. Su fe

---

25. Cecil Roth, *Los judíos secretos: historia de los marranos* (Madrid: Altalena, 1979), p. 22.

era un don de Dios; su raza, su nacionalidad, un mero accidente».[26] En su obra *Las Cruzadas*, Hilaire Belloc resume este sentimiento con envidiable simpleza: «El mundo que Urbano había conmovido de tal modo tenía, por patriotismo, el entusiasmo por la religión, y por enemigo no a un reino rival, sino a paganos y musulmanes».[27] La fe en Cristo «nacionalizaba».

El mejor ejemplo que podemos ofrecer a este propósito, o uno de ellos, es sin dudas el fervoroso e inmediato acatamiento de todos los hombres de Europa (sin distingos de condición social o económica) al llamamiento del gran Urbano II (inolvidable arenga, culminando con el recordado «Deus lo Vult») de defender la fe cristiana contra la barbarie del islam en oriente. Si bien, como señala acertadamente el medievalista Rene Grousset, existieron otras cruzadas contra la opresión musulmana anteriores a «la» Cruzada (del siglo XI), estas habían sido motivadas más por cuestiones políticas y territoriales que por la religión, circunscriptas generalmente a coyunturas de regiones particulares. Fueron, en suma, guerras nacionales contra las invasiones musulmanas. En cambio, la cruzada libertadora del Santo Sepulcro de Jerusalén constituyó la más importante empresa internacional de toda la cristiandad, donde cientos de miles de hombres de distintas regiones y naciones, ricos y pobres, hidalgos, nobles, reyes y el pueblo llano, aunados por una misma fe, se alistaron a marchar miles de kilómetros llenos de peligros sin llevar consigo más que su espada y su fe; sin otro interés que defender su patria, la cristiandad, del barbarismo islámico.

---

26. Lo confirma el insospechado Salvador de Madariaga: «Obseso de unidad religiosa, el Estado español y el pueblo, que en esto le cedía y aun precedía...». En Salvador de Madariaga, *España. Ensayo de Historia contemporánea* (Buenos Aires: Ed. Sudamericana, 1974), p. 44. Ver también Thomas Walsh, *Personajes de la Inquisición*, p. 50.
27. Hilaire Belloc, *Las Cruzadas*.

En el caso puntualmente español, sin duda, el origen de este sentimiento, celo religioso tan profundo, debe buscarse en el acero de la Reconquista. Muy particularmente desde aquel emblemático año de 711, donde la sociedad cristiana fue forjando, ante la adversidad, una serie de valores, cultura y religiosidad tan profundos, que perdurarán a través de los siglos.

Atentar contra la religión en esta sociedad cristocéntrica era considerado, por ende, el más abominable de todos los delitos, porque atentaba contra Dios, fuente misma del poder, por lo que afectaba también al estado. De esta particular concepción surge la consideración del crimen de herejía como delito de lesa majestad (*lesae maiestatis*), que desde tiempos de los romanos se castigaba con la muerte. La herejía, especialmente en los españoles, era notablemente impopular. Así lo afirma el santanderino Menéndez Pelayo al exclamar: «Desengañémonos: nada más impopular en España que la herejía [...] El genio español es eminentemente católico; la heterodoxia es entre nosotros accidente y ráfaga pasajera».[28] La mejor confirmación de esta realidad cabe en boca del prudentísimo Felipe II cuando sostiene su histórica máxima: «Prefiero no reinar a reinar sobre herejes».

La unidad y la sociedad indisoluble formada entre el estado y la iglesia, su relación y división de competencias, se ven plasmadas claramente en esta Bula de Bonifacio VIII del siglo XIII:

> Ambas, la espada espiritual y la espada material, están en poder de la Iglesia. Pero la segunda es usada para la Iglesia, la primera por ella; la primera por el sacerdote, la última por los reyes y los capitanes, pero según la voluntad y con el permiso

---

28. Citado en C. R. Iturralde, *La inquisición, un tribunal de misericordia*, p. 150.

del sacerdote. Por consiguiente, una espada debe estar sometida a la otra, y la autoridad temporal sujeta a la espiritual [...] Si, por consiguiente, el poder terrenal yerra, será juzgado por el poder espiritual [...] Pero si el poder espiritual yerra, puede ser juzgado solo por Dios, no por el hombre [...] Pues esta autoridad, aunque concedida a un hombre y ejercida por un hombre, no es humana, sino más bien divina [...] Además, declaramos, afirmamos, definimos y pronunciamos que es absolutamente necesario para la salvación que toda criatura humana esté sujeta al Pontífice romano.[29]

Resulta incuestionable que la razón del éxito de los reyes católicos de poder unir bajo una misma empresa a pueblos tan dispares entre sí y celosos de sus fueros —como en el caso de los aragoneses, castellanos, gallegos, andaluces, catalanes, vascos, etc.— se debió a una fe común en todos ellos que predominaba sobre cualquier otro sentimiento. La célebre frase de Orígenes explica en gran medida lo que tanto el pueblo como el estado entendían: «Donde hay pecados, allí hay desunión, cismas, herejías, discusiones. Pero donde hay virtud allí hay unión, de donde resultaba que todos los creyentes tenían un solo corazón y una sola alma».[30] Tomás Barutta define aquella realidad de la siguiente manera: «La fe religiosa entonces era sentida por todos con entusiasmo y estimada por encima de todos los bienes y progresos materiales. La

---

29. *Bula Unam Sanctam* del papa Bonifacio VIII, siglo XIII.
30. Orígenes, Homilía sobre Ezequiel 9:1. Discusión del Proyecto de Decreto sobre el Tribunal de la Inquisición, Imprenta Nacional (España), Cádiz, 1813. El discurso completo de Riesco puede encontrarse en la versión digital de los pronunciamientos de las Cortes de Cádiz, pp. 143-184.

misma justicia secular creía el primero de sus deberes defender los derechos de Dios».[31]

La herejía, castigada por todos en todas las épocas

La herejía había sido castigada invariablemente por emperadores y autoridades civiles en defensa de la unidad y la paz de la sociedad. De esta manera, aclara oportunamente el historiador Arthur Stanley Turberville: «No es solo la iglesia la que ha apreciado la perversidad fundamental de la herejía. Desde el código de Teodosio, el poder secular había sostenido siempre que el individuo no debe tener libertad de discutir cuestiones teológicas, ni de mantener cualquier opinión que le atraiga, pues reconocía que los problemas teológicos no son simplemente académicos, sino que conciernen de manera vital al organismo político, aunque solo sea porque el derecho de ordenar la vida familiar, que es esencial para el bienestar del estado, depende de la existencia de sanos principios religiosos».[32]

Entre los príncipes seculares, desde el emperador Teodosio I (quien promulgó en el año 382 una ley contra los maniqueos, mandando castigarlos con el último suplicio y la confiscación de bienes, encargándose al prefecto del Pretorio que creara investigadores y delatores contra todos los que se ocultaran) se han dictado medidas similares casi ininterrumpidamente. Anastasio condenaría a muerte a los maniqueos. Del mismo parecer fueron Justiniano, Valentiniano y Carlo Magno. En el año 1023 trece eclesiásticos de Orleans, convictos de maniqueísmo, fueron degradados,

---

31. Tomás Barutta, *La Inquisición. Esclarecimiento y cotejo* (Rosario, Argentina: Apis, 1958), p. 72.
32. Turberville, *La Inquisición Española* (México: Fondo de cultura económica, 1954).

excomulgados y quemados vivos por mandato del rey Roberto y con el consentimiento de todo el pueblo. En 1052, Enrique III ordenó ahorcar a un grupo de cátaros, al igual que Enrique II de Inglaterra enviando a la muerte a varias decenas de herejes. El conde de Flandes condenó a la hoguera en 1183 a gran número de herejes, lo mismo que Guillermo de Reims algunos años después. Se agrega a esta lista a Pedro II de Aragón, al conde Ramón V de Tolsa, a Luis VIII de Francia y a Federico II de Alemania, entre los más notables.[33] Cabe destacar que las Partidas castigaba el delito de herejía con pena de muerte (7.26.2 y 7.24.7) y la blasfemia con azotes, marca y mutilación (7.28. 2 a 5). Las siete Partidas era un cuerpo normativo compuesto por Alfonso X, «el Sabio», entre 1256 y 1265, una obra considerada como el legado más importante de España a la historia del derecho.

La herejía no fue ciertamente un «invento» del medioevo ni, como se ha dicho, de los cristianos. Ya se ha mencionado de qué forma los judíos procuraban su extinción, al igual que sus hermanos semitas musulmanes.

Por su parte, la iglesia había sufrido desde sus años fundacionales herejías perversas como las de Arrio. El apóstol Pablo, converso precisamente, había alertado explícitamente sobre este grave peligro: «Por tanto, mirad por vosotros, y por todo el rebaño en que el Espíritu Santo os ha puesto por obispos, para apacentar la iglesia del Señor [...] yo sé que después de mi partida entrarán en medio de vosotros lobos rapaces, que no perdonarán al rebaño. Y

---

33. Estos son los casos más comúnmente mencionados por los distintos historiadores. Para consultar sobre otros casos revisar la excelsa obra de Martin Bouquet (*Rec. de los historiadores de las Galias*, XI, pp. 20 y ss.), donde cita a los cronistas Raoul Glaber, Haganon de Chartres y Adhemar de Chabannes, entre otros.

de vosotros mismos se levantarán hombres que hablen cosas perversas para arrastrar tras sí a los discípulos. Por tanto, velad» (Hechos 20:28-31). En Apocalipsis, el Señor alaba a los pastores vigilantes y firmes en la represión de los herejes (Apocalipsis 2:2, 6), y reprocha a quienes la descuidan (Apocalipsis 2:14-15, 20). Y así los obispos fueron vigilando y corrigiendo, instruyendo y denunciando, recurriendo como último recurso a la excomunión, o sea, a la expulsión del obstinado de la comunidad de Cristo. Si bien, aunque previo a la herejía catara-albigense la iglesia no había sufrido embates de semejante envergadura —salvo, tal vez, el de Mahoma–, las herejías se irán haciendo cada vez más peligrosas, y a su vez, los herejes más violentos. Por esta razón, siempre como último recurso, se irá incrementando gradualmente el rigor sobre estos revolucionarios de la fe y el estado.

Entre los hombres más encumbrados de la iglesia existen santos como León Magno, que era de la opinión de usar el rigor con el auxilio de los príncipes cuando los remedios espirituales no alcanzaran para corregir a los herejes. Lo mismo pensaban San Hilario, San Ambrosio, San Gregorio Magno y San Jerónimo; este último en relación a los origenistas. El mismo obispo de Hipona, San Agustín, resuelto partidario de los métodos de tolerancia, comprendería después, ante el peligro manifiesto de los maniqueos —secta herética a la que él mismo había pertenecido en el pasado—, que en ocasiones tales medios no bastaban. Así concibió a la herejía como un ataque a la sociedad cristiana, a quien le era lícito defenderse. Deseaba que se hiciera con moderación, comenta el jesuita A. Sáenz, «pero admitía que se empleasen las penas físicas, incluida la pena de muerte, en caso de evidente y grave peligro social».³⁴ «Ellos (los herejes) —concluye San Agustín— matan las almas de los hombres, mientras las autoridades solo torturan sus cuerpos; ellos causan la muerte eterna, y se quejan después cuando las autoridades les hacen sufrir la muerte temporal».³⁵

Santo Tomás, en su *Suma Teológica*, compara al hereje con un falsificador de monedas, que supone aún más dañino, pues mientras el falsificador corrompe la moneda necesaria para la vida temporal, el hereje corrompe la fe, indispensable para la vida del alma. De esta lícita persecución y castigo al hereje que corrompe la sociedad, dice el Aquinate:

> Todo poder correctivo y sancionario proviene de Dios, quien lo delega a la sociedad de hombres; por lo cual el poder público está facultado como representante divino, para imponer toda clase de sanciones jurídicas debidamente instituidas con el objeto de defender la salud de la sociedad. De la misma manera que es conveniente y lícito amputar un miembro putrefacto para salvar la salud del resto del cuerpo, de la misma manera lo es también eliminar al criminal pervertido mediante la pena de muerte para salvar al resto de la sociedad.³⁶

Santo Tomás traza una justa y prudente diferenciación entre el carácter que puede adquirir una persecución, siendo en algunos casos no solo lícita, sino una obligación tanto para los estados como para la iglesia en casos extremos, como por ejemplo, el mencionado

---

34. Sáenz, *La Caballería* (Buenos Aires: Gladius, 1982), p. 52.
35. E. Vacandard, *The Inquisition. A Critical and Historical Study of the Coercitive Power of the Church*, Nueva York, 1940, p. 15.
36. *Suma Teológica*, parte II, cap. 2, p. 64.

de los cátaros. En términos similares se había referido San Agustín en el siglo V con respecto a los donatistas: «Hay una persecución injusta», decía el de Hipona, «la que los impíos llevan a cabo contra la Iglesia de Cristo; y una persecución justa que realiza la Iglesia de Cristo contra los impíos [...] La Iglesia persigue por amor, los impíos por crueldad».[37] Por cierto que no han sido solo los santos y obispos quienes entendieron la necesidad imperiosa de reprimir la herejía con rigor gradual, sino todos los pontífices, sin excepción. No es otro que Inocencio III quien, confirmando el juicio de sus antecesores, en plena guerra contra los albigenses dirá: «Emplead contra los herejes la espada espiritual de excomunión, y si esto resulta inútil, emplead contra ellos la espada de hierro».[38] Sin embargo, hay que aclarar que el rigor estaba reservado solo para los herejes más peligrosos, aquellos que se levantaban en armas, asesinando vilmente a todos los que se rehusaban a adherirse a sus perniciosas doctrinas, como el piadoso Castelnau, asesinado por herejes al servicio del conde Raimundo al haber sido excomulgado.

Resulta de particular importancia tener presente la existencia de una persecución lícita para comprender gran parte de la historia. Permítase una breve aclaración sobre un asunto bastante confuso, especialmente para algunos católicos: el de «la otra mejilla». El cardenal Biffi explica: «Si recibo un golpe en la mejilla derecha, la perfección evangélica me propone ofrecer la izquierda. Pero si se atenta contra la verdad, la misma perfección evangélica me obliga a consagrarme para restablecerla: porque allá donde se extingue el

---

37. En Alfredo Sáenz, ob. cit.
38. E. Vacandard, ob. cit., pp. 43-44. A Inocencio III se le debe la invención del título del papa: «Vicario de Jesucristo sobre la tierra».

respeto a la verdad, empieza a cerrarse para el hombre cualquier camino de salvación».[39]

El pueblo detestaba a los herejes

Otro de los tantos frentes abiertos por los enemigos del tribunal ha sido el referente a «la Inquisición y el pueblo». Esto significaría que el pueblo se resistió al establecimiento del Tribunal. Nada más lejos de esto. La prueba más clara de la inverosimilitud de tal tesis la proporcionan algunos enemigos de la Inquisición, entre ellos el protestante Tícknor: «La Inquisición, considerada como instrumento principal para arrojar fuera de España las doctrinas del protestantismo, hubiera sido ineficaz, a no haberla auxiliado poderosamente el gobierno y el pueblo; porque en cuestiones como esta los españoles habían sido siempre de un mismo modo de pensar. Era tal y tan inveterado el odio que siempre profesaron a los enemigos de su fe, tal el encarnizamiento con que pelearon durante siglos, que el altivo recuerdo de su gloriosa lucha vino a constituir con el tiempo el principal elemento de su existencia nacional, y que cuando, por la total expulsión de los judíos y la completa sumisión de los moros, no quedó en la península otro enemigo que humillar y vencer, los españoles se aplicaron con el mismo celo y fervor a purificar el suelo patrio y lavar las manchas que dejaron la infidelidad y la herejía». Y agrega que «la masa de los españoles se prestó a ello sin resistencia».[40]

---

39. Cardenal Biffi, ob. cit. capítulo I.
40. Alude a moriscos y judaizantes, contra los cuales principalmente se enderezó el Santo Oficio en su primera etapa. M. George Tícknor en su *Historia de la literatura española* (traducida por don Pascual de Gayangos y don Enrique de Vedia, Madrid, 1851-1856), comenta: «La Inquisición era, contrariamente a lo que hoy se cree, una institución popular [...] La sensación de "estar en buenas manos", de que el rey por un lado, y la iglesia por otro, velaban por ellos, era común entre el pueblo de la época y, en consecuencia, las restricciones se consideraban necesarias». Cit. en Fernando Díaz-Plaja, *Otra historia de España*, Plaza & Janés, 1972.

Un filósofo insospechado como Don Miguel de Unamuno escribe en su erudito estudio lo siguiente: «No vayamos a suponer que la Inquisición fuera algo externo a nuestro espíritu colectivo y a él impuesto; no. La Inquisición brotó de las entrañas mismas del alma española, y los místicos mismos, que más tuvieron que sufrir sus suspicacias, no dejaron de ser más o menos inquisitoriales, como buenos españoles, en el fondo de su ser. Eran inquisitoriales por su horror a la herejía, y lo eran por su culto al dolor, a la sabrosa pena [...] Su piedad innegable era una piedad algo dura. Santa Teresa quería que sus hermanas fuesen varones fuertes, que espantaran a los hombres. Su caridad era ante todo horror al pecado: la vida no vale, lo que vale es la salud eterna. Los milagros de dar salud al enfermo, vista al ciego y semejantes, "cuanto al provecho temporal" —dice Santa Teresa— "ningún gozo del alma merecen, porque excluido el segundo provecho (el espiritual), poco o nada importan al hombre, pues de suyo no son medio para unir al alma con Dios"».[41]

Sumemos a estas las opiniones de prestigiosos historiadores como Pinta Llorente, que escribe: «El pueblo hispánico encuentra en la Inquisición la defensa más tenaz de su Espíritu».[42] Thomas Walsh agrega: «Indudablemente, la opinión pública aprobaba la Inquisición. Los cronistas de la época la tenían como cosa natural, dándole poca importancia y dedicándole pocas páginas».[43] Así se verán infinidad de testimonios de Bernáldez, Zurita, Pulgar y Talavera, dando fe de lo mismo.

---

41. *La mística española, Antología Universal Ilustrada*, tomo octavo.
42. Miguel de la Pinta Llorente, *En torno a la inquisición aragonesa*. Cfr. revistas.cepc.es/revistas. aspx?IDR=3.
43. Thomas Walsh, *Personajes de la Inquisición* (Madrid: Espasa-Calpe, 1940), p. 99

Como lo he mencionado anteriormente, no suele insistirse lo suficiente en el hecho de que será el mismo pueblo, muchas veces, el principal y más implacable perseguidor de los herejes —llegando a generar verdaderas matanzas— por sentir que tanto el poder secular como el eclesiástico no procedían con rigor suficiente. El pueblo veía en el hereje un ser maldito y diabólico, un perturbador social, y lo que era más grave: de la religión. Este hecho se pone de manifiesto en acciones como la de los linchamientos masivos de cátaros por turbas enardecidas en los siglos XI y XII.[44] Otro caso conocido se dio en el año 1114, cuando el obispo de Soissons encarceló a varios herejes en su ciudad episcopal. Pero mientras que él fue a Beauvais para pedir el consejo de los obispos que allí sostenían una asamblea, la «gente de creencia, temiendo que los eclesiásticos les favorecieran a los herejes como de costumbre, asaltaron la prisión, tomaron a los acusados fuera de la ciudad, y los quemaron».[45] Si había algo que el pueblo detestaba era la siempre tardía actuación del clero en estos asuntos (*clericalem verens mollitiem*). Cuenta Guibert de Nogent: «En el año 1144, Adalerbo II de Liège esperaba tener a algunos cátaros encarcelados para mejorar el conocimiento por la gracia de Dios, pero el pueblo, menos indulgente, invadió las celdas y tomó a los herejes. Muchos de ellos fueron salvados de ser quemados gracias a la pronta y enérgica reacción del obispo. Algo similar ocurrió, casi al mismo tiempo, en Colonia. Mientras el arzobispo y los sacerdotes intentaban conducir a los equivocados nuevamente dentro de la iglesia, habiéndolos perdonado [...] fueron tomados violentamente

---

44. En el año 1022, cuando se descubrió un foco de maniqueos en Orleans. De no haber sido por los cuidados de los obispos y el rey de Francia, el pueblo hubiera logrado linchar a los herejes.
45. Walsh, ob. cit., p. 99.

por la multitud (*a populis nimio zelo abreptis*), de la custodia del clero, y quemados en la pira».[46]

Lo mismo sucederá con relativa frecuencia en otras regiones con los sangrientos movimientos anticonversos —el más importante en 1449— y antijudíos, siendo el más recordado el de Sevilla de 1391. La unánime reprobación popular hacia los herejes obstinados se evidencia claramente en los Autos de Fe y en las persecuciones originadas contra los asesinos del Santo Inquisidor Pedro de Arbués, en las que de no haber mediado los reyes y algunos clérigos, amenazando con el máximo rigor a quien lastimara a conversos y judíos, un mar de sangre hubiera corrido por toda España. Se puede afirmar, juntamente con Escandell Bonet, que la Inquisición aparece, en primer lugar, «como una simple manifestación social de un fenómeno sociológico».[47]

No sería justo dejar al lector con una impresión equivocada sobre aquel pueblo español y los de otras naciones cristianas. Es falsa aquella imagen que presenta a un pueblo sediento de sangre. Hay que distinguir oportunamente, como hacía notar el sacerdote Castellani, entre el pueblo verdaderamente cristiano y aquella facción «poco cristiana» del pueblo, siendo esta última, en definitiva, la responsable de los pogromos. Ya que esta era una sociedad cristocéntrica, se puede decir que el pueblo, muy especialmente el español, era dócil al perdón con aquel que reconocía y abjuraba de sus faltas. Si había algo que el pueblo no toleraba, que aborrecía, era no solo la

---

46. Citado en *Enciclopedia Católica*, 1905; versión digital http://ec.aciprensa.com/i/inquisicion.htm. La obra, con 15 volúmenes y más de 12.000 artículos, sigue siendo la enciclopedia más extensa y completa del catolicismo. También citado por Alec Mellor (que da a su vez otros ejemplos) en *La Tortura*, Editorial Sophos, Buenos Aires, 1960, p. 86.
47. Escandell Bonet, *Historia de la Inquisición en España y América*, p. 224.

obstinación en el error, sino la voluntad de pretender arrastrar tras de sí a otros. Resulta oportuno citar a este respecto un caso que trae el gran dominico argentino Tomás Barutta. Este caso del siglo XV trata de la condena capital a Gil de Retz, un noble bretón, mariscal de Francia y lugarteniente de Juana de Arco, que había devenido en hechicero y pervertido sexual, sobre quien recaía la acusación de haber perpetrado más de doscientos asesinatos, especialmente de niños. Condenado a la hoguera por la Inquisición, antes de ser ejecutado, se dirigió al pueblo abjurando sentidamente de sus crímenes. Pidiéndoles perdón, rogó que hicieran oraciones por su alma. Entre el pueblo presente se encontraban, naturalmente, los padres de sus víctimas, quienes aprobando la condena, sin embargo, desfilaron piadosamente por las calles cantando y rezando sinceramente por el alma del asesino de sus hijos. Esto ocurrió en Nantes el 26 de octubre de 1440.[48]

Luego, y por último, se debe resaltar el hecho, bastante acallado, de que eran los mismos conversos judíos —entiéndase, los sinceros— quienes detestaban más profundamente a los herejes judaizantes. Resulta fundamental tener esto presente desde este preciso instante.

¿Tolerar la herejía?

Tolerar la herejía suponía a los príncipes consentir una pronta guerra o revuelta civil o religiosa, que significaba lo mismo que consentir la anarquía y la futura destrucción del reino. Esto mismo

---

48. Citado en Tomás Barutta, *La Inquisición. Esclarecimiento y cotejo*, p. 129. Otro episodio semejante sucedió en España en 1559 con el bachiller Herreruelos. Ver en Thomas Walsh, *Personajes de la Inquisición*, p. 255; y Hofmann Nickerson, *The Inquisition* (Londres: John Bale and sons, 1923), p. 213.

advirtió con mucha razón Eymeric desde su *Manual del Inquisidor*: «Cualquier pueblo, cualquier nación que permita en su seno el brote de la herejía, la cultive y no la extirpe a tiempo, se pervierte, se aboca a la subversión y hasta puede desaparecer».[49]

En numerosos ensayos contemporáneos hay una frecuente tendencia a disculpar la herejía —llegando incluso a resultarles simpática— relativizando su peligro, omitiendo su verdadera intención y las consecuencias que se hubieran generado si prosperaba. De esto mismo se lamentaba amargamente, a mediados del siglo XIX, monseñor de la Boullerie, obispo de Carcassonne: «Las verdades se han empequeñecido de tal forma en nuestro siglo que es hoy una convención tácita y como una moda el dar en todas las cosas razón a la herejía contra la iglesia. Revistas, novelas, folletines, obras de teatro, por todas partes la herejía es objeto de las simpatías más ardientes y de los más inagotables elogios. Todo el éxito de cierta crítica consiste en criticar a la iglesia. En sus novelas, la herejía se atribuye el monopolio de los sentimientos más elevados y de las más elevadas virtudes; en el escenario, la herejía desempeña invariablemente los más bellos papeles».[50] Sale de boca de un enemigo de España y la iglesia, el antes citado Pablo Sabatier, la siguiente advertencia: «Es menester que las persecuciones soportadas por los herejes no lleguen a hacérnoslos tan interesantes que acaben turbando nuestro juicio».[51] Charles Lea, de la misma opinión, aconseja que la herejía «no nos sea más simpática que los daños causados y su finalidad»,[52] reconociendo seguidamente la oportuna y eficaz represión que ejecutaran

---

49. Gerard Dufour, *La Inquisición en España* (Madrid: Cambio 16, 1992), p. 7.
50. La cita de monseñor de la Boullier la hemos tomado del libro ya citado de Alfredo Sáenz, *La nave y las tempestades* (Buenos Aires: Gladius,1997), t. IV, pp. 231-232.
51. Pablo Sabatier, cita tomada de Alfredo Sáenz, ob. cit., pp. 231-232.
52. Charles Lea, cita tomada de C. R. Iturralde, *La inquisición, un tribunal de misericordia*.

tanto los príncipes como el papa sobre la herejía cátara mediante la Inquisición medieval.

Atinada la observación de De Maistre cuando dice: «Si una institución debe juzgarse no solo por sus errores, sino por las vidas que salvó y muertes que previno, entonces el veredicto de la historia es favorable a la Inquisición».[53] El gran hispanista alemán Ludwig Pfandl es de la misma opinión.

Por todo esto y más, no puede considerarse al hereje simplemente un individuo portador de ideas o una religión diferente al resto —la libertad de cultos siempre fue garantizada y respetada— sino parte de una sociedad de carácter secreto organizada, que aspiraba a subvertir y dominar toda la sociedad a cualquier costo. De esta manera se constituía en un estado dentro del estado. Por tanto, pretender justificar o disculpar a quien se sabía y ostentaba su condición de hereje supone lo mismo que guardar en la actualidad simpatía por el violador de mujeres y niños, el ladrón o el traidor, antes que por la policía, la ley y el estado. Como bien señala Alec Mellor, la idea de una posible coexistencia entre fieles y herejes en el marco de la sociedad laica era inadmisible, «los hombres de la Edad Media se hubiesen asombrado si les hubiera sido dado prever un mundo en el que los jefes de la Iglesia y los ministros herejes pudieran aparecer juntos públicamente en ocasión de ceremonias temporales o de manifestaciones de caridad».[54]

El gran filósofo argentino Alberto Buela, desarrollando la idea de la tolerancia como virtud o ideología, distingue oportunamente entre la noción clásica de la tolerancia y la idea de la escuela liberal sobre ella (que es la imperante). En la primera, la clásica, ya vemos en Platón en su obra *La República* una clara distinción entre los

---

53. De Maistre, cita tomada de Iturralde, ob. cit., p. 76.
54. Alec Mellor, cita tomada de Iturralde, ob. cit., p. 79.

dos tipos de enemistad: la guerra (*polemos*) y la discordia (*stasis*) y los dos tipos de enemigos que encarnan: los externos o *barbarous* y los internos o *ekzraus*. Con estos últimos «no se arrasarán sus campos ni se incendiarán sus viviendas, con los "bárbaros", la lucha es a muerte, ya sea esclavizándolos, ya aniquilándolos».[55] Los romanos también distinguían al enemigo en dos categorías: al enemigo interno, el más peligroso para la sociedad, lo denominaban *inimicus*, y al externo, *hostis*. La cristiandad lo entendió de la misma manera, mal que pese a los filósofos o seudoteólogos liberales «dentro» de ella. Así lo hace notar claramente Buela, trayendo como ejemplo las palabras del apóstol Lucas cuando dice «amad a vuestros enemigos» (Lucas 6:27). De este modo, prosigue el filósofo, «el enemigo interno está limitado en el Evangelio al enemigo privado que es el que nos odia y con quien tenemos discordias, y al que estamos obligados a perdonar, en tanto que el enemigo externo (*hostis*) es el que nos opugna, el que nos ofrece lucha, y a ese debemos combatir en guerra».[56]

Si esa «tolerancia», que tantos escritores del siglo XXI reclaman al siglo XVI, hubiese existido, no hubiera sido la tolerancia la que se habría impuesto, sino, paradójicamente, ¡la misma intolerancia! A este respecto se refiere un clérigo español residente de Flandes, testigo de la brutal rebelión de los flamencos contra su señor natural: «Nunca una república ha sido bien gobernada o pacificada donde prevalece la división y la diversidad de fe, ni puede serlo. La razón de ello es que [...] cada uno considera que su propio dios es el único dios verdadero [...] y que los demás están ciegos y alucinados [...] y donde existe ese rencor y ese fuego interior no puede haber buena

---

55. Platón, *La República*, 470 b, 4.
56. Alberto Buela, *Pensamiento de ruptura* (Buenos Aires: Theoría, 2008), p. 45.

confraternidad ni paz duradera».⁵⁷ El santanderino Menéndez Pelayo, con su habitual franqueza y pareciendo responder a los historiadores de nuestro siglo, señala: «La llamada tolerancia es virtud fácil; digámoslo más claro: es enfermedad de épocas de escepticismo o de fe nula. El que nada cree, ni espera en nada, ni se afana y acongoja por la salvación o perdición de las almas, fácilmente puede ser tolerante. Pero tal mansedumbre de carácter no depende sino de una debilidad o eunuquismo de entendimiento».⁵⁸

El acierto de los reyes en impedir que la herejía se propagara por sus reinos ha sido francamente indiscutible. Con mucha razón habla el historiador español Sánchez Albornoz cuando apunta que: «No hemos tenido guerras religiosas en el siglo XVI; las hemos tenido en el siglo XX».⁵⁹

---

57. Pedro Cornejo, *Compendio y breve relación de la liga y confederación francesa*, Bruselas, 1591. Citado en J. H. Elliot, *La Europa dividida: 1559-1598* (Madrid: Ed. Siglo XXI, 1973), y en Jaime Contreras, *Las coyunturas políticas e inquisitoriales de la etapa*, p. 702 (compilado en *HIEA*).
58. Menéndez Pelayo, ob. cit., Epílogo, t. V, p. 443.
59. Claudio Sánchez Albornoz, *España un enigma histórico* (Barcelona, Ed. Hispano América, 1973), t. II, p. 563.

Capítulo VIII

El cristianismo y la inquisición

«Fue un tribunal de misericordia tanto como de justicia: el único de los tribunales humanos en que el inculpado era absuelto con solo decir: "Me retracto"».

—C. Gibier

8.1 Introducción

Si hiciéramos el ejercicio de preguntarles a diez personas en la calle o en los claustros universitarios qué fue la Inquisición, lo más posible es que las diez respondan algo como lo siguiente: «La Inquisición fue una institución criminal del cristianismo, que ejecutó y torturó a millones de personas por pensar distinto». Si los entrevistados fuesen cristianos, la respuesta sería más contundente aún, porque sabemos que, lamentablemente, no existe nadie más ignorante de su propia historia que un cristiano. Y bien, según la fábula dominante, al parecer los sacerdotes, reyes y pontífices no tenían nada mejor que hacer que asar personas cual brochetas en imponentes piras. Lo cierto es que uno nunca termina de sorprenderse de las sandeces que día a día aparecen sobre la historia del cristianismo.

Es importante señalar desde este instante que la Inquisición comprende a todos los cristianos (no solo a los católicos, como erróneamente algunos creen o quieren creer), puesto que, amén de los históricos tribunales religiosos/episcopales, tuvo su primera experiencia en el siglo XIII (es decir, antes de la Reforma, donde parte de los cristianos se separaron de Roma). De manera tal que mancillar el nombre de la Inquisición es mancillar la historia de todos los cristianos, independientemente de su denominación.

—⁂—

La Inquisición es un tribunal conocido más por lo que de este se ha dicho que por lo que ha sido en realidad. Así, todos parecen «saber» que la Inquisición fue algo execrable, reprobable, negativo, pero si alguien les preguntara: ¿por qué?, ¿qué fue?, ¿cuándo fue?, se encontrarían probablemente en un grave aprieto. Otros, aquellos que creen poder responder a estos interrogantes, cuando lo hacen, lo hacen mal, no necesariamente por una calculada malevolencia, sino por haber obtenido sus conocimientos en libros más populares que apropiados. Y se debe entender por «apropiado» aquello concebido bajo la clara luz del estricto rigor científico y el aire desapasionado. Finalmente, estos ensayos se han ocupado más de ofrecerle al lector una visión liviana, entretenida y placentera de los hechos —no exenta de cierto morbo— que en hacer propiamente verdadera historia.

Generalmente, cuando se habla de «Inquisición» se suele focalizar en la institución de origen español creada en 1478 por Sixto IV a instancias de los reyes católicos y abolida definitivamente en 1830.[60] No

---

60. La Inquisición contaba con un antecedente exitoso en Languedoc, Francia, en el siglo XIII, combatiendo y detectando la devastadora herejía cátara y a sus violentos heresiarcas, que amenazaban con destruir la humanidad con su dualismo gnosticista, el cual consideraba diabólico el cuerpo físico del hombre y todo lo material, prohibiendo la procreación de la especie y favoreciendo las relaciones homosexuales entre otros disparates. Lo más peligroso de estos criminales, quienes asesinaban a todo disidente, era que exteriormente pasaban como cristianos, de modo que resultaba muy difícil detectarlos. La Inquisición medieval, con sus expertos, pronto refutó públicamente esta perversa herejía, detectó a los herejes sumidos en la clandestinidad y puso en conocimiento de las autoridades seculares la identidad de estos.

obstante, cuando se señala esto, suele omitirse, generalmente adrede, que absolutamente todas las religiones tuvieron —y tienen— instituciones como la Inquisición. De hecho, la modalidad inquisitorial dentro del cristianismo se produce por la influencia de judíos convertidos al cristianismo, que celosos de su nueva fe promovieron dentro de la iglesia la instauración de un organismo rector y supervisor de la ortodoxia de la fe, como lo tuvieron históricamente —y tienen— los judíos. Pero más allá de quienes emplearon este tipo de instituciones, respondamos brevemente: ¿qué era la Inquisición? Un tribunal de fe. Ahora bien, ¿qué es un tribunal de fe? Es el órgano que cuida de la ortodoxia de la religión y la doctrina. Así de sencillo. De manera tal que no tuvo nada de extraordinario su instauración, puesto que, como recién dijéramos, todas las religiones contaron con tribunales similares, condenando y persiguiendo duramente la herejía.

«Ah, la herejía, aquella superstición cristiana», espetará el que no comprende que a la historia hay que leerla en contexto. Algo hemos ya referido en este sentido. Actualmente, la palabra «herejía» no escandaliza a nadie, pero en aquellos tiempos cometer una herejía era el peor crimen que una persona podía perpetrar, cuyas consecuencias repercutían gravemente en el tejido social. Digamos por lo pronto que no solo las religiones, sino todas las grandes civilizaciones, imperios y naciones consideraron la herejía como un delito equiparable al de lesa majestad, es decir, como atentar contra el propio emperador, y por tanto castigada con la muerte. ¿Por qué? Porque atacar la fe no solo era un problema religioso y espiritual, sino que suponía atacar la columna vertebral y los principios sobre los cuales estaba erigida la nación, y de allí el especial cuidado con que históricamente las patrias e imperios salvaguardaron la enteraza de la religión.

El sensiblero de turno pretende victimizar a los herejes de antaño, cuando no presentarlos con simpáticos ribetes, cuando ellos eran en esencia no solo meros alborotadores sociales que hacían proselitismo del error, sino verdaderos criminales que llegaban a contar con grandes ejércitos, asesinando a cuanto disidente encontraran o a todo aquel que no quisiera sumarse a su empresa criminal. Si se toleraba esto, entonces la nación se desangraba en guerras fratricidas hasta desaparecer. Otrosí, en muchos casos, los herejes tejían alianzas con los enemigos de la nación para poder destruirla y conquistarla. La herejía, pues, no era cosa baladí en aquellos tiempos.

Hemos establecido ya que la herejía fue considerada de enorme gravedad en todas las grandes civilizaciones. No obstante, los modos en que cada una de ellas procedió en la erradicación de la herejía fueron muy distintos. En general, por norma, la mera sospecha de hereje era suficiente para que una persona fuera ejecutada, pues no existía propiamente un proceso para investigar la veracidad de tal grave acusación. Sin embargo, la Inquisición se caracterizó por su estricta aplicación de la ley, ofreciendo a los encausados una serie de garantías procesales jamás antes vistas, a fuerza de asegurar un procedimiento justo. «Inquisición» significa investigar, inquirir, y eso es justamente lo que hacía este tribunal: investigar luego de un minucioso proceso si la persona acusada era o no efectivamente hereje. Allí termina su actuación. Nada de rebuscadas torturas o ejecuciones a mansalva por parte de temibles inquisidores o religiosos, como suele repetirse sin motivos. Si luego de ese proceso legal el acusado era encontrado culpable, el individuo pasaba a la órbita del brazo secular, es decir, de las autoridades nacionales, quienes conforme a sus leyes ejecutaban el castigo pertinente (solo el estado poseía la facultad para aplicar tormentos o penas capitales). Conviene señalar asimismo que los tribunales inquisitoriales eran mucho menos rigurosos que los civiles, de manera tal que podríamos decir que la instauración de la Inquisición favoreció en gran medida a los herejes, que anteriormente podían ser ejecutados sin mayores miramientos bajo un proceso sumarísimo y con garantías procesales casi nulas.

De hecho, es sabido que los delincuentes comunes, al momento de ser apresados por las autoridades seculares, blasfemaban o cometían algún tipo de herejía para evitar así caer en los fueros seculares y ser procesados por las autoridades religiosas, ya que la blasfemia y la herejía eran naturalmente competencia del poder espiritual. Este dato —reconocido por propios y extraños— debería ser suficiente para desconfiar de la leyenda negra del Santo Oficio.

8.2 Procedimiento y garantías procesales de los acusados

Comencemos mencionando a grandes rasgos cómo era el proceso inquisitorial, pasando luego a abordar algunos lugares comunes sobre la Inquisición.

¿Cuándo comienza efectivamente el proceso? La forma más común para iniciar un proceso era mediante la denuncia o por oficio del inquisidor o la Suprema (suerte de órgano central y rector de la Inquisición que supervisaba sus tribunales distritales). Este último caso se daba cuando surgían rumores fundados de herejía con respecto a una determinada ciudad o persona.

En el inicio del procedimiento mediante denuncia, la persona se limitaba a poner en conocimiento de los inquisidores la existencia de unos delitos, aunque es importante tener en cuenta que las denuncias debían ser varias, graves, fundadas y provenientes de hombres de buena reputación que no tuvieran ninguna animadversión con el acusado ni interés particular en el proceso. No se aceptaban denuncias anónimas y el falso testimonio era severamente castigado. Las denuncias eran cuidadosamente revisadas por los inquisidores, quienes disponían investigaciones complementarias. La Enciclopedia Barsa dice al respecto: «A todo proceso de la Inquisición española debían precederle algunas denuncias muy convincentes». Así, Tomás de Torquemada ordena a los inquisidores que «deben mucho catar y examinar a los testigos; y procurar de saber qué personas son, y si depusieron con odio y malquerencia o cualquier otra mala corrupción».[61] Cualquier persona podía denunciar y podía hacerlo oralmente o por escrito ante la presencia del notario del Santo Oficio, con las alegaciones pertinentes y los nombres y apellidos de la parte denunciante. Una vez que el inquisidor recibía la denuncia, debía informarse de los motivos de esta y obtener del denunciante el juramento previo sobre los Santos Evangelios acerca de ser verdad lo contenido en tal denuncia. El inquisidor se encargaba —siempre en presencia del notario— de llevar a cabo un detallado interrogatorio relativo a las circunstancias del delito, ordenando luego, como hemos dicho, investigaciones complementarias. Redactada la denuncia por el secretario del tribunal, el denunciante debía firmar si estaba de acuerdo con su contenido. La función procesal del denunciante terminaba con la presentación de la denuncia, ya que, al no ser parte del proceso, este proseguía por el juez o el fiscal.

---

61. Torquemada, Artículo 14, Instrucciones de 1484.

Tanto el delator como los testigos se ratificaban *ad perpetuam* en sus propias declaraciones cuatro días después de haber declarado delante de dos personas llamadas honestas —que son por lo general dos eclesiásticos de probidad y ciencia— o, en su defecto, delante de dos vecinos «de los más pacíficos y honrados». Jean Dumont considera a esta como la primera garantía: «Antes de la comunicación al acusado, los testigos debían confirmar sus deposiciones ante personalidades independientes de todo sumario: sacerdotes que no pertenecían a la Inquisición, ante quienes podían desdecirse, manifestando sus dudas y posibles errores, en una especie de confesión libre».[62] Caso contrario, es decir, si las declaraciones de unos y otros fueran contradictorias, el proceso se suspendía inmediatamente dejando libre al acusado. Lo mismo sucedía si se encontraba alguna irregularidad en la documentación de las actas del proceso; medida dispuesta por la Ley de Derecho Canónico.[63]

A las veinticuatro horas, si las denuncias eran consideradas válidas, se le recibía declaración indagatoria en una o más audiencias que hubieren sido necesarias, en las que se le decía al reo la causa de su arresto, y se examinaba su patria, religión, creencia y profesión. Luego de estos interrogatorios preliminares el fiscal presentaba formalmente las pruebas, a fin de ser ratificadas. Los testigos

---

62. Esto mismo confirma el historiador eclesiástico Tomás Barutta en *La Inquisición. Esclarecimiento y cotejo*, p. 118. Estos hombres eran conocidos comúnmente como los *boni viri*, que eran invitados frecuentemente para este tipo de consultas. La Enciclopedia Católica dice de ellos: «Treinta, cincuenta, ochenta o más personas —laicos y sacerdotes; seculares y regulares— eran convocados, todos eran hombres altamente respetados e independientes, y habían sido juramentados solo para dar veredicto sobre los casos ante ellos según lo mejor de su conocimiento y creencia». Cit. en Enciclopedia Católica, 1905, edición digital, cfr. http://ec. aciprensa.com/i/inquisicion.htm.
63. En Beinart Haim, *Records of the Trials of the Spanish Inquisition in Ciudad Real*, 4 vols., Israel National Academy of Sciences and Humanities, Jerusalem 1974-1985, t. I, p. 74 y ss.

eran interrogados por un inquisidor o escribano ante dos frailes, teniendo que ratificar sus declaraciones y denuncia, con el objeto de comprobar que no hubiera habido falsedad o inexactitud en sus declaraciones.

Si esto sucedía, el testigo era depuesto e incluso el proceso suspendido (si de igual forma habían procedido los únicos testigos existentes en la causa). Si las declaraciones acusatorias parecían verosímiles, una vez aprobadas por los expertos, recién entonces el fiscal procedía a dar comienzo al proceso presentando al acusado el acta formal de su acusación y designando un letrado inmediatamente al imputado, permitiéndole a la vez, tachar a sus enemigos de la lista de testigos provista por la fiscalía.[64]

Al encarcelado —en caso de haber prisión preventiva— se le comunicaban detalladamente los cargos que pesaban contra él, como hace notar Jean Dumont. Una vez que el reo y su abogado recibían el contenido de la acusación hecha por el fiscal, se ordenaba la «sentencia a prueba», donde ambas partes tenían un plazo de tres a nueve días —dependiendo las necesidades del caso— para presentar sus pruebas (instancia a la que hace alusión el mismo Llorente). La sentencia a prueba contenía la fórmula «*salvo jure impertinentum et non admitendorum*», la cual ordenaba que la apertura a prueba no concedía derecho a introducir en el proceso argumentos o pruebas que no estuvieren directamente relacionadas con su objeto personal, y que el tribunal podía rechazar propuestas de pruebas inconducentes.[65]

---

64. Tomás Barutta, ob. cit., p. 26. Agrega Riesco, desde su brillante alocución en las Cortes de Cádiz de 1813: «Si no hubiera testigos honestos que dieran fe de tal denuncia, o mismo si la documentación del proceso no estuviera en orden, mandaba la Ley Canónica que el proceso quedara sin efecto». Consultar las distintas ediciones digitales disponibles sobre estas Cortes, sus pronunciamientos y debates.
65. Jean Dumont, *Proceso contradictorio a la Inquisición española* (Madrid: Encuentro, 2000), p. 104.

Juan Manuel Orti y Lara señala: «La acusación le es leída una y más veces para que se entere bien de los cargos y pueda contestar a ellos. Luego que termina la respuesta del reo a la acusación fiscal, este la duplica o aumenta, y de sus escritos se da al preso una copia íntegra con inclusión de sus respuestas, para que conteste a ellas con parecer y dictamen del abogado, a quien libremente elige y encomienda su defensa. Se ocultaban los testigos, pero venían a conocimiento de ellos por la acusación y las circunstancias. Tenía, pues, expedita la facultad de repreguntar a los testigos, que para este fin se le demarcaban con números desde el primero hasta el último, la de tacharles directamente si sabía o presumía quienes eran, o la de hacer una tacha general de todos sus enemigos, la de probar coartada, la de desmentir a todos y cada uno de los testigos por otra prueba en contrario, que podía hacer de su buena conducta y sentimientos religiosos sobre la materia de acusación, hasta la de carearse con ellos por medio de una celosía. No solo hacía el tribunal toda la prueba pedida por el reo, sino en el caso de no pedirse ninguna, examinaba de oficio todas las personas que citaba aquel en sus declaraciones. En último término, preguntábanle si quería hacer más probanzas, o estaba satisfecho de las que habían sido hechas; y después de responder negativamente y alegar de bien probado, siempre bajo la dirección de su defensor, concluíase la causa para definitiva».[66]

El proceso se componía de una serie de audiencias, en las cuales tanto la acusación como la defensa hacían sus respectivas deposiciones, y una serie de interrogatorios realizados por los inquisidores en presencia de un notario. El proceso no tenía una duración predeterminada, dependiendo naturalmente de la evidencia recolectada

---

66. Orti y Lara, *La Inquisición*, p. 214.

y la complejidad y vaivenes propios del caso. Duraba, en general, algunas semanas o unos pocos meses; rara vez se extendía más de un año. Preocupado el Inquisidor General por la lentitud de muchos procesos, dispuso en Instrucciones de 1498 que «en el plazo de 10 días hágase la probanza. El retraso perjudica al reo, que pasa en la cárcel más tiempo del debido. Y se perjudica a los hijos de los difuntos que no pueden casarse ni disponer de sus bienes». No obstante, cabe aclarar que no pocas veces la lentitud de los procesos se debía justamente al estricto acatamiento de las normativas que mandaban respetar todas las garantías procesales del reo. Los testigos de descargo, por ejemplo, muchas veces residían en zonas muy alejadas. En estos casos, comenta Bernardino Llorca, o bien debía ir de oficio algún funcionario encargado de la Inquisición para interrogarlos o bien debían ser citados por el tribunal, todo lo cual exigía mucho tiempo. A esto se añadían las largas defensas y los memoriales presentados por el reo y su abogado, siempre admitidos, pero que hacían prolongar notablemente el proceso.[67] Una vez concluido el intercambio, el caso se daba por terminado y se aguardaba la resolución del Consejo de Fe; que debía evaluar el tenor de la sentencia. Toda sentencia definitiva debía ser revisada y aprobada por el Consejo Supremo y por el inquisidor general; caso contrario, la sentencia carecía de fuerza legal. El inquisidor general, antes de dar su aprobación, debía consultar a varios abogados ajenos a la Inquisición.

---

67. Bernardino Llorca, «Bulario de la Inquisición española». *Estudios Eclesiásticos. Revista de investigación e información teológica y canónica* 21, no. 82 (julio 1, 1947), p. 55-56. Consultado 7 de marzo de 2025. Cfr. https://revistas.comillas.edu/index.php/estudioseclesiasticos/article/view/21167.

Esta parte final del proceso reviste particular interés, no solo por el hecho de la resolución del caso en sí, sino por la voluntad del Tribunal de brindar al acusado el mayor grado de justicia posible. Para evaluar la sentencia se conformaba un «Tribunal de fe», comprendido por inquisidores, un representante del obispo y los consultores, que eran hombres de probada buena conducta y caridad, graduados en el campo de la teología o las leyes, como reconocen, entre otros, Henry Kamen y A. S. Turberville.[68]

Previo al veredicto, durante la consulta de fe, las juntas de asesores eran muy numerosas, especialmente en los casos más complejos y en aquellos que podían acarrear al reo la pena de la relajación al brazo secular (esto es, la pena de muerte). Se evaluaba lo siguiente: «si las incongruencias del acusado se debían a una suerte de estupidez o flaqueza de memoria; si la confesión admitía culpa, pero no intención herética, si la del acusado era tan solo una confesión parcial, o si la evidencia presente era inconclusa».[69] Naturalmente, previo a la votación, se ponía al corriente a todos los miembros que componían el Consejo de la consulta de fe sobre los pormenores del proceso, por si alguno no hubiera estado presente en el mismo, conociendo solo las generalidades del caso. El inquisidor Valdés en su instrucción número 40 de 1561 manda que los ordinarios y los inquisidores hagan saber a los consultores «todo el proceso, sin que falte cosa substancial de él». Una vez que el inquisidor mayor expone el caso, el fiscal debe abandonar la sala de audiencia y se procede a las votaciones en el siguiente

---

68. Ver A. S. Turberville, *La inquisición española*, p. 57, y Henry Kamen en *La Inquisición española. Una revisión histórica,* Editorial Crítica, 1951.
69. Luis de la Barreda Solórzano, *La lid contra la tortura*, Cal y Arena, México, 1995, p. 54. También lo menciona Nauhcatzin Tonatiuh Bravo Aguilar en *El Santo Oficio de la Inquisición en España. Una aproximación a la tortura y autoincriminación en su procedimiento*, p. 106.

orden: primero los consultores, después el ordinario y por último los inquisidores, desde el más moderno al más antiguo. Como señala Cavallero,[70] el voto de los inquisidores debe ser razonado y pronunciado ante los demás para que todos entiendan sus motivos y para que si tuvieran diferente parecer, se satisfagan los consultores de que los inquisidores se mueven conforme al Derecho y no por libre voluntad.[71] Luego del veredicto de la Suprema —o en su defecto de la «consulta de fe»—, fuese cual fuese, el acusado debía comparecer en un auto de fe. Solo si el parecer de estos tres grupos era unánime se procedía a dictar sentencia; o mismo si coincidían los inquisidores con el representante del obispo (o el obispo mismo), prevaleciendo frente a los consultores. Si existía divergencia, según las disposiciones de las Instrucciones de 1561, el voto decisivo debía darlo la Suprema.[72] Aunque aun si el veredicto era unánime, el reo siempre podía apelar la sentencia a este Consejo, e incluso en algunos casos a Roma.

Ante todo, es importante recalcar, como muestran los procesos, que los inquisidores nunca se aligeraban a condenar a un reo, aún si este se autoinculpara. Solo procedían si estaban enteramente seguros de que se había actuado de forma correcta, lo que demuestra claramente cuán alejado de la voluntad de los inquisidores estaba condenar al reo. Era tan sabida, *vox populi*, la rectitud del Santo Oficio, que como recién mencionáramos, hay numerosos casos de reos que se acusaban a sí mismos de gravísimos delitos a fin de ser trasladados a las cárceles de la Inquisición. Conocido fue el caso de un tal Sánchez,

---

70. Ricardo Juan Cavallero, *Justicia Inquisitorial* (Buenos Aires: Ariel Editorial, 2003), p. 153.
71. Instrucciones de Valdés de 1561, número 40.
72. Henry Kamen comenta que después del siglo XVIII todos los casos fueron elevados directamente al tribunal de la Suprema.

que había pedido a los inquisidores su traslado a las cárceles inquisitoriales, «porque había dejado la Ley de Dios para anhelar la ley de Lutero». Transcurrido un tiempo, gracias a la información aportada por varios compañeros suyos de la cárcel pública —entre los cuales se encontraba Claudio Carruxedey— el Santo Oficio se dio cuenta de la falsedad de sus acusaciones, debiendo reconocer entonces Sánchez que había dicho aquello para evitar el castigo de las galeras.[73]

El acusado tenía varios medios de defensa. Mencionemos brevemente algunos de los derechos y garantías procesales que se le dispensaban.

1. Derecho a un abogado. Ya en tiempos de la Inquisición medieval se permitía a los reos servirse de un abogado (en ocasiones de dos) como consta en las actas de los procesos y se ordena expresamente en las Instrucciones del inquisidor Eymeric.[74] Este derecho será confirmado luego por Tomás de Torquemada (Art. 4, Instrucciones de 1488) y por su sucesor Diego Deza (Instrucciones de 1500), entre cuyas varias disposiciones encontramos la obligación de conceder a los reos servirse en defensa propia de letrados[75] —abogados— y de procurador a su gusto, mandando a los inquisidores que «cuiden que estos sean hábiles y sin sospecha»; se entiende, a favor del acusado. En el artículo número 16 de las Instrucciones de 1484, Torquemada

---

73. Ricardo Juan Cavallero, *Justicia Inquisitorial* (Buenos Aires: Ariel Editorial, 2003), p. 157.
74. Las Instrucciones de Eymeric disponían que el abogado destinado al acusado debía ser «probo, no sospechoso, experto en derecho civil y canónico y fervoroso creyente» (cit. Eymeric, Nicolau, en Eymeric-Peña, ob. cit., p. 166). Aun cuando no se hubiere formulado por parte del reo tal petición (de solicitar defensor), las Instrucciones de Valdés de 1561 establecen que se le nombre «abogado o abogados de oficio que para esto estén diputados» (Disposición número 22). Jiménez Monteserín señala que los reos podían servirse muchas veces de dos abogados cada uno (cit. en *HIEA*, p. 184).
75. Turberville (en ob. cit., p. 56) señala que el acusado podía optar entre tres abogados provistos por el Tribunal.

dispone que se obligue al abogado defensor —antes de tomar parte en el proceso— a prestar juramento de que ayudaría fielmente al acusado «alegando sus legítimas defensiones y todo lo que de derecho diere lugar, según la cualidad de dicho delito». Aun, el reo tenía el derecho de recusar al abogado provisto por el Tribunal y pedir la designación de otro a su gusto.[76] Compárese con el estado de indefinición total con que contaban los reos de las regiones protestantes, como reconoce el mismo Cecil Roth: «Incluso en la ilustrada Inglaterra, solo desde 1836 las personas acusadas de felonía pueden valerse de la asistencia de un letrado, o ver copias de las declaraciones hechas contra ellas».[77] En Francia, en 1539, la ordenanza de Villers-Cotterets especificaba que «en asuntos criminales las partes de ninguna manera serán oídas por medio de un abogado o la mediación de un tercero».

2. Invocar y llamar a cuantos testigos en su favor considerara necesario (denominados comúnmente testigos de abono). Si estos se encontraran lejos del Tribunal, aun en el otro extremo de la península, el tribunal pagaba las costas del testigo para que pudiera declarar. En ocasiones les tomaba a los funcionarios de la Inquisición varios meses hallar a los testigos, aunque este no era impedimento para traerlos, como siempre lo hacían, procurando cumplir celosamente con los derechos del reo. «El acusado tenía derecho de presentar cuantos testigos de descargo creyera convenientes, teniendo el Santo Oficio obligación de oírlos, aun cuando debieran librarse exhortos a América. Los mismos parientes y criados del reo eran

---

76. Palacio Atard, ob. cit., pp. 37-38. Aunque los abogados procedían de oficio, los múltiples procesos demuestran, sin excepción, la solicitud e interés de tales abogados por sus patrocinados; recuérdese el caso ejemplar del doctor Navarro en el espinoso proceso de Bartolomé Carranza.
77. Cecil Roth, ob. cit., p. 80. John Tedeschi, en Ángel Alcalá y otros, Inquisición española y mentalidad inquisitorial. Ponencias del Simposio Internacional sobre la Inquisición, Nueva York, abril de 1983, Barcelona, Ariel, 1984, p. 194.

admitidos a testificar, si las preguntas solo podían ser probadas por sus declaraciones».[78]

3. El acusado podía solicitar, en cualquier momento del proceso, comunicarse o pedir audiencia con los inquisidores cuantas veces quisiera (Instrucciones de Valdés 1561, número 28). Esta disposición estaba orientada a facilitar y permitirle al reo confesar y de esa forma abreviar el proceso recibiendo a cambio penas leves.

4. Desarmar a los testigos hostiles mediante la mención de aquellos que guardaran alguna animadversión hacia su persona, sistema conocido usualmente como tacha de testigos. Por tanto, no eran admitidos como testigos en la causa los enemigos del reo, ni persona que no fuera proba y de buena reputación; como un borracho, loco, ladrón, etc. A este propósito el belga Thomas Werner trae a colación el caso de Borgoñón, a quien en la primera audiencia de su segundo proceso se le permitió tachar a dos de los tres delatores que contra él habían depuesto, aludiendo que eran borrachos.[79]

Una vez acusado formalmente, se le daba al reo una copia de la evidencia que había en su contra para que pudiera preparar su defensa. Si bien se suprimían en algunos casos los nombres de los testigos —y aquella información que fuera demasiado vinculante a un testigo en particular que permitiera al acusado tener una certera idea de quien era que lo acusaba— no incidía generalmente en la defensa del reo. Este sistema había sido dispuesto a fin de evitar que se repitiesen las represalias contra los testigos que declaraban, especialmente contra herejes poderosos. Cabe destacar que el sistema de Secreto de Testigos es aplicado actualmente en algunos países a fin de salvaguardar la

---

78. Presbítero N. Marín Negueruela, citado en Iturralde, *La inquisición, un tribunal de misericordia*, p. 283.
79. Charles Lea, *Historia de la Inquisición*, t. III, p. 68. Citado en Henry Kamen, ob. cit., p. 194.

integridad física del acusador. Henry Kamen cuenta el caso de Gaspar Torralba, que en 1531 proporcionó una lista de 152 personas que calificaba como «enemigos mortales» suyos, entre los cuales se encontraba la mayoría de los 35 testigos que contra él habían declarado, «y por lo tanto pudo escapar con una pena ligera».[80]

5. Presentar objeciones contra los jueces (recusación). Se aporta el caso de Carranza como ejemplo probatorio de esta garantía-recurso. Los reos, como reconoce Dumont, podían apelar incluso la sentencia o pedir revocatoria de un juez o inquisidor si se probara que había enemistad personal. El articulo número 52 de las Instrucciones de 1561 preceptúa al respecto: «Si alguno de los inquisidores fuere recusado por algún preso, si tuviere colega y estuviere presente, débese abstener del conocimiento de aquella causa y avisar al Consejo y proceda en ella su colega y si no le tuviere, avise asimismo al Consejo y, en tanto, no proceda en el negocio, hasta que vistas las causas de sospecha, el Consejo provea lo que convenga y lo mismo se hará cuando todos los inquisidores fueren recusados». Las causas aceptadas para comenzar un proceso de revocatoria eran, por lo general, la enemistad, la conspiración contra los reos, o cualquier otra que pudiera compararse a la enemistad, como es la envidia grave, de donde fácilmente nace dicha enemistad.[81]

6. Se podían alegar circunstancias atenuantes varias como embriaguez, locura, extrema juventud, etc.[82] y la «falta de intención herética», que siempre fue tomada en consideración, más que nada en faltas como la de la blasfemia. Kamen alude al caso de Pedro Ginesta, quien citó la edad y los fallos de su memoria como causa de

---

80. Thomas Werner, *Los protestantes y la Inquisición en España*, Leuven University Press, Bélgica, 2001, p. 25.
81. Eymeric Nicolau, *Directorium inquisitorum cum commentariis Francisci Pegnae*, Roma, 1587. Citado en Jean Dumont, ob. cit., p. 104.
82. Lo reconocen Henry Kamen (en ob. cit., p. 195) y Turberville (en ob. cit., p. 57).

que hubiera olvidado el ayuno y la abstinencia en la víspera de San Bartolomé. Gracias a esto fue puesto en libertad. La locura era una excusa muy común, pues era igualmente difícil comprobar que no la había y por lo tanto verificarla. La Inquisición, al menos, tomó bastantes precauciones y fue bastante lejos para establecer la verdad que pudiera haber en cualquier acto de locura aparente. Esto queda mejor ilustrado con la actitud inquisitorial hacia la brujería, que fue tratada como una forma de locura y muy benignamente castigada.[83] Véase por ejemplo el caso de Juan López detenido en 1589 en Toledo por palabras heréticas, quien alegó para su defensa que era de poco juicio. Su curador y los mismos inquisidores lo tuvieron por loco y fue llevado al Hospital del Nuncio.[84] Ya había establecido entre

---

83. Henry Kamen, ob. cit., p. 196.
84. Julio Sierra, Procesos en la Inquisición de Toledo, 1575-1610. Manuscrito de Halle (Trotta, Madrid, 2005), caso número 514. Véase también el caso de la rea Francisca Rodríguez, que enloqueció y fue trasladada al hospital de orates de Toledo (AHN, Inq., Leg. 2635, caja 1, exp. 10: «Relación de causas de abril de 1654, tribunal de Granada»), o el de Gerónimo Fernández, portugués judaizante procesado por el tribunal de Granada en 1653 y llevado a casa del padre de un familiar (AHN, Inq., Leg. 2635, exp. 3). En 1609, ante el tribunal de Granada, la locura a consecuencia de una enfermedad de perlesía contribuyó a eximir de culpa a Fray Mateo de la Puebla, de la orden de San Agustín, que había «tratado de amores» con sus «hijas de confesión» (AHN, Inq., Leg. 1953, caja 2, exp. 55, fols. 7v-8r). En el Diccionario de los Inquisidores publicado en Valencia en 1494 ya se distinguían varias situaciones según el momento en que sobrevenía la locura. Primero, si el reo enloquecía después del supuesto crimen, había que darle un curador, de lo que se deduce que los inquisidores consideraban que el proceso debía seguir su curso. Segundo, se establecía que una especie de locura llamada furor conllevaba la total ignorancia de quien profería palabras heréticas. Por consiguiente, no se le podía castigar, ya que, como subrayaba el canonista español, «su locura ya lo castiga bastante». La instrucción del Manual Eymeric-Peña a este respecto dice que «si bien no se puede ejecutar a un loco, tampoco se lo puede dejar impune». En Nicolau Eymeric, Francisco Peña, *Manual de los Inquisidores*, Ed. Luis Sala-Molins (trad. Luis Sala-Molins, Francisco Marín, de Directorium Inquisitorum, 1376, Muchnik, Barcelona, 1983), pp. 150-52. Sobre este tema recomendamos el trabajo de Hélène Tropé, *La Inquisición frente a la locura en la España de los siglos XVI y XVII* (I). Manifestaciones, tratamientos y hospitales (disponible online en formato pdf). Consultar también sus trabajos precedentes: Locura y sociedad en la Valencia de los siglos XV la XVII. Los locos del Hospital de los Inocentes (1409-1512) y del Hospital General (1512-1699) (Centre d'Estudis d'Història Local, Diputació de Valencia, Valencia, 1994), pp. 183-206; «Folie et Inquisition à Valence (1580-1699)», en Hommage à Pierre Vilar, Association Française des Catalanistes (Éditions Hispaniques/AFC, París, 1994), pp. 171-85.

otros el inquisidor Peña que no se podía ejecutar a un loco, lo cual constituye un hecho muy destacable y poco mencionado al tratar las actuaciones de los inquisidores. Por lo tanto, era bastante frecuente que muchos herejes alegaran locura para escapar de esa forma al proceso, obteniendo muchas veces la absolución.

7. Graves penas recaían sobre los inquisidores, denunciantes, letrados y demás funcionarios que no cumpliesen correctamente con su labor, siendo tanto más graves cuanto mayor el perjuicio al acusado. A los denunciantes a los que se comprobaba que habían provisto falso testimonio se les castigaba con severísimas penas. Se registran varios casos durante la Inquisición medieval donde el falso denunciante fue castigado con la pena que hubiera correspondido al acusado. Durante la Inquisición española no será esta una modalidad tan común, por no ser tan frecuente el falso testimonio como lo era en tiempos del tribunal pontificio. Citemos un caso en que de la denuncia de un hombre resultó la relajación al brazo secular de un acusado. Descubierto después que la denuncia había sido maliciosa, se procedió a aplicar la ley del Talión con el perjuro denunciante, lo que prueba que el Tribunal no temía admitir sus errores y dar su merecido a todo aquel que hubiera contribuido, directa o indirectamente, a la muerte de una persona inocente. La falsedad en los procesos de fe era la más abominable de las falsedades según el sentir del papa León X, por lo que mandaba a los inquisidores a castigar con mano dura a los perjuros que declaraban en falso u ocultaban la verdad, en especial si como consecuencia algún reo había perdido la vida o sufrido en su persona fama o hacienda. Las instrucciones de 1498 ordenan «que los inquisidores castiguen y den pena pública conforme a derecho a los testigos que fallaren falsos».[85]

---

85. Documentación archivada en el AHN (Compilación, fol. 310v, n. 8).

Les facultaba, incluso, para relajarlos al brazo secular sin que por ello incurrieran en irregularidad canónica. La severidad de la Suprema para con los inquisidores o funcionarios que incurrieran en negligencia o trato injusto con los acusados fue notable.[86]

8. Se juzga la intención y no tanto el hecho en sí; por tanto, quien fuera probado y/o confesado hereje, siempre podía argüir ignorancia, lo cual era suficiente para que el Tribunal lo perdonara de las penas más graves. En este sentido, conocido fue el caso de Francisco de Aguirre, gobernador de las provincias del Tucumán, probado hereje en 1568.[87]

9. Se podía apelar el auto de prisión y de tortura así como la sentencia. En 1483, a fin de evitar posibles arbitrariedades que se pudieran cometer en los procesos, el papa nombraba a Iñigo Manrique, juez de apelaciones. Esto significaba que cualquier procesado por la nueva inquisición que se sintiera perjudicado por la actuación de la institución podía recurrir a esta figura eclesiástica en vez de a Roma (instancia que alargaba los procesos debido a la distancia).[88] A su vez, una provisión de 1560 expedida por el inquisidor general Valdés ordenaba en términos generales «que se otorgue apelación a los reos en los casos que hubiere lugar de derecho». Una garantía en la que poco suelen detenerse —algunos «convenientemente», otros simplemente por desconocerla— es en el derecho del acusado a apelar la sentencia como también los autos de tormento, confiscaciones de bienes, prisión, etc. Existe registro de las apelaciones dirigidas al papa por conversos en tiempos de los inquisidores Morillo y San Martín: «El papa había

---

86. Lo confirma Henry Kamen (ob. cit., p. 183) y Turberville (ob. cit., p. 54).
87. Citado en Ricardo Cavallero, ob. cit., p. 155.
88. Años después este cargo recaerá sobre el inquisidor general, Martínez Millán. Citado en Iturralde, *La inquisición, un tribunal de misericordia*, p. 221.

estado recibiendo apelaciones de los fallos de la Inquisición y otorgando perdones y remisiones muy liberalmente».[89] En los primeros tiempos las apelaciones eran remitidas directamente a Roma, situación que cambiaría luego de que Isabel le requiriera al papa un asiento del Tribunal de apelaciones en España. Los conversos buscaban, a veces con bastante frecuencia, la ayuda de Roma. Esto generaba en algunas ocasiones roces entre la Inquisición y los papas, al no aceptar en ocasiones los primeros como válidas las cartas de absolución dadas por el pontífice. En el libro *Los cuatro tiempos de la Inquisición*, Jean Pierre Dedieu hace notar: «La frecuencia de las apelaciones, al principio al Inquisidor General y más tarde a la Suprema, aumentó. Así, no podemos más que ratificar la opinión de Lea que considera que, casi siempre, la intervención del Consejo llevaba a una suavización de la pena».[90]

10. Si era la primera vez que se lo probaba hereje, el reo no podía ser relajado al brazo secular —o sea, ser ejecutado por el poder civil— por más grave que hubiera sido su falta. La sola confesión del delito dejaba al reo libre de la pena capital, aunque a la confesión debía acompañarle el sincero arrepentimiento. El reo podía confesar su falta en el mismo auto de fe, conociendo su pena; si esta era la de relajación al brazo secular, entonces se conmutaba por alguna otra pena que no implicara muerte. Si se confesaban y arrepentían antes de dar la sentencia definitiva, se les absolvía con un castigo mayor o menor según lo que hubiesen tardado. Si era relapso —o sea, hereje reincidente— y abjuraba en el mismo auto de fe se le concedía misericordia y se le cambiaba la pena de la hoguera —las raras veces que se empleó— por la del garrote. Hay que hacer notar que cuando la sentencia al reo significaba la pena capital, se le visitaba la

---

89. Thomas Walsh, *Isabel la Cruzada*, p. 118, donde menciona otros casos.
90. Jean Pierre Dedieu, *Los cuatro tiempos de la Inquisición*, Crítica, Barcelona, 1981.

noche anterior dándole una última oportunidad para que confesara su culpa. Si lo hacía, se salvaba del último suplicio.

11. El reo podía estar en la cárcel si era casado, con su mujer; si tenía criados, le podían servir. Podía estudiar y ejercer su oficio libremente desde allí.

12. La más importante garantía, sin lugar a duda, era la certeza de tener un juicio justo. El juicio justo lo aseguraban varios factores, habiendo mencionado ya algunos de ellos. Los estrictos requisitos que debían reunir los inquisidores sumado a las constantes evaluaciones a las que estaban sujetos antes del nombramiento y durante su oficio dan cabal muestra de esta realidad. La mejor prueba del sumo cuidado con que eran seleccionados los funcionarios inquisitoriales es, indudablemente, la cantidad de santos, mártires, letrados y demás eruditos que se encontraron ligados directa o indirectamente al tribunal. Si alguno fuera negligente o «desmemoriado», tenía a su entera disposición las vastas normativas de actuación compendiadas en los manuales y otros importantes documentos, contando a su vez con diversos canales de comunicación para consultar cualquier duda que encontrara, que a la brevedad era contestada. Si el oficial inquisitorial reincidía en la falta, era a lo menos amonestado o removido del cargo. Si se constataba malicia o abuso en su proceder, se le podía excomulgar y hasta encarcelar, multar, etc.[91] Entre otros casos, se refieren la deposición del inquisidor Salvatierra,[92] Morillo, Juan de San Martín,[93] Juan Cristóbal, Juan Orts, Lucero, Diego

---

91. Como consta de la documentación disponible en los distintos fondos documentales. Consultar, entre otros, el legajo 1737 correspondiente al Archivo Histórico Nacional de Madrid. Tenemos noticia, entre otros casos, de los papas Pablo III, Pablo IV, Pío IV, Gregorio XIII y Alejandro VI, desaprobando y advirtiendo enérgicamente a algunos inquisidores españoles.
92. Como consta en una Cédula del 26 de febrero de 1524.
93. El 18 de abril de 1482, el papa Sixto IV, mediante una carta, reprendería a estos inquisidores por las denuncias que de ellos había recibido.

Deza (por Fernando el católico), la excomunión que lanzara el papa León X contra los inquisidores de Toledo en 1519 y Le Brouge en la Edad Media.

Esta supervisión constante y casi obsesiva del Santo Oficio por la estricta realización de la justicia se verá reflejada en Bulas como la de Sixto IV del 2 de agosto de 1489, en la cual expresaba su indignación ante las quejas que había recibido acerca de algunas faltas de garantías hacia los reos, como el derecho a apelación.

Por lo general, según muestran los millares de procesos analizados, los inquisidores actuaron con oficio y caridad. Sin duda, cualquier reo de la Edad Media —y tal vez aun de la contemporánea— de haber podido elegir un tribunal para ser juzgado, definitivamente hubiera elegido al Tribunal del Santo Oficio, y esta no es una presunción nuestra gratuita.

8.3 Las «víctimas» de la Inquisición

Más del 98 % de las llamadas «víctimas de la Inquisición» —término acuñado por el mal intencionado apóstata y masón Juan Antonio Llorente— eran personas a las que luego de un juicio justo, si resultaban culpables y confesaban, se les reprendía con penas leves o muy leves, que consistían básicamente en peregrinaciones, ayunos, rezos, y en algunas ocasiones podían ser sujetas a alguna multa o flagelación, portar un sambenito o ser enviadas como remeros a las galeras. Si resultaban inocentes, eran inmediatamente liberadas y absueltas.

La pena de muerte era un castigo usualmente aplicado por la autoridad secular para delitos varios, como el asesinato, la sodomía, el envenenamiento de pozos, etc. Durante la existencia del tribunal de la Inquisición este castigo fue muy infrecuente, contrariamente a lo que suele creerse. Recientes estudios realizados por historiadores provenientes de las más diversas esferas ideológicas y religiosas han terminado por confirmar esta realidad, ubicando en un 2 % (algunos un poco más, otros un poco menos) el total de herejes ejecutados sobre el total de procesados, lo cual demuestra que la mayor parte de los condenados eran penados con castigos leves —o muy leves— o absueltos. Cifras similares habían sugerido ya profundos estudios como los de los protestantes Schafer y Haegles a principios del siglo XX, y otros como los de Fidel Fita y Menéndez y Pelayo en el siglo XIX. Es fundamental tener en cuenta que las ejecuciones de herejes corrían por parte del estado, quien rentaba un verdugo para la ocasión. Lo cierto e indudable es que las cifras sugeridas por Llorente hacen agua aun entre los historiadores más antipáticos a la Inquisición. Así Prescott, en su *Historia de Felipe II*, escribe: «Debe desconfiarse de las indicaciones de Llorente, pues en otras circunstancias ha admitido con ligereza las estimaciones más inverosímiles». Otro protestante, Petchel, dice que las cuentas de Llorente son un «frívolo cálculo de probabilidades», siendo Gams, correligionario suyo, de la misma opinión.[94] Los únicos reos que podían ser relajados —abandonados— al brazo secular eran los herejes relapsos (reincidentes en delitos graves) y aquellos que reconociendo sus falsas doctrinas rehusaban retractarse (hereje pertinaz).

En 350 años de historia, los cálculos de especialistas serios de distintas confesiones religiosas dicen que no fueron ejecutadas

---

94. Citado en Henri Hello, ob. cit., p. 99.

más de 10.000 personas a instancias de la Inquisición (recordemos que solo el estado podía decidir los castigos y aplicarlos), cifra insignificante si considerásemos que bajo el terror de la revolución francesa del siglo XVIII —supuesto baluarte de la libertad, la igualdad y la fraternidad— se cometió el primer genocidio moderno, ejecutándose a cientos de miles de personas en pocos años. A efectos de estudiar verdaderamente la cantidad de víctimas de la Inquisición debemos remitirnos a la investigación presentada en 1994 por la cadena de televisión británica BBC, un documental llamado «The Myth of the Spanish Inquisition» [El mito de la Inquisición española], el cual, para sorpresa de muchos, resultó prácticamente una defensa de la Inquisición española. Sorpresa dijimos, pues había sido producido por una cadena británica tradicionalmente hostil a España y la iglesia católica. Entre los datos más relevantes de la investigación, destacamos las cifras de ejecuciones: entre 3000 y 5000 personas fueron ejecutadas por el estado a instancias de la Inquisición española. Concluye finalmente: «Más gente fue asesinada en un solo día por la revolución francesa, que por la Inquisición en todo el siglo XVI (siglo más vigoroso del tribunal)».

8.4 ¿Qué responsabilidad sobre las muertes cabe al tribunal?

> *«[...] la Inquisición no condena a muerte, y de que jamás se leerá el nombre de un sacerdote católico al pie de una condena capital».*
>
> —Joseph De Maistre

«Si el hereje era condenado a muerte, era por la ley del Estado. La Iglesia es tan culpable de aquello como el juez que en la actualidad declara culpable a un reo en un estado con pena de muerte».

—David Goldstein

«Se cree que la Inquisición era un tribunal puramente eclesiástico: es falso. Se cree que los eclesiásticos que se sientan en este tribunal condenan a ciertos acusados a la pena de muerte: es falso. Se cree que los condenan por simples opiniones: es falso».

—Joseph De Maistre

Se ha mencionado muy poco el hecho de que no era el tribunal de la Inquisición ni sus funcionarios quienes ejecutaban la pena capital, sino el estado «por medio de sus leyes legítimamente impuestas y unánimemente aceptadas», como reconoce Turberville.[95] A su vez, no puede dejar de reconocerse que la mayor parte de los condenados por el tribunal de la Inquisición con penas leves, de haber sido juzgados por tribunales civiles o protestantes, su destino hubiera sido inexorablemente la muerte, pues así lo ordenaba la legislación vigente en crímenes como la herejía, y aun en delitos menores. Ya se ha visto hasta el hartazgo que el condenado como hereje en la Inquisición salvaba su vida con solo arrepentirse. Es por ello por lo que acierta Tomás Barutta al afirmar que «los herejes ya eran muertos antes de que se ocupara de ellos la Inquisición»,[96] pues si no era el poder

---

95. Turberville, A. S., *La Inquisición española* (México: Fondo de cultura económica, 1954), p. 56.
96. Tomás Barutta, ob. cit., p. 58.

civil, era el pueblo quien los ejecutaba o perseguía. En honor a la verdad, se debe reconocer que el tribunal de la Inquisición fue lo mejor que en aquellos tiempos les pudo suceder a los herejes, pues si eran sospechosos contaban con una serie de garantías y derechos inquebrantables, y si eran culpables, aun de los más graves delitos, siempre podían salvar su vida. La mejor prueba de la benignidad del tribunal y de esta realidad es sin dudas el bajísimo número de relajados al brazo civil: solo un 2 %.

Si bien por regla general al hereje entregado al estado le significaba, las más de las veces, una muerte segura, esto era algo sobre lo que el tribunal nada podía hacer o evitar, ya que trascendía el ámbito propio de su competencia y función. El tribunal debía limitarse a establecer si el sospechoso era o no culpable de herejía. A esto observa bien De Maistre: «Separemos, pues, y distingamos exactamente, cuando discurrimos sobre la Inquisición, la parte del gobierno de la parte de la Iglesia. Cuanto muestra el Tribunal de severo y espantoso, y la pena de muerte, sobre todo, pertenece al gobierno; es asunto propio de él, y es a él solo a quien hay que pedirle cuenta. Por el contrario, toda la clemencia, que desempeña un gran papel en el Tribunal de la Inquisición, se debe a la acción de la Iglesia, que, si algo tiene que ver con los suplicios, es para suprimirlos o suavizarlos. Ese carácter independiente no se ha variado nunca; hoy ya no es un error, sino un crimen, sostener, imaginar tan solo, que los curas puedan pronunciar sentencias de muerte».[97] La responsabilidad que puede achacársele al Santo Oficio es similar a la que le cabe al juez de los tribunales modernos, cuya función específica consiste en expedirse sobre la culpabilidad o inocencia de una persona conforme

---

97. Joseph De Maistre, *Cartas a un caballero ruso sobre la Inquisición en España* (Buenos Aires: C.E.P.A., 1941), p. 55.

a la evidencia disponible. Si se declarara culpable, por ejemplo, a una persona de haber cometido múltiples homicidios y la pena estipulada por el estado y sus leyes para este delito fuera la muerte (como aún persiste en algunos estados de los EE. UU.), ninguna culpa ni sangre caerá en sus manos, pues el juez no hace las leyes: su función estriba en hacerlas cumplir. Esto sucede en la actualidad, no obstante, no se verá a nadie por ahí acusando de asesino al juez que declara culpable al asesino, ni menos al verdugo o a los mismos ciudadanos que con su voto avalan la pena máxima en el estado.

Hay que comprender que el tribunal de la Inquisición fue una institución establecida por la corona con un fin específico (y exclusivo): investigar y procesar a los herejes. El tribunal nada podía hacer —pues no le correspondía— para cambiar leyes vigentes por todos aceptadas, pues esa era jurisdicción de la autoridad temporal y no de la iglesia.

Se han visto ya los incontables esfuerzos que hacían los inquisidores para lograr el arrepentimiento del reo a fin de que salvara su vida, admitiéndolo en todo momento a reconciliación. Si luego de todo esto el hereje persistía en su actitud desafiante a las autoridades, a pesar de todos los tratos dispensados, pues bien, era evidente que el hereje deseaba morir y condenarse. No era el Santo Oficio ni el estado quien lo condenaba a muerte, sino él mismo. Insiste al respecto el conde De Maistre: «Si la ley española impone la pena de muerte contra tal o cual crimen, la justicia secular no puede oponerse a la ley; y si la Inquisición, como ocurre siempre, solo condena sobre pruebas evidentes, sus sentencias, en los casos de condena de muerte, serán siempre seguidas de la muerte, pero sin que el Tribunal se mezcle en ella para nada; y siempre queda en pie que la Inquisición no condena a muerte, que la autoridad secular es la dueña absoluta de proceder como mejor lo entienda, y que si, en virtud de esta cláusula cara a la Iglesia, los jueces reales enviaban a un inocente al suplicio, los primeros culpables serían ellos».[98] Por todo, sorprende que aun serios historiadores simpáticos al tribunal como Bernardino Llorca consideren la relajación al brazo secular como un mero eufemismo de la iglesia para desligarse de la responsabilidad de las muertes.

El dolor con que inquisidores y ordinarios entregaban al reo a las autoridades civiles era a veces estremecedor. Se registraban casos en que llegaban a quebrarse emocionalmente, rogando encarecidamente al poder civil que tuviera clemencia y mitigara el castigo. Turberville expresa al respecto: «Los inquisidores hacían cuanto podían para salvar al reo con incesantes razonamientos y exhortaciones. Solamente cuando este fervoroso esfuerzo de redención tropezaba con una gran obstinación, apartaban sus brazos protectores y lo dejaban en manos del poder temporal, que procedería con él, no de acuerdo con la gran paciencia que demostraba la Iglesia, sino con una justicia estricta e imparcial».[99]

De más está decir que ningún asesinato, por más actual que sea, puede exculpar a los asesinos del pasado, y no me refiero aquí ciertamente a la Inquisición. Pero algunas comparaciones —siempre que sean válidas y atendibles— pueden servir para medir la actuación, intensidad e intención de uno y otro. Sin ser momento este de extenderse en demasía sobre lo que todos saben y leen a diario, no puede dejar de mencionarse el último informe de Amnistía Internacional, donde se registra puntillosamente infinidad de casos de inocentes y sospechosos encerrados, torturados y ejecutados sistemáticamente,

---

98. De Maistre, *Cartas a un caballero ruso sobre la Inquisición en España*, p. 56.
99. Turberville, ob. cit., p. 60.

sin juicio ni garantías, por las principales potencias democráticas del mundo. Esto sin contar los casos de los que no hay conocimiento, pero que se sospechan —con bastante razón— que existen y son aún más graves.

8.5 Tomás de Torquemada

¿De qué crimen no se le ha hecho partícipe? Pocas veces se ha demonizado a un personaje histórico con tan pocos elementos. Los pocos escribas que intentaron abordar su derrotero lo han hecho con marcados prejuicios, como el caso de Thomas Hope o los ya clásicos Lewin, Netanyahu, Charles Lea y Cecil Roth. Todos ellos servidos de la fuente más universalmente desacreditada que existe sobre el estudio de la Inquisición: Juan Antonio Llorente.

Sin embargo, hay honrosas excepciones. Una de ellas es la obra *Personajes de la Inquisición*, del gran historiador norteamericano Thomas Walsh, que aquí se ha utilizado de constante referencia. Hay otras más recientes, como las realizadas por distintos historiadores desde aquel primer Simposio de la Inquisición organizado en Cuenca en 1978 y las del Simposio convocado por Juan Pablo II en 1998. Todas ellas, a resumidas cuentas, convergen en lo mismo: fray Tomás de Torquemada estuvo muy lejos de ser aquel siniestro personaje que algunos han querido instituir. No será otro que el recién mencionado pontífice quien dirá que Torquemada «no fue un sádico».

A la edad de 35 años Tomás de Torquemada llegó a ser prior del convento dominicano de Segovia. Aunque será recién a sus 54 años que comenzaría a llamar la atención del mundo, fuera ya de su orden.

Su biógrafo, Thomas Walsh dice: «Estaba en la plenitud de su vigor, era enérgico, arriesgado; guardaba con exactitud disciplina, siendo respetado por todos sus subordinados, no solo porque lo consideraban justo, sino porque era más severo consigo mismo que con los demás. Un carmelita difícilmente hubiera sido más riguroso con su persona. Jamás comía carne, dormía sobre una tabla, y lo más suave que ponía junto a su cuerpo era el tosco paño de su hábito».[100]

Contaba con sesenta y tres años al momento de su nombramiento como inquisidor general. Durante veinte años había dirigido silenciosamente un devoto monasterio. Se le puede describir, sintéticamente, como ejemplo de vida bondadosa, ascética, desinteresada y consagrada al estudio. Era hombre estricto, metódico y riguroso, sobre todo con él mismo. Fray Tomás fue un hombre piadoso, misericordioso, pero sobre todo justo. Era valiente e incorruptible, de manera que los judíos encubiertos no podían tener esperanzas de amedrentarlo o sobornarlo para que dejara de cumplir con su deber. A la hora de corregir o reprender los errores no hacía distinción de persona o calidad; así fue capaz de amonestar a la propia reina por permitir que los carpinteros trabajaran en día festivo para tener a punto el tablado de una fiesta.

Siempre rehuyó los honores y pompas mundanas. Ya había rechazado en el pasado el ofrecimiento de un obispado, el de Sevilla, porque no ambicionaba honores ni gloria; siempre gustó del anonimato. De igual forma, tiempo después, al morir el cardenal Mendoza, rechazó también el arzobispado de Toledo. Tal era su modestia y humildad que, en un principio, había rechazado el honor de ser el confesor de la reina: aunque terminaría cediendo forzosamente ante

---

100. Thomas Walsh, *Personajes de la Inquisición* (Madrid: Espasa Calpe, 1963).

la insistencia de esta. De haber sido hombre ambicioso, sin duda, Tomás hubiera llegado a cardenal, como su tío, y seguramente, opina Walsh, hubiera podido aspirar a papa, «pero siempre prefirió continuar como un simple fraile». En el año 1490 había encargado para su monasterio, bajo precisas instrucciones, un cuadro al artista castellano Antonio del Rincón. Esta pintura, hoy un clásico, representa a los reyes católicos orando ante la virgen. Detrás del rey se ve arrodillado a Torquemada y enfrente se halla el infante Don Juan. Aparecen también Santo Tomás, el inquisidor Mártir Pedro Arbués, la reina y la infanta Juana. Torquemada, contrariamente al resto, aparece en una posición completamente modesta, apenas visible. He aquí otra muestra de la gran humildad de este dominico.

En el año 1484, al morir sus padres, había heredado una enorme fortuna, la cual donó íntegramente con fines de caridad. Cada centavo que recibía en calidad de donación lo destinaba en los pobres.[101] Será también el fiel ejecutor de la voluntad testamentaria de su penitente Hernán Núñez Arnault, destinando la totalidad de sus bienes a la construcción de monasterios y otros menesteres piadosos, tal cual lo había requerido el difunto. Entre varias de sus obras se destaca la construcción del monasterio de Santo Tomás de Aquino en Ávila, la implicación del de la Santa Cruz de Segovia, la erección de la Iglesia de Santa Olalla —en su ciudad natal de Torquemada— y un puente a través del río Pisuerga. Todos los cronistas, y aun enemigos de la Inquisición, coinciden en algo: su extraordinario carácter, su eficiencia administrativa y la confianza que inspiraba a los reyes. Por ejemplo, es el mismo Charles Lea

---

101. Con excepción de una pequeña parte destinada para la manutención de su hermana, que había ingresado al convento como monja. Thomas Hope, *Torquemada*, Editorial Losada, Buenos Aires, 1944, p. 21.

quien subraya la honestidad, inteligencia y capacidad de trabajo del dominico, alabando además el acierto de los reyes en haberlo designado primer inquisidor general.

Tenía a quién salir. Su tío, Juan Torquemada, dominico, había rendido tales servicios a la iglesia que el papa Eugenio IV le concedió el título de Defensor de la Fe, haciéndole cardenal en 1439. Fundador de la Confraternidad de la Anunciación —para proveer de dotes a las muchachas pobres—, muy pronto se convirtió en el cardenal más ilustrado de sus contemporáneos. Su *suma en contra de los enemigos de la iglesia* (1450), la obra más excelsa del final de la Edad Media sobre el poder papal, influyó en la escolaridad católica hasta el siglo XVIII.

En su obra *Isabel la Cruzada*, Walsh afirma: «Torquemada dejó la Inquisición tan fuertemente establecida y tan generalmente respetada y aceptada por el pueblo español, que prevalecería durante más de tres siglos después de su muerte». La mayoría de los historiadores —incluido el judío Greatz— coincide en señalar que durante todo el mandato del dominico como inquisidor (1483-1498) pasaron alrededor de 100.000 reos por los tribunales de España, de los cuales 2.000 fueron condenados a muerte; o sea, menos del 1 %. En Barcelona, de 1488 a 1498, solo un prisionero de cada 20 era ajusticiado (23 en total).[102] Si se hiciera caso a la observación de Gerard Dufour, enemigo

---

[102]. Llorente registra que durante el mando de Torquemada (1483-1498), 8.800 personas fueron quemadas y 9.654 fueron castigados de diferentes formas (*Histoire de l'Inquisition*, IV, p. 252). Estos datos son altamente exagerados, como ha sido concluyentemente probado por Hefele (*Cardenal Giménez*, cap. xviii), Gams (*Kirchengeschichte von Spanien*, III, II, pp. 68-76) y muchos otros. Incluso el historiador judío Graetz establece en 2.000 el número de ejecutados (*Historia de los judíos*, Filadelfia, 1897, IV, p. 356). La mayoría de los historiadores sostienen, con el protestante Peschel (*Das Zeitalter, der Entdeckungen*, Stuttgart, 1877, pp. 119 y ss.), que el número de personas quemadas desde 1481 hasta 1504, cuando Isabel murió, fue cerca de 2.000. Tomado de la *Enciclopedia Católica*; versión digital en http://ec.aciprensa.com/i/inquisicion.htm.

de la Inquisición, todas las cifras dadas por cronistas de la época como Bernáldez (que de 1481 a 1488 da cuenta de 700 ejecuciones), en las que se han apoyado históricamente historiadores de todo signo, son notablemente exageradas. Así dice que a «estas cifras hay que tomarlas con pinzas». En Sevilla el elemento judío brillaba por su importancia y los inquisidores mismos hincharon las estadísticas para mayor efecto de disuasión. Así, por ejemplo, hicieron colocar una lápida en Sevilla donde se había grabado que entre 1492 y 1524 fueron quemados millares (*fere millia*) de herejes y reconciliados más de 20.000 (*vigenti millia haereticorum et ultra*).

Que Torquemada no fue el monstruo ni el déspota que muchos han pretendido se deduce, principalmente, de algunos hechos concretos e irrebatibles.

Primero, inaugurando su cargo, como primerísima medida, se ocupó de terminar con los excesos de los primeros dos inquisidores, Morillo y San Martín. Que era hombre sumamente justo y sin animadversión particular hacia los conversos de origen judío se desprende, entre otros hechos, del severo castigo dispensado a unos judíos que habían prestado falso testimonio para perjudicar a algunos conversos del mismo origen. La inocencia de los conversos judíos se comprobó rápidamente.[103]

Segundo, sus Instrucciones hablan por sí solas. Todas ellas dotaron de un sinfín de inamovibles garantías procesales a los reos. Mejoró notablemente las cárceles y la comida que en ellas se ofrecía. Tal fue así que se encuentran numerosos casos de presos en cárceles civiles que decían haber incurrido en herejía para, de ese modo, ser trasladados a las cárceles del Santo Oficio. El buen estado de las

---

103. Cit. en Thomas Walsh, *Personajes de la Inquisición*, p. 195.

cárceles inquisitoriales, como el trato que allí se dispensaba a los reos, era *vox populi*. Él mismo, con su particular personalismo y severidad ante la injusticia, supervisaba que ninguna de estas normativas fuera quebrantada. Como bien observa Walsh, a Torquemada se debe la creación del sistema de jurisprudencia más avanzado de toda Europa de la época, que perdurará por siglos.

Tercero, es difícil creer que un hombre que hasta los 63 años era prácticamente ignoto para el mundo en general, y muy bien conceptuado por todos quienes lo conocían de cerca, hubiera devenido súbitamente en un fraile «sicario, sanguinario y sin piedad». Así como Charles Lea, el mismo Thomas Hope se encarga de reconocer que era «un hombre excesivamente piadoso».[104] Raramente un hombre humilde (virtud suya reconocida unánimemente por casi todos los historiadores) es a la vez cruel y sanguinario.

Que haya sido hombre bastante introvertido y reservado no implica que haya sido incapaz de demostrar sus sentimientos. Se transcribe a este respecto una carta que dirige al pueblo de su ciudad natal, la cual deja traslucir un aspecto bastante silenciado de la personalidad del primer gran inquisidor de este tribunal.

> Virtuosos y leales caballeros:
> Recibí vuestra carta y de vuestros vecinos y parientes, y ciertamente me produce gran placer y gran satisfacción el saber que todos gozáis de buena salud. Quiera Nuestro Señor Jesucristo conserváosla y mejorarla para Su servicio.
> En cuanto a lo que decís con respecto a la ayuda para los trabajos que se realizan en la Iglesia Santa Olalla de vuestra

---

104. Cit. en Thomas Hope, *Torquemada*, p. 13.

ciudad y a la necesidad que tenéis de más ayuda que la que he dado, será ciertamente un gran placer para mí, por muchas razones, daros toda la ayuda que pueda; pero al presente no puedo ausentarme de la Corte y estoy a punto de partir. Mientras esté fuera, si Dios quiere, me esforzaré porque el Rey y la Reina, nuestros Señores Soberanos, os den toda la ayuda que puedan.

En cuanto a lo que decís del pago de los impuestos en vuestra ciudad, he hablado acerca de ello con Don Abraham Senior en presencia de vuestros delegados y me ha dicho que han sido ya arrendados a Diego de la Muela, que los ha tenido a su cargo durante varios años, pero que en el futuro hará todo lo que le pida y ordene, y por lo tanto se hará como pueda conveniros.

Os agradezco la acémila que me enviasteis, pero en lo que a mí respecta no era ni es necesario que me enviéis tales cosas. Ciertamente os hubiera devuelto el regalo si no hubiera sido porque ello os podía haber ofendido, pues yo tengo ya —el Señor sea loado— nueve acémilas, y ellas me bastan. No son los regalos los que me hacen realizar esas cosas por vosotros, por vuestro honor y por el bien de vuestra ciudad, sino mi nacimiento y educación allí y el parentesco y amor que os tengo a todos.

Quiera Nuestro Señor conservar largo tiempo vuestras virtuosas y devotas personas en Su santo servicio.

En este monasterio de Santa Cruz de Segovia, el 17 de agosto de 1490.

Fray Tomas, prior.[105]

---

105. Thomas Walsh, *Personajes de la Inquisición*, p. 103.

Cuarto, fue bien conocida —esto también reconocido casi unánimemente entre los distintos historiadores— la característica prudencia y piedad con que procedían los monarcas católicos. Por tanto, difícil resulta creer que estos reyes ejemplares hubieran tenido tan mal juicio en un asunto tan fundamental como este, nombrando al dominico como su confesor personal e inquisidor general del tribunal. Tal era el respeto y el aprecio que le tenían a Torquemada que, en homenaje a él, los reyes decidieron enterrar a su hijo, el infante Don Juan, en su monasterio. Incluso, luego de retirado el dominico, los monarcas lo visitaban asiduamente.

En carta de Isabel al monasterio de Santa Cruz de Segovia, fechada el 28 de febrero de 1489, escribe:

> [...] que por todo lo que he dicho, Padre Prior ha servido y sigue sirviendo a Dios Nuestro Señor en el Ministerio de la Santa Inquisición, y porque, con el santo celo y la determinación y clara conciencia con que ha ejecutado y ejercido dicho ministerio, no ha tratado ni trata de que se le pague o recompense con otras dignidades y prelacías que sus trabajos y constante preocupación por dicho ministerio han merecido; y porque quisiéramos recompensarle, viendo y sabiendo cuán bien pudiera ser empleada su persona para el servicio de Dios en cualquier dignidad que nuestro Santo Padre (el Papa) le otorgase a nuestra súplica; nosotros, mientras tanto, por la presente, le hacemos don, gracia y concesión para siempre [...] de un presente anual de setecientas medidas de pan, tomadas de los bienes confiscados a los apóstatas en la diócesis de Segovia.[106]

---

106. Walsh, ob. cit., p. 105.

A los pocos meses de su retiro como inquisidor general, contando fray Tomás con 78 años, moriría devotamente en un monasterio.

Al abrirse su tumba para el traslado de sus restos, Walsh comenta que «los que se hallaban presentes contaron que sintieron un especial olor dulce y grato [...] El pueblo comenzó a rezar ante su tumba». Parece que murió en olor de santidad, aunque al momento no ha sido canonizado.

Se podrá seguir escribiendo mal sobre este notable dominico y sobre el tribunal en general, pero al final todo se reduce a una verdad inconcusa, sintetizada magistralmente en el siguiente aforismo latino: *contra facta non valent argumenta*.

8.6 Conclusión

Hace más de una década, quien suscribe publicó un libro —gracias a Dios muy exitoso— titulado *La Inquisición, un tribunal de misericordia* (Grupo Unión Editorial, Buenos Aires, 2012), donde sostenía básicamente dos tesis. La primera era que la Inquisición había sido ante todo un tribunal de misericordia, puesto que bastaba el arrepentimiento de la falta cometida para lograr el perdón, evitando así las penas más duras establecidas por el estado. La segunda consistía en afirmar que la Inquisición fue, si no el más, uno de los tribunales más justos de la historia, si consideramos no solo el momento histórico (siglo XIII en adelante) y las categorías entonces imperantes, sino la cantidad de garantías procesales que se otorgaba a todo acusado para poder procurarse una defensa justa. De hecho, la mayor parte de los procesados fueron absueltos y/o liberados por distintos motivos.

Viendo cómo actualmente se violentan las garantías constitucionales y los derechos humanos más elementales aun en las naciones tenidas como paradigmas de la democracia y la libertad, ofende a la inteligencia y la justicia histórica que se continúe difamando a un tribunal medieval que fue, en muchos sentidos, pionero de muchas de las garantías procesales aún vigentes.

Capítulo
IX

El cristianismo y los indios americanos

«Primeramente, procuraréis con mucha diligencia las cosas del servicio de Dios [...] Porque Nos deseamos que los indios se conviertan a nuestra santa Fe católica, y sus almas se salven [...] Tendréis mucho cuidado de procurar, sin les hacer fuerza alguna, cómo los religiosos que allá están los informen y amonesten para ello con mucho amor [...] Otrosí: Procuraréis como los indios sean bien tratados, y puedan andar seguramente por toda la tierra, y ninguno les haga fuerza, ni los roben, ni hagan otro mal ni daño». Si los caciques conocen algún abuso, «que os lo hagan saber, porque vos lo castigaréis».

—Isabel la Católica[1]

¿CON QUÉ SE ENCUENTRAN LOS EUROPEOS A SU LLEgada al continente? Esta es la primera pregunta que debemos hacernos y responder para tratar esta cuestión muchas veces excesivamente sensible. No andaremos aquí con vueltas y ambages: advertimos que este será un relato descarnado, es decir, una historia sin eufemismos ni ornamentos, porque es preciso presentar la historia precolombina

1. Guillermo Céspedes del Castillo, *América Hispánica* (Madrid: Editorial Marcial Pons, S. A., 2021).

tal cual fue para poder finalmente valorar el legado de la civilización occidental en América. Iremos directo al grano, como suele decirse de manera informal, mencionando seguidamente, del modo más sumario posible, algunos aspectos constitutivos de estas culturas, como su sistema de gobierno, su idiosincrasia, sus leyes, la situación del pueblo y el rol de la mujer bajo aquellas sociedades.

9.1   Las sociedades precolombinas

Hace varias décadas, el prestigioso antropólogo indigenista francés Jacques Soustelle, admirador de las culturas precolombinas, sorprendía con una reflexión final acerca de los indios americanos, hasta entonces, unánimemente idealizados por el pensamiento dominante: «Cabe preguntarse a qué les habría esto llevado si los españoles no hubieran llegado [...] La hecatombe era tal [...] que habrían tenido que cesar el holocausto para no desaparecer».[2] Soustelle es citado hasta el paroxismo por diversos autores marxistas que omiten deliberadamente este y otros pasajes «comprometidos» o brutalmente honestos. La pregunta seguida a hacerse es la siguiente: ¿qué ha llevado a este, y luego a otros historiadores y científicos anticristianos y/o antihispanistas a semejantes conclusiones? Es lo que trataremos a continuación.

Aquí abordaremos especialmente a las culturas indígenas más enaltecidas, es decir, a los mayas, incas y aztecas, centrándonos en sus puntos de contacto, que son muchos y entitativos. Comencemos diciendo que no tratamos aquí con sistemas de gobierno populares

---

2. En *La primera liberación de América*, revista Verbo, n. 267, octubre 1986, p. 85.

o democráticos, sino plenamente totalitarios y hereditarios, regidos por un todopoderoso emperador que a la vez fungía de deidad. El estado rige y regula absolutamente todo, abarcando su control cada aspecto de la vida privada del individuo; todo está reglamentado: lo laboral, lo religioso, la vestimenta, las costumbres, lo conyugal, etc. Como podrán imaginar, el derecho a protesta no era algo admisible para los regentes del imperio, que castigaban con la muerte a cualquier objetor o disidente. ¿Y el pueblo? Su situación no podía ser más desesperante. Constituían básicamente piezas reemplazables en una inmensa maquinaria, donde no existía la libre iniciativa ni concepto de propiedad individual. Todo y todos, absolutamente todo, pertenecían al estado: nada era dejado al azar. Desde ya, no existía para el pueblo posibilidad de ascenso en la pirámide social. Todo eran cargas y obligaciones para ellos. Extenuantes jornadas laborales de sol a sol, siendo mudados de una región a otra, a climas y condiciones a las que no estaban acostumbrados, resultando muchas muertes de esto. Desde ya, nada de sindicatos, vacaciones, feriados o prestación alguna. Era tal el estado general de miseria, que muchas veces los plebeyos se veían obligados a dar a sus hijas como concubinas (prostitutas) a los nobles y/o a venderse ellos mismos como esclavos. Estos casos fueron muy frecuentes en casi todos los pueblos indígenas. Como si pocas fueran sus penurias, estos pobres desdichados eran los enviados como carne de cañón a las primeras líneas de la refriega en las frecuentes guerras.

Para sintetizar la situación del hombre común y corriente, del hombre trabajador y desposeído bajo esos regímenes, qué mejor que recurrir al rapto de sinceridad del autor indigenista francés Louis Baudin al referirse al Imperio inca (pero que en rigor serviría para cualquier otro). Él califica al inca como un «imperio geométrico y frío, vida de uniformidad y hastío», donde nada se ha dejado al azar o a la creatividad personal. «Ni ambición, ni deseo, ni gran alegría, ni gran pena, ni espíritu de iniciativa, ni espíritu de previsión».[3] La existencia, dice el sacerdote Iraburu, «transcurre siguiendo el curso inmutable de las estaciones. Nada que temer, nada que esperar; un camino exactamente trazado sin desviación posible, una rectitud de espíritu impuesta sin deformación imaginable; una vida calma, monótona, incolora; una vida apenas viviente. El indio se deja mecer por el ritmo de los trabajos y de los días, y termina por acostumbrarse a esta somnolencia, por amar esta nada. Su señor es un dios que le sobrepasa infinitamente, y su fin no es sino evitar cualquier sanción. Esta ordenada masa de hombres lentos, melancólicos y pasivos, va a ceder casi sin resistencia ante el impulso poderoso de un pequeño fermento de hombres activos y turbulentos, que proceden del mundo cristiano de la libertad».[4]

¿Pluralidad? Resulta curioso que el progresismo haya elegido denominar al 12 de octubre como «día de la diversidad cultural» por algo que justamente no solo no existió, sino que fue castigado severamente por aquellos pueblos. Hemos dicho ya que estos eran regímenes férreamente verticalistas en lo político. Si algo no aceptaron jamás es la diversidad étnica, nacional, religiosa o social, y mucho menos la diversidad sexual. Por caso digamos que los homosexuales eran castigados con la muerte, infringiéndoseles previamente una serie de innombrables torturas. Los sacrílegos,

---

3. Louis Baudin, *El imperio socialista de los incas* (Buenos Aires: Grupo Unión Editorial, 2024), p. 59.
4. José María Iraburu, *Hechos de los apóstoles de América*. (Pamplona: Fundación Gratis Date, 2003), p. 276.

hechiceros, abortistas, traidores a la patria, libertinos, adúlteros, fraguadores, ladrones, etc. sufrían igual destino. Es decir, que aquellos que hoy apoyan y promueven el indigenismo, añorando aquellos tiempos, ¡son los primeros que serían ejecutados por sus idolatrados e idealizados indígenas!

En este sentido, debemos señalar no solo la desproporción entre el delito y el castigo, sino la crueldad y los métodos de ejecución empleados (incluyendo torturas previas). Algunos breves ejemplos de esto: al adúltero hombre se le expulsaba de la ciudad y se le daba a los perros para que lo devoraran vivo; a la mujer se la estrangulaba. A los fornicarios (cualquiera fuera su especie) se les apaleaba y luego se les quemaba. Las mujeres adúlteras eran descuartizadas, estranguladas, quemadas o dejadas vivas a la voluntad vengativa del marido. A los sacrílegos se les arrastraba con una soga en el pescuezo y se les ahogaba en lagunas (hay que reconocerles que al menos en el orden natural algunas cuestiones las tenían claras; se les iba un poco la mano tal vez con los castigos, eso sí). Las formas más comunes de ejecución, además de la forma de sacrificio ritual, eran: degollado, quemado, aspado, desollado, empalado, despeñado, asaetado, despedazado vivo, entre otras. Al traidor se le hacía pedazos por sus coyunturas y su casa era saqueada, quedando sus hijos y los de su casa como esclavos hasta la cuarta generación. A los que usaban divisas o mantas de los reyes los mataban a porrazos en la cabeza; en México les cortaban una pierna. Esto es confirmado por los propios indígenas y reconocido por autores antihispanistas (como Von Hagen). Sobre los indígenas, mencionemos a Felipe Guamán Poma de Ayala, Garcilaso de la Vega y Bautista Pomas (leer su *Relación de Texcoco*). Entre los incas mencionemos el caso de la cárcel que llamaban Zancay, la cual era una bóveda debajo de la superficie, muy oscura, donde se criaban serpientes, leones (pumas), tigres, osos, zorras, etc., a donde enviaban a los delincuentes, traidores, mentirosos, ladrones, adúlteros y hechiceros murmuradores contra el inca. Aun en la actualidad, en países como Bolivia se linchan personas y se las ejecuta de distintos modos (apedreamiento, ahorcamiento, etc.).

¿Cómo era considerada la mujer bajo la regencia indígena? La mujer era poco menos que un esclavo: un objeto de trueque del que el hombre podía disponer a discreción. La humillante condición en que vivían las mujeres bajo estos regímenes eminentemente patriarcales es incluso reconocida por las historiadoras feministas más serias, y dedico en este libro un capítulo específico a ello. En algunas de estas culturas, como entre los mayas, la desobediencia de la mujer o de la hija díscola podía ser castigada con la muerte, y le estaba permitido al hombre prostituir a su mujer o su hija para ganar dinero o pagar deudas. Mientras tanto, en España gobernaba una mujer, santa Isabel la Católica, y en la Europa católica abundaban las santas católicas y se difundían sus trabajos.

¿Eran los indios pacíficos? Si algo distingue particularmente a estas culturas, además de su crueldad, al menos a las más organizadas y centralizadas, es su ilimitado expansionismo y belicosidad, al punto de que vivían en y de la guerra. No hay más que leer las crónicas de los propios indígenas o ver sus pictogramas: la precolombina fue realmente una historia de invasiones y saqueos constantes. El odio de unos hacia otros llegaba a tal punto, que no solo masacraban a los pueblos rivales o los esclavizaban para luego sacrificarlos, sino que buscaban destruir la memoria e historia misma de la cultura conquistada. Era costumbre, una vez ganada la guerra a un pueblo muy odiado, reunir a los ancianos y sabios de los vencidos y ejecutarlos, para de ese modo impedir que se transmitiera la historia de ese pueblo. Ya pasadas dos o tres generaciones, no quedaba rastro del vencido. A los que dejaban con vida se les obligaba a renunciar a sus creencias y costumbres so pena de muerte. Esto mismo es señalado por los propios indígenas, como por ejemplo el inca Garcilaso de la Vega. Mucha gente, en su ignorancia, cree que los incas o aztecas, por ejemplo, fueron culturas milenarias, y lo cierto es que no duraron más de siglo y medio o dos. Hubo culturas más preponderantes antes que ellos, como los olmecas, nazcas, teotihuacanos, texcocanos, etc. Y para existir debieron previamente invadir, saquear y aniquilar a las poblaciones anteriores. De modo que me causa desparpajo aquellos que critican a España por «invadir» tierra de «otros» (que, por cierto, no pertenecían tampoco a los indígenas americanos, ya que ellos provenían en su gran mayoría de Asia; no existe pueblo u hombre originario de América).

9.2   El genocidio de indígenas contra indígenas

Por último, otra de las destacadas lindezas de estos regímenes eran los sacrificios humanos, pues se sostenían mediante la aplicación sistemática del terror sobre sus habitantes. Miren si no habrá sido infernal la América precolombina que los sacrificios humanos y el canibalismo no solo eran prácticas generalizadas, sino promovidas por los mismos estados indígenas y sus máximas autoridades, como reconocen arqueólogos, etnólogos y antropólogos de renombre, como Marvin Harris. Ciertamente, la violencia no es monopolio de ninguna cultura, pero en base a lo investigado podemos asegurar que difícilmente encontremos pueblos más crueles y feroces que las culturas indígenas americanas. Como punto de partida al tema, tomaremos el caso de los aztecas, pueblo al que se ha idealizado a puntos inconcebibles y que sin embargo ha llegado a ejecutar a más de quince millones de personas en el transcurso de un siglo y medio.

La mentada tribu mesoamericana ostenta tres récords históricos de criminalidad, que tal vez solo puedan disputarle los comunistas con sus cien millones de ejecutados en setenta años de historia o los EE. UU. (con sus bombas atómicas). El primer récord corresponde a la cantidad de víctimas mortales en el transcurso de dos siglos. El segundo, a las logradas en solo cuatro días. Y el último (disputado entre mayas, aztecas e incas), al número de niños ejecutados. Vayamos, pues, a los números.

Récord número 1: Mayor cantidad histórica de ejecuciones en dos siglos

Comencemos aclarando que en esta sección contabilizaremos únicamente las víctimas asesinadas mediante la forma usualmente conocida como «sacrificio humano» o «sacrificio ritual». Recordemos que, según las creencias indígenas, el sacrificio de vidas humanas era una necesidad para mantener el orden del cosmos, contentar a las deidades y asegurar la prosperidad del pueblo. Su lógica, al parecer, era la siguiente: a mayor sangre, mayor bienaventuranza.[5]

La cantidad de víctimas variaba mucho de acuerdo con la importancia de la ciudad o el pueblo. Fray Juan de Zumárraga y

---

5. Lógica evidentemente falsa, pues ejecutaron a quince millones de seres humanos y fueron barridos de un plumazo en cinco minutos.

Francisco Clavijero[6] dan cuenta de que, en 1531, y solo en la ciudad de México, se sacrificaron a los ídolos más de 20.000 víctimas al año. Fray Juan de Torquemada ubica el número de víctimas mortales en todo el país en 72.244 por año, incluidos 20.000 niños. El historiador mexicano Mariano Cuevas asegura que el número de sacrificios en lo que fue Nueva España era de 100.000 seres humanos anuales.[7] Varios autores citados por el cronista Francisco López de Gómara hablan de 50.000. Por su parte, tanto José de Acosta como Antonio Herrera (cronista mayor de Indias) aseguran que había días en que llegaban a matarse entre 5.000 y 20.000 personas por día.[8] Fray Toribio de Benavente (alias Motolinía),[9] describiendo la fiesta del año de Tlaxcallan, asegura que se sacrificaban por día 800 hombres entre la ciudad y la provincia. Francisco Antonio de Lorenzana[10] afirma que en Cholula se sacrificaban 6.000 niños por año. A su vez, Diego Durán, en su *Historia de las Indias*, después de describir las ceremonias de la coronación de Moctezuma y los sacrificios, dice que «había días de dos mil, tres mil sacrificados, y días de ocho mil, y otros cinco mil, la cual carne se comían, y hacían fiesta con ella, después de haber ofrecido el corazón al demonio».[11] Fray Pedro Simón en su *Historia de la guerra de los indios pijaos*, indígenas de tierra firme, calcula que

---

6. Francisco Clavijero, *Historia Antigua de México* (México: Ed. Porrúa, 1991), p. 169. Aquí da cuenta de las cifras manejadas por distintos autores, incluidos los que hemos mencionado.
7. Mariano Cuevas, *Historia de la Nación Mexicana* (México: Ed. Porrúa, 1967), p. 70.
8. La mayor parte de las cifras están tomadas de Prescott, *Historia de México*. Citado en Cristián Rodrigo Iturralde *1492: Fin de la barbarie. Comienzo de la civilización en América*, tomo II (Buenos Aires: Grupo Unión Editorial, 2019).
9. Toribio Benavente, *Historia de los indios de Nueva España* (Madrid: Atlas, 1970), p. 67.
10. Francisco Antonio de Lorenzaga, *Historia de Nueva España*, Biblioteca Virtual Miguel Cervantes, p. 181.
11. Fr. Diego Durán, *Historia de las Indias de Nueva España y islas de tierra firme* (Ed. México, 1867), tomo I, pp. 430-431.

desde la fundación del estado azteca (1325) hasta su ocupación por las tropas de Cortés (1521) «se cuentan por millones —a lo largo de dos siglos— las víctimas inmoladas a estas divinidades».[12] Michael Harner, conocido antropólogo estadounidense, estimó en 250.000 personas al año el número de sacrificados,[13] cifra a la que había llegado también el especialista Jan Gehorsam.[14] En resumen, se calcula que la cifra anual promedio de ejecuciones superaba con creces los 100.000.

Si tomásemos los números más bajos —como los 50.000 anuales sugeridos por López de Gómara—, encontraremos que, en ciento cincuenta años, y solo en la región mesoamericana, aztecas y aliados asesinaron a más de siete millones de personas (insistimos, solo contabilizando los muertos bajo la forma de «sacrificio ritual»).[15]

Récord número 2: Máxima cantidad histórica de ejecutados en cuatro días

El año 1487 fue muy especial para los aztecas, pues luego de cuatro años de construcción, se inauguraba finalmente la gran pirámide

---

12. Citado por Luis Español Bouché, en su trabajo *La independencia del caníbal y los estados caníbales*, Madrid, 2002.
13. Michael Harner, *Bases ecológicas del sacrificio azteca*, Historia 16, n. 45, Madrid, 1980, pp. 94-105. Citado por Peggy Reeves Sanday, *El canibalismo como sistema cultural* (Barcelona: Lerna, 1986), p. 35.
14. Jan Gehorsman, *Hambre divina de los aztecas* (Buenos Aires: La Nación, 18/11/1986), p. 9.
15. Se llega a esta cifra tomando como promedio la cantidad mínima de víctimas anuales acometidas por este pueblo a lo largo de casi dos siglos; números sugeridos por distintos historiadores. Es bastante probable, empero, que las cifras variaran sensiblemente de año en año, dependiendo de distintas coyunturas. Consideremos además que cada 20 días se celebraban fiestas que solían durar días y que todas ellas implicaban millares de víctimas humanas. Según algunos autores, en solo una de esas «fiestas» anuales no se sacrificaban humanos. Consultar Laurette Séujorné, *Ensayo sobre el sacrificio humano*, Cuadernos Americanos, v. 9, n. 5, 1950, pp. 18-19.

de Tenochtitlán. Las fiestas de consagración al templo duraron cuatro días y, como no podía ser de otra manera, siguiendo sus costumbres ancestrales, había que ofrecer vidas humanas a los ídolos. Según Bernardino de Sahagún, en un solo día se asesinaron cerca de 80.400 personas,[16] a razón de una víctima por minuto. El misionero Juan de Torquemada calcula el número en 72.344, mientras que el historiador indígena Fernando de Alva Ixtlilxóchitl sitúa la cifra en 80.400.[17] Otro número lo ofrece el protestante William Prescott, afirmando que no menos de 70.000 personas fueron ejecutadas para este solo evento.[18]

Hay quienes se preguntan si acaso era posible ejecutar tantas personas en tan poco tiempo. Sobre la temática existe un conocido trabajo de investigación producido por Discovery Channel titulado *Aztec: Temple of Blood* [Azteca: Templo de sangre], en el cual colaboraron reconocidos especialistas (antropólogos, cirujanos,

---

16. La cifra oscila de acuerdo con el autor. Pero creemos que las ofrecidas por Sahagún son las más próximas a la realidad. Torquemada calcula el número en 72.344 (*Monarquía indiana,* Lib. 2, cap. 63). El historiador indígena Ixtlilxóchitl sitúa la cifra en 80.400. Nos dice este último: «Fueron ochenta mil cuatrocientos hombres en este modo: de la nación tzapoteca 16.000, de los tlapanecas 24.000, de los huexotzincas y atlixcas otros 16.000, de los de Tizauhcóac 24.400, que vienen a montar el número referido, todos los cuales fueron sacrificados ante este estatuario del demonio [Huitzilopochtli], y las cabezas fueron encajadas en unos huecos que de intento se hicieron en las paredes del templo mayor, sin [contar] otros cautivos de otras guerras de menos cuantía que después en el discurso del año fueron sacrificados, que vinieron a ser más de 100.000 hombres; y así los autores que exceden en el número, se entiende con los que después se sacrificaron» (Alva Ixtlilxóchitl, *Historia de la Nación chichimeca*, Linkgua ediciones, 2021, p. 60). Bernal Díaz del Castillo contabilizó más de 100.000 cráneos en las plazas de las regiones aztecas. De su encuentro con la enorme estantería de cráneos en el centro de Tenochtitlán, nos describe el español Tapia la siguiente escena: «Los postes estaban separados por algo menos de una vara [aproximadamente un metro] y atestados de varillas en cruz de arriba hacia abajo y en cada varilla había cinco cráneos atravesados a la altura de las sienes: el que escribe y un tal Gonzalo de Umbría contaron las varillas en cruz y al multiplicar por cinco cabezas cada varilla de un poste a otro, como he dicho, descubrimos que había 136.000 cabezas».
17. Torquemada, *Monarquía indiana*, Lib. 2, cap. 63.
18. Prescott, *Historia de México*. Citado en Iturralde, *1492: Fin de la barbarie. Comienzo de la civilización en América,* tomo II.

diseñadores científicos, etc.). El objetivo del proyecto consistía en comprobar de manera científica y fehaciente si era humanamente posible ejecutar tal cantidad de personas en tiempos tan acotados. Para el experimento se habían adquirido réplicas casi exactas del cuerpo humano, a fin de que un cirujano pudiera comprobar el tiempo de extracción del corazón de un hombre. Utilizando los mismos instrumentos que los indígenas de entonces (un cuchillo de obsidiana mandado especialmente a confeccionar para la ocasión), el cirujano logró cortar debajo de las costillas del cuerpo artificial y llegar al corazón por debajo de la caja torácica, desde donde procedió a la extracción del órgano humano. ¿Cuánto tiempo le tomó? Solo diecisiete segundos.[19] El estudio científico demostraba entonces que los números de muertes sugeridos por los cronistas de antaño tenían asidero. Con base en los elementos y la información existente, estamos en condiciones de afirmar que no menos de 100.000 personas fueron exterminadas en aquel evento.[20]

Recapitulando, los números son los siguientes: 1 víctima cada 40 segundos, durante 15 horas por día, en 19 templos distintos (en forma simultánea) por un tiempo de cuatro días. Hagamos las matemáticas: 1350 ejecuciones en cada altar por día, 25.650 en los 19 altares. Suman 102.600 en total en los cuatro días.[21] Lo cierto es

19. Resulta presumible suponer que de haber continuado intentando hubiera llegado a adquirir con el tiempo la práctica y el oficio que tenían los sacerdotes indígenas en la materia, logrando un tiempo mucho menor.
20. Consultar detalle sobre los recursos que poseían los aztecas para cometer la referida matanza en Cristián Rodrigo Iturralde, *1492: Fin de la barbarie. Comienzo de la civilización en América*.
21. Naturalmente, es posible que no todas las regiones del imperio tuvieran la misma cantidad de cautivos para sacrificar y que existan otras variantes (no consideradas) que puedan reducir o incrementar el número real. Hemos hecho el cálculo en base a los elementos que poseemos. Pero nuestro objeto aquí no consiste en ofrecer un número con precisión absoluta (lo cual es imposible), sino en visibilizar el nivel de violencia de estos grupos. Pues, hayan sido 30.000 o 100.000, la ecuación no variará sensiblemente.

que hayan sido 100.000, 50.000 o 20.000 las víctimas mortales en aquellos fatales cuatro días, estamos ante un récord bestial.

Récord número 3: Los desgraciados niños

Probablemente este sea el más vil y despreciable crimen que exista. Difícilmente encontremos en los anales históricos pueblos con mayor predilección por la inmolación de niños que las culturas precolombinas. Si existía una fiesta particularmente aterradora para los infantes, esta era sin dudas la de Tláloc[22] (dios de la lluvia y del relámpago entre los aztecas), en donde los sacrificados eran exclusivamente niños. Refiriéndose a los infanticidios realizados por los aztecas en el mes de Atcavalo, escribe Bernardino de Sahagún:

> En este mes mataban muchos niños; sacrificábanlos en muchos lugares y en las cumbres de los montes, sacándoles los corazones a honra de los dioses del agua, para que les diesen agua o lluvia. A los niños que mataban componíanlos con ricos atavíos para llevarlos a matar, y llevábanlos en unas literas sobre los hombros, y las literas iban adornadas con plumajes y con flores; iban tañendo, cantando y bailando delante de ellos. Cuando llevaban a los niños a matar, si lloraban y echaban muchas lágrimas, alegrábanse los que los llevaban, porque tomaban pronóstico de que habían de tener muchas aguas ese año [...]

---

22. Tláloc fue muy importante y de los más adorados en México, y uno de los más representados desde la época remota teotihuacana.

> No creo que hay corazón tan duro que oyendo una crueldad tan inhumana, y más que bestial y endiablada como la que arriba queda puesta, no se enternezca y mueva a lágrimas y horror y espanto.[23]

El historiador Francisco Morales afirma que era muy común en algunas tribus el ahogamiento de niños, agregando que «entre los chibchas se ofrecían preferentemente niños, a los que se criaba hasta los quince años en el Templo del Sol, para ser finalmente muertos a flechazos, atados a una columna».[24] Francisco Clavijero refiere que en la Fiesta de Tláloc los aztecas sacrificaban exclusivamente niños de ambos sexos, que compraban para la ocasión.[25] Prescott describe la horrible escena de los niños sacrificados:

> [Los niños] se llevaban en andas descubiertas, adornados con las vestiduras propias de la solemnidad, y cubiertos con las risueñas flores de la primavera, movían a piedad al corazón más endurecido, no obstante que sus gritos se ahogaban en el horrible canto de los sacerdotes que leían en las lágrimas de aquellos desgraciados el augurio favorable de su petición. Estas inocentes víctimas, generalmente las

---

23. Bernardino de Sahagún, *Historia general de las cosas de Nueva España* (Madrid: Dastin, 2001), tomo I, pp. 17-18. Debemos a don Bernardino de Sahagún la confección del más detallado organigrama cronológico de las actividades religiosas de los aztecas. En este exhaustivo estudio se consigna cada una de las fiestas y eventos religiosos que tomaban lugar mes a mes en el año calendario. En cada ocasión se ofrecía una serie de sacrificios a distintos dioses o divinidades.
24. Francisco Morales Padrón, *Manual de Historia Universal*, tomo V, Historia General de América, Madrid, 1962, p. 62 (referencia a ahogamiento de niños) y pp. 88-89 (caso de los chibchas).
25. Eran dos las formas en que acometían la ejecución: a unos los ahogaban en el lago y a otros los encerraban en una caverna y los dejaban morir de hambre. Clavijero, *Historia Antigua de México*, p. 168.

compraban, a padres pobres, quienes ahogaban la voz de la naturaleza probablemente menos con las sugestiones de la miseria que con las de una infame superstición.[26]

Los mayas y los incas también practicaron los sacrificios humanos de niños en forma frecuente. Mencionemos asimismo a los picunches[27] y a los araucanos/mapuches,[28] incluso en épocas bastante recientes, siendo conocido el caso del niño de cinco años asesinado luego del terremoto de Valdivia de 1960 (hecho que tomó estado público y causó gran revuelo en su momento).[29]

Finalicemos diciendo que el gran historiador francés Jean Dumont, interesándose alguna vez por el tema, declaró. «Es Jacobo Soustelle mismo, historiador tan aztequista, quien lo señala en la revista Evasiones mexicanas, 1980: "Los aztecas estaban moral y físicamente al extremo de sus límites en sus sacrificios humanos masivos (25.000 jóvenes sacrificados para la sola inauguración del gran templo de Méjico)"».[30]

Nosotros nos hacemos la misma pregunta que Soustelle: ¿a qué les habría esto llevado si los españoles no hubieran llegado?

---

26. Prescott, *Historia de México*, p. 58.
27. Se denomina «picunche» a la población indígena hablante de mapudungun que en el siglo XVI habitaba entre el valle del río Aconcagua y el río Itata, o según una definición más restringida, a aquellos que habitaban el mencionado valle y el contiguo del Mapocho; en el segundo caso, se denomina «promaucaes» a los que vivían en el valle del Maipo y del Cachapoal.
28. Revistas anales, Universidad de Chile, Séptima Serie, n. 1, mayo 2011. Consultar en: http://www.revistas.uchile.cl/index.php/ANUC/article/viewFile/12347/18134. Tanto el padre Rosales (siglo XVII) como el gran historiador chileno José Toribio Medina y el dominico Alfonso Fernández dieron cuenta de lo mismo.
29. Arturo Zuñiga, *El niño inmolado*, El Mercurio, Santiago de Chile, 15/8/01. Consultar artículo completo en: http://www.mapuche.info/news02/merc010815.html.
30. En *La primera liberación de América*, revista Verbo, n. 267, octubre 1986, p. 85.

9.3 ¿Civilización o barbarie?

No pocas veces la historiografía o antropología moderna, sin el menor rigor científico, se refiere a las culturas prehispánicas como «civilizaciones», lo cual constituye un equívoco de grandes proporciones. Sin duda, detrás de esta categorización o recategorización convergen intereses ideológicos y políticos, especialmente en tiempos donde el progresismo urge a idealizar a aquellos grupos que le son funcionales para la destrucción de la cultura hespérica. Pero ¿cuáles son los elementos que un pueblo o cultura debería reunir para poder ser considerado como «civilización»? Si bien es cierto que la respuesta no es matemática —pues puede haber divergencias en torno al orden o la jerarquía de los factores a contemplar— y que requiere de la consideración de no pocos matices, estamos en capacidad de poder establecer una aproximación razonable. Hay quienes se centran en las realizaciones materiales de determinados pueblos (su arquitectura, ciencia, tecnología, etc.) y quienes ponen el foco más en las condiciones sociales o en el nivel de organización de la cultura en cuestión. No obstante, dicho lo anterior, lo cierto es que existen condiciones esenciales mínimas que debería reunir determinado pueblo para poder ser elevado al rango de «civilización», a lo menos, de acuerdo con el sentido común y la visión humanística clásica. En el plano inmaterial, digamos sencillamente que podremos considerar «civilizada» a aquella cultura que promueve la armonía y la paz social, el bienestar de todos sus habitantes, la educación superior, la igualdad jurídica, etc. Como se ha visto, ninguno de los mentados pueblos prehispánicos cumple con estos requisitos. Reiteramos: guerras incesantes, imposibilidad de ascenso social y de acceso a la educación de la mayor parte de la población, desigualdad ante la ley, masacres injustificadas e indiscriminadas no solo ante pueblos rivales sino hacia el propio pueblo, explotación *ad intra*, canibalismo institucionalizado y demás.

Si debiésemos categorizar o juzgar a un pueblo exclusivamente en base a sus logros o avances en el plano material, el indígena tampoco calificaría como «pueblo civilizado». Tomemos por caso el juicio de un marxista de renombre como Lewis Morgan, considerado por muchos como el padre de la antropología moderna. Desde su conocida obra de 1877, *La sociedad primitiva*,[31] distingue tres períodos étnicos o grados de desarrollo que puede lograr una sociedad. El más alto sería el de «civilización» y el más bajo el de «salvajismo», ubicando entre ellos el de «barbarie» (a su vez, cada uno de estos estadios son divididos en tres subgrupos: estado inferior, medio y superior). Las sociedades incluidas en el estadio superior de barbarie son aquellas que, entre otras cosas, trabajaban el hierro y contaban con un alfabeto fonético. En el sector medio de barbarie agrupa a las que habían logrado la domesticación de animales, el cultivo a base de riego y el empleo del adobe y la piedra en la arquitectura. Es aquí donde ubica Morgan a algunas tribus indígenas de México. Aunque si consideráramos que la domesticación de animales raramente fue conocida en Mesoamérica, su estadio debería ser aún menor.

Lo cierto es que la mayor parte de las tribus indígenas —aceptando los criterios dispuestos por Morgan— vivieron en un estadio medio a inferior de salvajismo, pues no conocían la rueda, vivían

---

31. Lewis H. Morgan, *La sociedad primitiva* (Madrid: Ediciones Endymion, 1987). Versión digital en: https://www.marxists.org/espanol/morgan/morgan-la-sociedad-primitiva.pdf.

al día —de la recolección— dispersos, desorganizados, raramente lograron una subsistencia a base de pescado, y no todos conocían el arco y la flecha. Este esquema podrá resultar bastante preciso para medir sociedades en base al nivel técnico y la calidad de vida alcanzada. Observaremos entonces que los pueblos indígenas americanos no superaron en ningún caso el nivel de «barbarie», recordando que esa palabra significa «rusticidad, falta de cultura, fiereza, crueldad».[32] Si bien no puede negarse que algunos de estos pueblos tuvieron niveles importantes de organización social y que fueron adquiriendo cierto grado de progreso a través de los siglos, este hecho no implica necesariamente que hubieran abandonado su condición original primitiva o salvaje. Digámoslo así: que hubiera pueblos en el continente más avanzados que otros no implica tampoco que hubieran sido, de hecho, «avanzados». Lo cual quedará claro, por ejemplo, comparándolos con las sociedades aborígenes de África y Asia de ese entonces, que estaban por delante en todo sentido con respecto a las americanas.

En el caso de los incas y aztecas, a los que invariablemente se tiene por «civilizaciones», habrá que hacer notar que solo pudieron sostenerse en el tiempo por uno o dos siglos. Dicho de otro modo: en tiempos históricos duraron diez minutos, y lo cierto es que sin las armas y sus campañas de exterminio no hubieran llegado a sesenta segundos. Hagamos notar, por último, que toda civilización deja un legado y algo sustancioso que emular. Por más antipático e insensible que pueda parecernos, debemos preguntarnos lo siguiente: ¿qué ha tomado el mundo civilizado de aquellos pueblos? ¿Algún novedoso sistema de gobierno u organización

---

32. Primeras dos acepciones ofrecidas por el DRAE (Diccionario de la Real Academia Española).

social? ¿Algún conocimiento o tecnología de importancia que haya mejorado la calidad de vida del hombre? ¿Algún arquetipo o ejemplo moral, tal vez? Nada de eso. En sentido estricto, el valor de las culturas indígenas americanas es fundamentalmente de carácter historiográfico y reviste en la actualidad interés turístico. Por lo demás, habrá que quedarse con los festines antropofágicos palaciegos y con dos o tres pirámides construidas por esclavos sin otra utilidad que asesinar niños, mujeres, ancianos y otros pobres desgraciados. Como se ha dicho, de no haber llegado España al continente, posiblemente la mayor parte de las culturas indígenas se hubieran extinguido.

9.4   El cristianismo empodera a los indígenas

El apoyo que los indígenas les concedieron a los europeos fue determinante para vencer a los dos imperios precolombinos despóticos más importantes de la época, el azteca y el inca. El triunfo de la España católica supuso la liberación de los indígenas, hasta entonces explotados inhumanamente por el yugo expoliador de los totalitarismos mesoamericanos y andinos. Ahora bien, resulta interesante reparar que lo que podría haber constituido una alianza circunstancial (contra el enemigo común) terminaría fundiéndolos en un mismo proyecto de vida, fundando juntos nada menos que una nueva raza con lo mejor de ambos mundos. La pregunta a hacerse es: ¿por qué los indígenas optaron por incorporarse a la civilización occidental cristiana, siendo fieles a ella hasta el fin de sus días? Habida cuenta de lo experimentado bajo la regencia de sus congéneres, podría pensarse que simplemente optaron por el «mal menor» o por apostar a algo nuevo, entendiendo que peor que antes no iban a estar jamás.

Sin embargo, en verdad, no se trataba simplemente de una apuesta, pues los indígenas contaban entonces con sobrados elementos para creer que no solo iban a estar «menos mal» que antes, sino que podían llegar a estar decididamente bien. ¿Por qué decimos esto? Porque desde el primer momento recibieron derechos que nunca consideraron posibles: igualdad en dignidad frente a Dios e igualdad jurídica ante la ley. A partir de estos dos principios inalienables se construye esta alianza sempiterna, y prontamente fueron tangibles los beneficios sensibles y espirituales que esta unión les suponía. En el plano material, por primera vez tenían posibilidades ciertas de ascenso social, lo cual hubiera sido impensado tanto bajo el imperialismo indígena como bajo el sajón. La historia lo demuestra claramente: en dos o tres generaciones, el indígena se vuelve universitario, profesor de escuela, escritor, sacerdote, obispo, regidor, alcalde, gobernador. Con España, los indígenas podían acceder a una educación superior, beneficio que en tiempos precolombinos estaba reservado a las castas dirigentes.

Los regímenes laborales se alivianan, decretándose, entre otras medidas, jornadas máximas de ocho horas y la obligación de cuidar de la salud de los trabajadores. Los salarios, por otro lado, no podían ser pagados en especie, y la remuneración por los trabajos en las minas y en el campo era más alta que la percibida en la propia Europa, como consigna Alexander Von

Humboldt.³³ A tal punto era así, que un tercio de los trabajadores de la minería eran españoles.³⁴ Vemos que todos estos datos contradicen radicalmente la difundida leyenda negra según la cual los indígenas eran explotados inhumana y sistemáticamente en el trabajo de las minas (además, si así hubiera sido, ningún español hubiera trabajado allí).

En el aspecto espiritual, indudablemente se encontraron a gusto de inmediato. De sus deidades vengativas que exigían su sangre y la de su prole, conocieron a Cristo y lo abrazaron rápidamente sin soltarlo jamás. ¿Por qué? Entre otros motivos, porque a diferencia de la inclemencia característica de los ídolos, este Dios amoroso solo les pedía que lo amaran y que amaran al prójimo,

---

33. La publicación de los trabajos de Alexander Von Humboldt derrumbaron la leyenda negra y los prejuicios que pesaban sobre España. Además del rigor histórico, sus conclusiones son de mayor interés por provenir de quien supo ser, en sus comienzos, un declarado enemigo de España. Nos dice: «¡Esto debe saberse en Europa! Los mineros mexicanos son los mejores pagados del mundo, ellos reciben de seis a siete veces más salario por su labor que un minero alemán [...] El agricultor indio es pobre pero libre. Su situación es mucho mejor que la de los campesinos del norte de Europa, en especial rusos y alemanes. El número de esclavos es prácticamente cero». El historiador mexicano, Toribio Esquivel Obregón agrega: «El jornalero de la época virreinal, con 250 días de trabajo podía comprar 37,71 hectolitros de maíz, y en 1908 solamente 23,51 hectolitros. En 1792 podía comprar 23 medidas de 100 kg. de harina y en 1908 ya nada más que 5,25. El jornalero de la época colonial podía comprar tanto trigo como el francés de hoy (1915)». Cfr. https://hispanismo.cl/2021/07/04/salarios-virreinales-alto-indice-de-desarrollo/. En el virreinato de la Nueva Granada en 1795, el sueldo anual del virrey era de 320.000 reales. Un trabajador rural ganaba 240 reales; el administrador de la Casa de Moneda, 24.000 reales; un carpintero, 544 reales; una maestra, 192 reales; el jornal diario era entonces de 2 reales. Biológicamente, las estaturas en Nueva España y Venezuela eran similares a las europeas. Al igual que en los EE.UU. o Gran Bretaña, existían diferencias sociales en las estaturas. En cambio, entre las décadas de 1730 y 1760 las diferencias decrecieron y no resultan mayores que en estos dos países. Rafael Dobado González y Héctor García Montero, *Colonial Origins of Inequality in Hispanic America? Some Reflections Based on New Empirical Evidence*, Cambridge University, 2010. En Revista de Historia Económica, Journal of Iberian and Latin American Economic History, vol. 28, n. 2, pp. 253-277.

34. Estas cifras corresponden a Nueva España. En el siglo XVIII, en Guanajuato, el 40 % de los mineros eran blancos, y en Potosí, el 17 %. Revista de Historia Económica, Journal of Iberian and Latin American Economic History, p. 257.

tan simple como eso. Y si algo faltaba para torcer su voluntad, no hubo más que contemplar el rostro maternal, dulce y suave de la virgen María, que los acogería como sus hijos predilectos y jamás los abandonaría: así lo sintieron los propios protagonistas y así lo expresaron oportunamente. Cuentan las crónicas que era tal la cantidad de indígenas solicitando el bautismo y tan pocos los sacerdotes disponibles, que había que sostener el codo de los religiosos, que tras tantas horas bendiciendo no podían ya casi levantar el brazo.

Por primera vez en la historia se daba el caso de que los «conquistados» (indígenas) tenían los mismos derechos que los «conquistadores» (españoles). En algunos casos, incluso mayores, pues ante el mismo delito se penaba con mayor severidad al español, contemplándose la condición neófita del indígena. No existe ejemplo semejante en los anales históricos de las potencias conquistadoras: desde el primer momento, el indígena fue aceptado como un miembro pleno de la sociedad occidental. Una de las pruebas más determinantes que demuestran su agrado por la regencia española lo constituye el hecho de que jamás se produjo ningún levantamiento de importancia contra España (mucho menos contra la iglesia). A ello podríamos añadir que, durante los procesos independentistas, la mayor parte de los indígenas se mantuvo firme y leal a la corona española, luchando a su lado al grito de «Viva el rey» (curioso caso de pueblos oprimidos que, ante la oportunidad de «liberación», permanecen junto a su opresor).

Recordemos que el buen trato que debía dispensarse a los indios era una obligación señalada por todos los reyes españoles y los pontífices; no habrá más que consultar las llamadas «legislaciones indianas» promulgadas por la corona y los distintos documentos pontificios al respecto.³⁵ El testamento de Isabel la Católica señala la voluntad expresa en este sentido:

> Además suplico al rey mi señor muy afectuosamente, y encargo y mando a la princesa, mi hija, y al príncipe, su marido, que así lo hagan y cumplan, y que esto sea su principal fin y en ello pongan mucha diligencia, y que no consientan ni den lugar a que los indios, vecinos y moradores de las Indias y Tierra Firme, ganadas y por ganar, reciban agravio alguno en sus personas ni bienes, antes al contrario que sean bien y justamente tratados, y si han recibido algún agravio que lo remedien y provean para que no se sobrepase en cosa alguna lo que en las cartas apostólicas de dicha concesión se mandaba y establecía.³⁶

Por su parte, el papa Pablo III, desde la bula *Sublimis Deus* del 2 de junio de 1537, manda lo siguiente:

> Nos pues, que aunque indignos hacemos en la tierra las veces de Nuestro Señor, y que con todo el esfuerzo procuramos llevar a su redil las ovejas de su grey que nos han sido encomendadas y que están fuera de su rebaño, prestando atención a los mismos indios que como verdaderos hombres que son, no solo son capaces de recibir la fe cristiana, sino que según

---

35. Consultar las «Ordenanzas reales para el buen regimiento y tratamiento de los indios» de 1512 y la «Declaración y moderación de dichas ordenanzas» de 1513 (conocidas como las Leyes de Burgos de 1512), así como las Leyes de Valladolid de 1513, aunque se suele referir a ambas bajo el nombre genérico de «Leyes de Burgos».
36. Publicado en Antonio de la Torre y del Cerro; Alsina, E. (viuda de la Torre), *Testamentaria de Isabel la Católica*, Barcelona, 1974.

se nos ha informado corren con prontitud hacia la misma; y queriendo proveer sobre esto con remedios oportunos, haciendo uso de la Autoridad apostólica, determinamos y declaramos por las presentes letras que dichos indios, y todas las gentes que en el futuro llegasen al conocimiento de los cristianos, aunque vivan fuera de la fe cristiana, pueden usar, poseer y gozar libre y lícitamente de su libertad y del dominio de sus propiedades, que no deben ser reducidos a servidumbre y que todo lo que se hubiese hecho de otro modo es nulo y sin valor, [asimismo declaramos] que dichos indios y demás gentes deben ser invitados a abrazar la fe de Cristo a través de la predicación de la Palabra de Dios y con el ejemplo de una vida buena, no obstando nada en contrario.[37]

---

37. *America Pontificia primi saeculi evangelizationis, 1493-1592*, ed. Joseph Metzler, I, Vaticano 1991, pp. 364-366.

Capítulo X

El cristianismo y la esclavitud

> *«Nada es tan repugnante a la naturaleza humana como la esclavitud; y, por lo tanto, no hay mayor sacrificio (excepto el de la vida), que un hombre puede hacer por otro, que entregarse a la servidumbre por el bien de ese otro».*
>
> —Santo Tomás[1]

SI DEBIÉRAMOS IDENTIFICAR INSTITUCIONES HISTÓricas particularmente execrables extendidas a lo largo de la historia humana, afectando a diversos imperios y culturas en diferentes grados de severidad, posiblemente la esclavitud domine el podio. Desde los estados sumerios (4100-1750 a. C.), la apropiación legal de una persona sobre otra fue una constante a través de la historia, al punto que, como señala el historiador Seymour Drescher, «la libertad, no la esclavitud, ha sido la institución peculiar»,[2] destacando la infrecuencia de sociedades enteramente libres. Según estudios de Catherine Cameron, los esclavos alcanzaron el 70 % de la población de Corea antes del siglo XVII, el 50 % en culturas africanas; el 30 % en la Grecia clásica; el 20 % en tiempos romanos; el 15 %

---

1. Santo Tomás de Aquino, Aeterna Press (1950), «The Religious State: The Episcopate and the Priestly Office» (en inglés). Consultado el 12 de julio de 2022.
2. Christina Snyder, *Indian slavery*, Oxford University Press, 2 de diciembre 2014.

de los yanomamis del Amazonas; el 30 % de los isleños del sudeste asiático; y del 5 al 25% de los pueblos ingleses previos a la conquista francesa de 1066.[3] Datos como estos echan por tierra aquella creencia moderna de que la esclavitud fue obra exclusiva de los blancos y de que los únicos que la sufrieron fueron los negros. Lo cierto y verificado es que no ha existido raza o cultura que haya escapado a este flagelo endémico y horroroso: la han practicado y sufrido por igual hombres de todos los colores. Esto es justo aclararlo.

Bajo esta perspectiva histórica, no debería sorprender en demasía que figuras destacadas como Sócrates, Platón, Aristóteles y Tácito, entre otros, defendieran la práctica de la esclavitud y la consideraran como un derecho natural, es decir, conforme a la naturaleza humana. Esta concepción se refleja en la común observación de la presencia de esclavos en los antiguos mercados. Los griegos concebían a los esclavos como meros «instrumentos vivientes» carentes de capacidad racional y, por ende, incapaces de tomar decisiones de manera autónoma. De hecho, para ellos prácticamente no existían diferencias entre los animales domésticos y los esclavos, ya que ambos resultaban indispensables en las tareas domésticas, ofreciendo una ayuda corporal.

En su libro *Política*, el discípulo de Platón escribió:

> La naturaleza, teniendo en cuenta la necesidad de la conservación, ha creado a unos seres para mandar y a otros para obedecer. Ha querido que el ser dotado de razón y de previsión mande como dueño, así como también que el ser capaz por sus facultades corporales de ejecutar las órdenes, obedezca

---

[3]. Catherine M. Cameron, *Captives. How Stolen People Changed the World*, University of Nebraska Press, 2016, pp. 8-9.

como esclavo, y de esta suerte el interés del señor y el del esclavo se confunden.[4]

De la posesión se habla en el mismo sentido que de la parte: la parte no solo es parte de otra cosa, sino que pertenece totalmente a esta, y lo mismo la posesión. Por eso el amo no es del esclavo otra cosa que amo, pero no le pertenece, mientras que el esclavo no solo es esclavo del amo, sino que le pertenece por completo.[5]

Es, pues, manifiesto que unos son libres y otros esclavos por naturaleza, y que para estos últimos la esclavitud es conveniente y justa.[6]

Por su parte, los romanos parecían particularmente crueles con los esclavos, llegando al punto de torturarlos por puro divertimento de sus amos, como reconocen, entre otros, Juvenal, Marcial y Plinio el Viejo. César Vidal pone algunos ejemplos de la brutalidad hacia los esclavos que se refleja en la propia legislación romana:

> Por ejemplo, cualquier esclavo objeto de una investigación judicial era siempre sometido a tortura porque se partía de la base de que mentiría, y en caso de que se sospechara que un esclavo era culpable de la muerte de su amo se procedía a la ejecución de todos y cada uno de los esclavos de la casa. Tácito (Anales 14, 42-45) recogió, en este sentido, cómo el homicidio de Pedanio Secundo fue castigado con la ejecución de sus cuatrocientos esclavos, y esto con la sanción

---

4. Aristóteles, *Política*, cit. I-2, 1252a32-35.
5. *Ibidem*, I-4, 1254a10-14.
6. *Ibidem*, I-6, 1255b5-15.

directa del Senado. Era el propio amo el que podía administrar la última pena a los esclavos y, de hecho, tal medida no cambió hasta Adriano (Scriptores Historiae Augustae, Vita Adriani, 18, 7-11), que exigió que la ejecución fuera llevada a cabo por la autoridad imperial. Por añadidura, la esclavitud no implicaba solo maltratos físicos, sino la sumisión a una condición terrible en virtud de la cual los esclavos dependían de los deseos sexuales de sus amos, se veían obligados a contemplar cómo sus hijos nacían esclavos, y podían ser separados de ellos y del resto de su familia. Incluso en el más que improbable caso de que alguien lograra recuperar la libertad, esta no era absoluta e implicaba una perpetua vinculación a los intereses del antiguo amo.[7]

Ante la práctica ampliamente difundida y enraizada de la esclavitud, la iglesia primitiva formuló una estrategia destinada a su erradicación de la sociedad. Si bien la misión inicial es de carácter espiritual, es decir, la liberación del ser humano de la opresión del pecado que lo subyuga al demonio, el mundo y sus propias pasiones (Juan 8:32, 44; Romanos 6:16; Efesios 2:1-3; 2 Pedro 2:19; 1 Juan 3:8), la iglesia ha demostrado a través de su praxis una clara vocación a la acción social y al compromiso con la comunidad, la iglesia lanza una consigna verdaderamente revolucionaria para la época, y lo hace de modo público, aun sabiendo que esto podría generarle cruentas persecuciones

---

[7]. Ob. Cit., p. 53-54. Por ley, los hombres libres no podían ser sometidos a tortura, quemados vivos o apaleados, mientras los esclavos sí (por su amo o un juez). Paul Veyne, *¿Qué es ser romano?*, L'Histoire. Número especial Roma, capital del mundo, 1999, pp. 8 -11.

(especialmente por parte de los esclavistas). En este sentido, se establece que la dignidad de los individuos, tanto esclavos como libres dentro de la sociedad civil, es igual en Cristo (Gálatas 3:26-28). Esta concepción de igualdad de los hombres en dignidad frente a Dios, sin ningún tipo de distinción social o racial, constituía toda una novedad. Como señala el sacerdote José María Iraburu, esta observación se evidencia desde los inicios del cristianismo:

> En las celebraciones litúrgicas no se separan libres y esclavos; el matrimonio de los esclavos es tenido por válido; los esclavos tienen acceso a los cargos de la Iglesia; el papa San Calixto (217-222), por ejemplo, había sido esclavo. La Iglesia pretende así dos cosas: primera, que todos los hombres —todos ellos espiritualmente esclavos, tanto los esclavos como los libres— vengan a ser en Cristo espiritualmente libres; y segunda, que el esclavo social sea tratado con toda caridad, «como a hermano muy amado» (Filemón 16).[8]

En otras palabras, el cristianismo busca que sus seguidores vivan su fe de acuerdo con los principios del evangelio, ejerciendo una influencia creciente en todos los estratos sociales, tanto en lo emocional como en lo intelectual. La influencia del cristianismo en la sociedad ha sido determinante en la abolición gradual de la esclavitud, dando paso a la servidumbre, cuyos siervos gozaban de ciertos derechos (similares a los que tienen los empleados en la actualidad). Sin embargo, surge la interrogante sobre la razón por la cual el cristianismo no abolió la esclavitud de manera inmediata.

---

8. *Evangelización de América (71). La esclavitud; historia y doctrina*, Infocatólica, 14/9/19.

En primer lugar, debido a la ausencia de facultades y poder político para hacerlo. Tanto el cristianismo como sus representantes religiosos, incluyendo obispos y pontífices, carecían de la capacidad o autoridad para abolir la esclavitud o prohibir prácticas como la tortura y las ejecuciones. Estas decisiones eran competencia exclusiva del poder secular, es decir, del estado y su monarca. En este sentido, se cita el pasaje de Mateo 22:21, donde se recoge la exhortación de Jesucristo a obedecer a las autoridades políticas en cuestiones temporales.

No obstante, resulta evidente que la erradicación inmediata de la esclavitud por decreto habría sido una tarea ardua, especialmente considerando su arraigo en las culturas paganas precristianas, muchas de las cuales dependían significativamente del comercio y el usufructo de esclavos. En aquel contexto temporal, la eliminación abrupta de la esclavitud habría generado una crisis económica devastadora que hubiera desembocado en enfrentamientos violentos, los cuales no habrían logrado resolver el problema, ya que los estados, aprovechándose de su monopolio de la fuerza, se beneficiaban del *statu quo*. Ante este panorama, el cristianismo se erigió como una fuerza activa y paciente, trabajando estratégicamente para erradicar este flagelo de las sociedades afectadas. La labor del cristiano se centraba en influir, a través de la exposición de un modelo de vida alternativo, en la modificación de esas costumbres desde el interior de las sociedades afectadas. Como señala Bernardino Montejano, la contribución del apóstol Pablo y del cristianismo en general no se reduce a una mera protesta contra la esclavitud, sino que implica una erosión sistemática de sus fundamentos. Esta perspectiva es corroborada y explicada con meridiana claridad por el destacado teólogo protestante Emil Brunner:

> La institución de la esclavitud se disuelve desde dentro hacia afuera, y se sustituye por el orden de la comunidad de amor, sin la interferencia del orden mundanal [...] los cristianos tenían algo mucho más importante que hacer que protestar contra algo que no podían modificar y que una lucha abierta contra esa injusticia en aquella situación no habría conseguido suprimirla, antes bien, por el contrario, habría provocado un aumento de dicha injusticia.[9]

Poco a poco, los religiosos cristianos iban exhortando no solo al cristiano de a pie, sino fundamentalmente a los príncipes y reyes, para que fueran abandonando estas prácticas:

> La Patrística se ocupa del tema y así Lactancio afirma: «para nosotros no hay siervos sino que a estos los consideramos y llamamos hermanos en el espíritu»; San Gregorio Nacianceno declara incompatible a la esclavitud con el cristianismo; el papa Calixto, contra las leyes romanas, autoriza el matrimonio de libres con esclavos o libertos; San Ambrosio vende los vasos sagrados para liberar esclavos; San Clemente Romano exalta el ejemplo de los cristianos heroicos que se sometieron a esclavitud para liberar a otros cuya fe y costumbres estaban en peligro.
> Constantino prohíbe marcar en la cara a los esclavos, crucificarlos, declara culpable de homicidio al amo que mate a algún esclavo; Justiniano castiga el rapto de una mujer esclava con la misma pena que el de la libre, permite a los

---

9. Emil Brunner, *La justicia*, Universidad Nacional Autónoma de México, pp. 134-135.

senadores esposar esclavas y prohíbe separar del suelo a los esclavos.

Con todo esto, preguntamos a los ignorantes o mentirosos vernáculos, ¿la iglesia no tuvo nada que ver?

En la Edad Media observamos una evolución saludable de la esclavitud que se transforma en servidumbre. San Gregorio Magno establece normas muy concretas sobre el buen tratamiento de los siervos.

San Pedro Nolasco funda en 1218 la Orden de la Merced para rescatar a quienes eran cautivos o esclavos de los musulmanes, intercambiando los frailes muchas veces su propia vida por la de aquellos; hoy la Orden mantiene su carisma ante nuevas realidades agraviantes de la dignidad humana que se presentan.[10]

¿A quién si no a los reyes le habla Santo Tomás cuando rechaza duramente la esclavitud en la cita que da inicio a este capítulo? Y sobre la servidumbre, para que no pudieran excederse en este empleo, señala también los derechos que le caben al siervo:

El hijo, en cuanto hijo, es algo del padre; e igualmente, el siervo, en cuanto siervo, es algo del señor. Sin embargo, ambos, en la medida en que son considerados como unos hombres, son algo subsistente por sí mismo, diferente de los demás. Y por eso, en cuanto los dos son hombres, de alguna manera existe la justicia para estos, y de ahí que se den también ciertas leyes sobre las cosas que son propias del padre

---

10. Bernardino Montejano, Declaración del INFIP sobre la esclavitud, 27/10/14.

para el hijo o del señor para el siervo. Pero, en cuanto uno y otro son algo del otro, según esto, falta aquí la perfecta razón de derecho o de lo justo.[11]

Si bien es cierto que en la Edad Moderna se produjo una reaparición de la institución de la esclavitud con la trata de negros, especialmente en el siglo XV (como consecuencia del Renacimiento, en especial en Italia, un período que revaloró la época pagana clásica), la iglesia continuó con su prédica, oponiéndose en este sentido a las principales potencias negreras, como fueron Holanda, Portugal y Génova. En 1462, el papa Pío II describió la esclavitud como un «gran crimen», y Pablo IV ratificó la prohibición de la esclavitud y en 1537 excomulgó a quienes esclavizaban a los indígenas. Pío V siguió la misma línea en 1568, mientras que Urbano VIII lanzó en 1639 duras críticas contra «un semejante y abominable comercio de hombres» (Pérez, 2016). Posteriormente, en 1714, Benedicto XIV hizo lo mismo, y así se mantuvo la línea de crítica religiosa hasta el presente. Sin embargo, muchas naciones hicieron caso omiso de las prédicas religiosas. En 1608, San Pedro Claver, un sacerdote cristiano de raza negra, arribó a las Indias, demostrando así que la iglesia no realizaba distinciones étnicas, reconociendo a todos como iguales en la filiación divina. Este destacado apóstol bautizó a aproximadamente 300.000 personas, según sus propios registros. En Brasil, antigua colonia portuguesa, los pontífices se enfrentaron a mayores desafíos debido a la tradición esclavista imperante en ese territorio. En 1837, el papa Gregorio XVI publicó una encíclica exhortando a los obispos de Brasil a persuadir a las autoridades locales para que abandonaran

---

11. Santo Tomás de Aquino, *Suma Teológica*, II-IIae, cuestión 57.

la práctica de la esclavitud, considerada por la iglesia católica como una ofensa a los principios cristianos. Sin embargo, aparentemente, las autoridades no atendieron a las advertencias de los religiosos, de modo que medio siglo después, el 5 de mayo de 1888, León XIII volvió a exhortar a los obispos sobre el mismo tema. En este contexto, resulta pertinente cuestionar las posturas de los líderes iluminados de 1789. La institución de la esclavitud fue restablecida por Napoleón (hijo predilecto de la Revolución francesa) en las colonias francesas en 1802. Si bien se suele creer que la totalidad de las personas esclavizadas eran de raza negra, lo cierto es que la institución de la esclavitud no tenía color, nacionalidad ni raza. Se evidencia que individuos de etnia blanca también fueron sujetos a este régimen, tanto en el contexto del Imperio otomano como en el de los distintos imperios islámicos y paganos, ya fueran occidentales, orientales o africanos. La práctica de la esclavitud no se limitó a grupos de raza negra, sino que también se observó entre las poblaciones indígenas, asiáticas y otras comunidades.

Es relevante destacar el papel de la comunidad protestante de Inglaterra, la cual se distinguió por su lucha en pro de la abolición del comercio de esclavos en su territorio y, posteriormente, de la abolición de la esclavitud misma. Un ejemplo notable de esta lucha es el himno cristiano «Sublime Gracia», compuesto por John Newton, un ministro protestante que, tras su conversión, se opuso firmemente al comercio de esclavos. El movimiento abolicionista, que abarcó más de tres décadas, emergió en la década de 1770. Dentro del movimiento protestante cuáquero se formó un Comité para la Abolición del Comercio de Esclavos, reflejando su firme oposición a la institución de la esclavitud por convicciones religiosas. William Wilberforce, un cristiano devoto que consagró su vida política a la erradicación de la esclavitud, lideró la lucha por leyes abolicionistas. Esta tarea le tomó décadas de campañas y muchos intentos fallidos de aprobación de leyes que pusieran fin al comercio de esclavos debido a la fuerte presión de los grandes grupos económicos, que obtenían grandes beneficios del comercio y el usufructo de los esclavos. A partir de 1789, Wilberforce comenzó a proponer leyes contra el comercio de esclavos, pero no fue hasta 1807 que el comercio de esclavos fue abolido legalmente en todo el Imperio británico. Sin embargo, los esclavos en las colonias británicas no fueron liberados hasta 1838.

En uno de sus discursos al parlamento durante sus muchas alocuciones en contra del comercio de esclavos, Wilberforce dijo:

> No desesperemos; es una causa bendita y el éxito, dentro de poco, coronará nuestros esfuerzos. Ya hemos obtenido una victoria: hemos logrado que estas pobres criaturas reconozcan su naturaleza humana, que durante un tiempo les fue negada de la manera más vergonzosa. Ese es el primer fruto de nuestros esfuerzos; perseveremos y nuestro triunfo será completo. Nunca, nunca desistiremos hasta que hayamos borrado este escándalo del nombre cristiano, nos hayamos liberado de la carga de culpa que actualmente soportamos y hayamos extinguido todo rastro de este tráfico sangriento, del que nuestra posteridad, al mirar atrás a la historia de estos tiempos ilustrados, apenas podrá creer que se haya permitido que existiera durante tanto tiempo como una desgracia y una deshonra para este país.[12]

---

12. William Wilberforce. Discurso ante la Cámara de los Comunes. Parlamento inglés. 18 de abril de 1791.

A pesar de los avances logrados en la erradicación de la esclavitud, este problema persiste en diversas formas y grados, como lo demuestran numerosos estudios (Fernández, 2023; Smith et. al., 2021; Johnson, 2022). Un análisis de los registros públicos de organizaciones como la OIT (Organización Internacional del Trabajo) revela la existencia de cientos de miles de menores sometidos a formas de esclavitud, como el tráfico y la trata de personas, así como a contextos de conflictos étnico-religiosos. Estas situaciones se manifiestan de manera prominente en regiones como África Occidental, donde se registran casos significativos en países como Benín, Nigeria, Costa de Marfil, Togo y Sierra Leona. Dichos menores son sujetos de explotación por parte de organizaciones delictivas, las cuales los venden como esclavos por cantidades que oscilan en los treinta euros a individuos con inclinación hacia la pedofilia, así como a propietarios de fábricas, explotaciones mineras y agrícolas, entre otros. Sin embargo, no se menciona la existencia de millones de personas sometidas a prácticas esclavistas en países como la India, China, Mauritania, Haití y Pakistán. Asimismo, se pasa por alto el hecho de que en Arabia Saudita la esclavitud persiste, a pesar de la prohibición formal establecida en 1962. No se aborda el tema de los musulmanes que practican la esclavitud (recordemos que el propio Mahoma tuvo esclavos), y que en 2011 en Pakistán fueron secuestradas 700 cristianas y posteriormente vendidas como esclavas. Existen numerosos casos similares en la actualidad.

Resulta pertinente señalar que ninguna religión, cultura o pueblo se ha visto exento de la práctica de la esclavitud, sin embargo, solo el cristianismo se ha propuesto erradicarla con éxito. Por último, es relevante abordar la distinción entre siervos y esclavos, puesto que algunos autores buscan presentar un período medieval cristiano caracterizado por la esclavitud, confundiendo o comparando intencionalmente ambas categorías. En resumen, el siervo es un individuo que, si bien goza de libertad, decide voluntariamente brindar servicios a cambio de una compensación. En la Edad Media, era común que los hombres prestaran servicios como campesinos o labradores a señores feudales o nobles a cambio de un lugar para vivir, comida y protección. Estos siervos tenían la posibilidad de marcharse en cualquier momento. Esta dinámica, aunque aparentemente distinta, guarda similitud con las relaciones de dependencia que se pueden establecer entre una empleada doméstica y su empleador, un trabajador agrícola y su patrón, o entre cualquier asalariado y su jefe. En todos los casos, se establece un intercambio de servicios o productos por parte del trabajador, sin que se les considere como siervo o esclavo. Según la destacada medievalista francesa Régine Pernoud:

> El término «siervo» se ha comprendido mal, ya que se ha confundido la servidumbre del Medievo con la esclavitud que fue la base de las sociedades antiguas, y de la que no se halla ningún rastro en la sociedad medieval. La condición del siervo era completamente diferente a la del antiguo esclavo: el esclavo es un objeto, no una persona; está bajo la potestad absoluta del patrón, que posee sobre él derecho de vida y muerte; le está vedado el ejercicio de cualquier actividad personal; no tiene familia ni esposa ni bienes [...] El siervo medieval es una persona, no un objeto: posee familia, una casa, campos y, cuando le ha pagado lo que le debe, no tiene más obligaciones hacia el señor. No está sometido a un amo, está unido a una tierra, lo cual no es una servidumbre personal sino una servidumbre real. La única restricción a

su libertad reside en que no puede abandonar la tierra que cultiva. Pero, hay que señalar, esta limitación no está exenta de ventajas, ya que si no puede dejar el predio tampoco se le puede despojar de este. El campesino de la Europa occidental de hoy día debe su prosperidad al hecho de que sus antepasados eran «siervos de la gleba». Ninguna institución ha contribuido tanto a la suerte, por ejemplo, de los agricultores franceses.[13]

Lo antedicho desmonta el mito del *ius primae noctis*, el cual, según la historiografía anticristiana, atribuye a las autoridades cristianas derechos carnales sobre la novia de un campesino en el día de su boda. Esta creencia, que ha sido reproducida en numerosas películas de Hollywood, ha llevado a muchas personas a creer en ella. El denominado «derecho de pernada» se limitaba al derecho de autorización del matrimonio de los campesinos fuera del feudo. Al inicio de los tiempos feudales, los campesinos se veían imposibilitados por sus patrones para contraer matrimonio fuera de su región, con el propósito de fomentar el crecimiento poblacional en los feudos. Esta imposición de la residencia limitada para los campesinos en lo que respecta a su vida matrimonial fue objeto de crítica por parte de la Iglesia, la cual instó a los señores feudales a permitir tales uniones, lo cual eventualmente fue logrado. En resumen, esta es la situación de los campesinos en lo que respecta a su derecho a contraer matrimonio.

---

13. En Messori, ob. cit. p. 170.

Capítulo

XI

El cristianismo y la tortura

«En aquellos memorables días 7, 8 y 9 de marzo del año 1820, en que el rey Fernando se vio obligado a jurar la Constitución de 1812, fueron forzadas estas prisiones (de la Inquisición) por el pueblo, ávido de encontrar en ellas las horrendas señales de los tormentos y las víctimas desdichadas de aquel funesto tribunal; pero en honor de la verdad debemos decir que solo se hallaron en las habitaciones altas que daban al patio dos o tres presos o detenidos políticos [...] y en los calabozos subterráneos, que corrían largo trecho en dirección de la plazuela de Santo Domingo, nada absolutamente que indicase señales de suplicio, ni aun de haber permanecido en ellos persona alguna de mucho tiempo atrás».

—El Antiguo Madrid[1]

11.1 Consideraciones preliminares

Lo delicado y antipático de esta cuestión exige algunos comentarios y consideraciones previas, pues la sola mención de la palabra tortura,

---

1. Ramón de Mesonero Romanos, *El Antiguo Madrid*, 1861, capítulo XXI, p. 300.

se sabe, despierta la sensibilidad de las almas más inconmovibles, interesando al indiferente y generando escalofríos incluso al guerrero más impasible y temerario.

Históricamente, aun en la actualidad, cuando se menciona la palabra tortura inmediatamente aparece asociada en nuestra cabeza al tribunal de la Inquisición (sea el francés, español, romano, portugués, etc.). Por eso, tomaremos el caso de la Inquisición para abordar este asunto, pues derribado el mito más grande, caerán indefectiblemente los otros.

Comencemos adelantando dos cosas. Primero, que la práctica de vejaciones físicas como medio de prueba o castigo ha existido históricamente en todas las culturas. Luego, al igual que en el caso de la esclavitud antes mencionado, conviene recordar que cuando llega el cristianismo, esta era una práctica comúnmente aceptada por la sociedad y sus autoridades políticas. En sus primeros tres siglos, el cristianismo, como sabemos, fue una minoría perseguida duramente, y pasarán largos siglos hasta que el mensaje del evangelio penetrara profundamente en todos los estratos sociales y políticos. Es decir, el cristianismo no podía abolir leyes ni prácticas permitidas y garantizadas por los estados, pues no tenía el poder ni las facultades. Lo que sí hizo desde un primer momento es bregar poco a poco por su erradicación total. Esto es importante tenerlo en cuenta desde este preciso instante.

— ›› ‹‹ —

Naturalmente, la práctica de la tortura es condenable en todo tiempo y lugar, por ser contraria a la dignidad creatural de la persona humana. Aclarado este punto, conviene sin embargo trazar algunas consideraciones sobre este asunto:

- No se debe dañar nunca a un inocente o a un sospechoso. Ya lo habían dispuesto dos grandes inquisidores medievales, Bernard Guildonis y Eymeric: «*ut puniatur sic temeritas perversorum quod innocentiae puritas non laedatur*»; es decir, «no castigar al sospechoso para lastimar al inocente».
- No todo castigo físico es, o implica, tortura.
- Se puede y se debe penar a un culpable.
- La pena, para el culpable, siempre consiste en la privación de un bien. Este bien del cual se priva al culpable puede ser: la libertad, mediante la cárcel; la honra, mediante la divulgación pública de su culpa y su delito; y la integridad física, mediante un castigo corporal proporcionado y racional.

Modernamente se ha renunciado formal y legalmente a la aplicación de la tercera clase de pena, por considerarla incompatible con la sensibilidad imperante. Pero sin pretender elaborar aquí una historia de la sensibilidad humana, la verdad es que la misma se ha modificado con los siglos. Para un hombre del siglo XIII hubiera sido aborrecible ver por televisión cómo bombardean una ciudad distante mientras el televidente cena con su familia cómodamente. También hubiera sido escandaloso que algo tan privado y sacro como un juicio se hiciera público y masivo. Lo público y masivo era el castigo ejemplar, pero no el juicio. La sensibilidad actual actúa al revés. No se sorprende por los juicios populares devenidos en circos de revancha, desquite y rencor. Pero jamás se sabe si los castigos se cumplen o incumplen, y hasta se tiene la sospecha de que son violados por las prebendas de que suelen gozar los delincuentes. Se es insensible al sacrilegio y la blasfemia. Se es hipersensible al menor acto de punición física, como el de un padre que abofetea justicieramente a su hijo. Antiguamente era a la inversa. La sensibilidad se estremecía de espanto ante la impiedad. Nadie se inmutaba si un hijo díscolo recibía un par de azotes. La sensibilidad ha cambiado, pero no hay un principio moral que establezca que toda pena física aplicada a un culpable es *per se* inmoral.

- A pesar de que la tortura está hoy formal y legalmente abolida y extirpada, nadie puede ignorar que se continúa utilizando (incluso por parte de no pocas potencias occidentales), y en ocasiones con tan inusitada crueldad que hace ver a los verdugos de antaño como empleados de un spa (véanse por caso los archivos desclasificados de EE. UU., Israel y Gran Bretaña con sus prisioneros a comienzos de este siglo). Bien documentada se encuentra la aplicación de la tortura por parte de los comunistas soviéticos, siendo pioneros en las torturas psíquicas aplicadas con métodos farmacológicos y químicos devastadores, de los cuales el lavado de cerebro es el más tristemente popularizado.
- La tortura como método de instrucción procesal para obtener el autoinculpamiento es siempre inmoral e irracional. Lo mismo se dice de la tortura como expresión de sadismo.
- Pertenece al terreno de la casuística, esto es, al de la ética aplicada según los casos, establecer si en algún caso de extrema necesidad, dadas ciertas condiciones, requisitos y circunstancias, y habiéndose probado ya todos los recursos, se podría considerar legítima la tortura para salvaguardar el bien común. Por ejemplo: se detiene a un terrorista de quien consta que ha colocado una bomba. Si no dice cuándo y dónde estallará, morirán miles de inocentes. Se deben probar todos los métodos

persuasivos para que revele el dato. Pero ¿qué sucede si calla? Aquí es donde interviene la casuística, no para dictaminar que hay que torturar necesariamente, sino para establecer qué es lo que conviene hacer, incluyendo el castigo corporal. En la actualidad existen naciones erigidas en jueces del mundo, del presente y del pasado, que justifican —a menudo sin bases— el empleo de la fuerza, generalmente desmedida, aludiendo «motivos de seguridad». ¿Por qué habrían de haber pensado diferente los estadistas de cinco siglos atrás?

11.2 Antecedentes

En la antigua Grecia, comentaba brevemente Tomás Barutta, la tortura era admitida para los esclavos, siendo este medio de prueba muy estimado por sus más ilustres legisladores y elogiado por hombres como Isócrates y Demóstenes. En los alegatos del abogado de litigios privados (depósitos bancarios, reclamaciones de sumas, injurias leves), que entre otras cosas fue Isócrates, aparecen continuas alusiones a las evidencias obtenidas en interrogatorios legales practicados sobre esclavos con uso y abuso de los tormentos. Aristóteles, a su vez, afirmaba en su *Retórica* que la tortura era una de las cinco pruebas que podían aportar en un proceso junto a las leyes, los pactos, los testigos y el juramento. Definía a la tortura como «una confesión del delito sacada por fuerza y violentamente contra la voluntad del reo, no estando el delito plenamente probado, sino solo habiendo semiplena probanza».[2] Orti y Lara, el

---

2. Citado en Orti y Lara, *La Inquisición*, p. 230.

erudito eclesiástico, comenta los fines que pretendían los antiguos jurisconsultos del tormento: «Dos fines pretendían por este medio, uno principal y otro secundario; el principal era, averiguar el reo de algún delito grave; y el secundario, purgar la mala fama del atormentado, originada de otros delitos, y junto con esta fama, purgar los indicios que resultaban contra él».[3]

También lo había prescrito el derecho romano para investigar la verdad del delito y a sus autores y sus cómplices. Del derecho romano pasará a la legislación de los estados europeos de la Edad Media. Las leyes de las Partidas lo dejaron expresamente consignado: «Cometen los hombres, dicen, y hacen yerros grandes y males encubiertamente, de manera que no pueden ser sabidos ni aprobados. Y por ende tuvieron por bien los sabios antiguos que hicieron tormentar a los hombres para que pudiesen saber la verdad de ellos».[4]

En el antiguo Egipto a los adúlteros y ladrones se les cortaban las narices; al violador del secreto del estado, la lengua; y al falsificador, las manos. El adulterio y la prostitución de las mujeres de las primeras clases sociales se penaban con la muerte por combustión. En Babilonia, por ejemplo, encontramos el severísimo Código de Hamurabi que castiga por la ley del talión con la muerte de los propios hijos al culpable del aborto ajeno. Las mismas consecuencias recaían sobre aquellos que violaran el Código de Manu, en la India, donde aún se practica toda clase de torturas. En China, el robo leve se castiga con la muerte, y en Persia, abriéndole el vientre al ladrón y dejándolo morir. Aztecas, mayas, toltecas y otros pueblos norte y centroamericanos —hoy tan idealizados— practicaron torturas

---

3. Orti y Lara, ob. cit., p. 237. Consultar especialmente el capítulo VIII, titulado «Continúa el tormento».
4. Henry Kamen, *Los caminos de la tolerancia*, p. 174.

indecibles en rituales con prisioneros, niños, mujeres y ancianos, como a su vez lo hicieran sectas musulmanas y bárbaras, y aun en la actualidad ciertas tribus africanas. Los judíos, ya lo hemos dicho, infligían torturas severísimas hacia los transgresores de la Ley de Moisés.

No obstante, en este sentido, sería un error juzgarlos de forma apresurada o categórica, pues indudablemente, los tiempos eran otros y los hombres no escapan a su tiempo. Pero una cosa son los hombres, falibles por naturaleza, y otra muy distinta el cristianismo como doctrina y en su conjunto. La violencia propia de tiempos remotos fue mitigándose gracias a la influencia y la penetración del evangelio en la sociedad. No podemos dejar de mencionar que la iglesia católica siempre se había opuesto al empleo de la tortura, siendo célebre la respuesta del papa Nicolás I a los búlgaros en el año 863 y el Decreto de Graciano del siglo XII.[5] Recién en el año 1252, mediante la bula *Ad extirpanda*, el papa Inocencio IV se vería forzado a dar estado legal a este medio de prueba —practicado por el estado desde lo antiguo en forma muchas veces desmesurada— debido a la insostenible situación del peligro hereje; aunque debía aplicarse solo bajo estrictísimas condiciones. Una de ellas era que no se pusiera en peligro la integridad de los miembros ni la vida del acusado (*citra membri diminutionem et mortis periculum*). En uno de sus pasajes la bula, no sin lógica, dice: «La tortura se aplica a los ladrones y a los asesinos. ¿Qué son pues, los herejes sino ladrones y asesinos de almas?».

Con el mismo sentido común, dice bien el jurista francés Alec Mellor: «¿Por qué el crimen de herejía, colocado en la cima de los

---

5. Jean Dumont, *La Iglesia ante el reto de la historia* (Madrid: Ediciones Encuentro, 1987), p. 57.

delitos, había de beneficiarse con un trato de favor?». Es cierto que, en las regiones católicas y cristianas en general, la tortura era considerada muchas veces un medio lícito de prueba, pero hay que comprender que la religión y los religiosos no tenían facultades sobre el rey o el poder secular: podían sugerir, objetar, lamentar, pero no arbitraban las leyes. Esto es importante tenerlo en cuenta.

Un error que se comete frecuentemente cuando se recuerda a la revolución jacobina es atribuirle la abolición de la tortura. La tortura había sido abolida en ese país por un rey cristiano, Luis XVI, en 1788 (sí, el mismo que con su particular concepción de la tolerancia decapitara a los revolucionarios frente al pueblo). Como bien hace notar Alec Mellor, la tortura continuó aplicándose bajo otros nombres más o menos eufemísticos. En su obra cumbre, comenta el galo la abundancia de refinadas torturas de las que fueron objeto los católicos de la Vendée por parte de los revolucionarios franceses. El mismo Napoleón Bonaparte, escribiendo al general Scoult, comandante en el campo de San Omar, dice: «Haga hablar al pescador que se ha comunicado con los ingleses. Si usted lo ve vacilar, hágale aplastar las yemas de los dedos en un cerrojo de fusil».[6]

11.3 La aplicación del tormento

Ni la Inquisición medieval ni la española aplicaban la tortura arbitraria o sistemáticamente. Con suma prolijidad se encontraba reglamentado su empleo, duración y modalidad. No se la prodigaba. Por

---

6. En Montes, *El crimen de herejía*, p. 215. Cit. en B. Llorca, ob. cit., p. 61.

ejemplo, la Inquisición jamás autorizó el «tormento preparatorio», empleado por los tribunales civiles ya al comienzo mismo del juicio para arrancar confesiones. «El uso del tormento», dice el canonista Bouix, «se encuentra en las leyes y costumbres de todos los pueblos, de tal manera que no se creía en ellos poderse administrar sin él rectamente la justicia».[7] Sin embargo, resulta indudable que algunos monarcas y funcionarios abusaron de este recurso.

El tormento mantuvo siempre su condición de prueba subsidiaria (ultimísimo recurso cuando el resto de los medios no hubiera dado resultado). No se aplicaba, naturalmente, a los que se confesaban culpables o sobre aquellos en que la evidencia disponible (en contra o a favor) fuera tan abundante y categórica que el caso se encontrara prácticamente probado (absolución o condena).

El caso de San Juan de Capistrano debe mencionarse, pues este santo varón inquisidor fue, si no el primero, uno de los pocos hombres que en su época se había opuesto de forma rotunda al empleo de la tortura (sin olvidar a notables canonistas medievales como Graciano). Su influencia en los cristianos de su tiempo sería decisiva. El tormento pasó a ser cada vez más humano e infrecuente, siendo finalmente descartado en forma definitiva.

A partir de intensas investigaciones históricas, el mito del tribunal como una máquina sistemática de tortura ha sido desechado para siempre, aun por historiadores enemigos de la Inquisición avasallados por la calidad y cantidad de evidencia al respecto. Lamentablemente, las acusaciones de utilización de tortura por parte de los cristianos son producto de una larga lucha entre protestantes y católicos desde el siglo XVI, donde se atribuían mutuamente las peores atrocidades.

---

7. Bouix, Tractatus de judiciis, p. 2, sección IV, cap. V, subs. IV, párrafo XII. Citado en Orti y Lara, ob. cit., pp. 230-231.

Fue una guerra de propaganda, pero como tal, la mayor parte de las veces las acusaciones eran falsas. El mismo Charles Lea debió admitirlo luego de estudiar una y otra vez los archivos. Lea le escribía a Amador de los Ríos en 1870: «Me siento dispuesto a pensar que las historias de diabólicos manejos de tortura inquisitorial no son auténticas, pues la cuerda, el potro y el brasero eran suficientes para sus fines en la práctica, y que mayores refinamientos no eran necesarios, a no ser para influir en la imaginación de las gentes un misterioso terror a los horrores de la Inquisición. ¿Puede usted decirme si tengo o no razón?».[8] Una de las mejores pruebas de la inexistencia de cuartos e instrumentos de tormento, como los imaginados por los enemigos del tribunal, es sin duda la declaración de varios generales franceses que, en ocasión a la invasión de España, sorprendidos al no encontrar nada de eso, debieron reconocer forzosamente que nada de lo que se había dicho al respecto hasta el momento era cierto.[9]

Suele repetirse y creerse que quienes aplicaban el tormento eran los religiosos (inquisidores o no), y sin embargo esto es completamente falso: para la ocasión se rentaba un verdugo, que solía ser el mismo utilizado por los tribunales civiles. Habrá que convenir —pues la documentación lo revela claramente— en que no era nada sencillo obtener el permiso para la aplicación del tormento sobre un encausado, pues además de ser considerado solo ultimísimo recurso

---

8. Citado en Edward Peters, *Charles Lea y el descubrimiento americano de la Inquisición*, en PSII, p. 539. Lea agrega lo siguiente: «Esa impresión popular de que la cámara de tortura inquisitorial era escenario de un excepcional refinamiento de crueldad, de modos especialmente ingeniosos para infligir una agonía, y de la particular persistencia en arrancar confesiones, es un error debido a los escritores sensacionalistas que han explotado la credulidad [...] El sistema era malo, pero la Inquisición española no fue responsable de su introducción y, en general, fue menos cruel que los tribunales seculares al aplicarlo, limitándose estrictamente a unos cuantos métodos conocidos» (Charles Lea, *Historia de la Inquisición*, vol. II, cap. III).
9. En Riesco, *Discusión del proyecto de decreto sobre el tribunal de la Inquisición*, p. 171.

—reservado para los casos más graves—, debían coincidir en su conveniencia tantos los inquisidores como los sacerdotes ordinarios.

Aun en los casos en que se concedía este recurso, si comparáramos a todas las culturas e instituciones que permitieron la tortura, la Inquisición fue quien la aplicó más moderadamente y en excepcionalísimas ocasiones, ¡existiendo casos de tribunales que jamás llegaron a emplearla ni una sola vez! El protestante Hoffman Nickerson —siendo Caro Baroja de la misma opinión—, escribe: «En realidad, parece, por otros testimonios, que el Santo Oficio, en materia semejante, fue casi siempre de gran benignidad».[10] Conforme a la fórmula *citra membri diminutionem et mortis periculum*, no se permitían aquellos castigos que trajesen derramamiento de sangre, dislocación de miembros, etc. Así lo señala otro protestante, Schäfer: «El tormento de la Inquisición española estaba basado en el principio de producir un dolor muy agudo, pero sin causar heridas en el delincuente ni ningún género de daño corporal. Porque no se compaginaba con el servicio secreto de la Inquisición el que se hubiera podido advertir en el reo señales de los martirios sufridos, si aparecían en algún auto de fe. De ahí que la tortura de la Inquisición española se distinguía esencialmente del procedimiento criminal alemán, el cual producía el dolor de la tortura de una manera más brutal, con el descuartizamiento del cuerpo o la dislocación de los miembros de la víctima».[11] Resulta interesante observar que las contadas veces en que su empleo fue autorizado, se comprueba que en la gran mayoría de los casos los reos nunca eran efectivamente torturados, pues les

---

10. Hoffman Nickerson, *La Inquisición y el genocidio del pueblo cátaro* (Barcelona: Círculo Latino, 2005).
11. Ernst H. J. Schäfer, Protestantismo español e Inquisición en el siglo XVI, Vol. I, (Sevilla: CIMPE, 2015).

bastaba con ver los instrumentos de tormento para confesar, funcionando a fin de cuentas más como método de disuasión que de coerción. De esta opinión, entre otros, es la historiadora Splendiani: «El solo hecho de ser introducidos a la sala de tormento y ver los instrumentos, convencía a muchos de las bondades de confesar».[12]

Es importante señalar que nadie moría en las salas de tormento. La Inquisición en este sentido había establecido una serie de normativas sobre la aplicación de la tortura que salvaguardaban la integridad física del individuo afectado. Por ejemplo, la tortura solo podía aplicarse una vez y por no más de quince minutos, y siempre había un médico presente. No todos podían ser sometidos a tormento, pues se encontraban exentos los niños, ancianos, mujeres embarazadas (o en estado de gravidez o lactancia), los débiles, locos y todo aquel que tuviera alguna incapacidad física. Quienes reconocían su culpa antes, durante o después del tormento, eran inmediatamente liberados o penitenciados con alguna pena ligera, dependiendo a veces del tiempo que habían tardado en confesar. Es importante mencionar que las confesiones obtenidas por este medio debían ser ratificadas por los acusados veinticuatro horas después, lejos del cuarto de tormento; caso contrario, la confesión era invalidada. A este respecto, ordena Torquemada desde el artículo 15 de sus *Instrucciones de 1484*: «Pareciendo semiprobado el delito, deliberen los inquisidores justamente con el ordinario si se ha de aplicar el tormento. Si el reo confesare, pero fuera ya del tormento revocare su confesión, como el delito está semiprobado, oblíguesele a abjurar en público y désele una pena arbitraria pero teniendo piedad de él». Lo confirma Orti y Lara, señalando que «si no ratificaba la declaración hecha bajo

---

12. Anna María Splendiani, en Cristian Rodrigo Iturralde, La inquisición, un tribunal de misericordia, Ob. Cit., P. 323.

tormento después de veinticuatro horas quedaba el reo absuelto de la instancia».[13] Se encuentran varios casos de reos que, contradiciendo y negando lo confesado bajo tormento, eran puestos en libertad inmediatamente.

Para concluir, digamos algo sobre los números, es decir, sobre la cantidad de personas efectivamente torturadas a instancias de la Inquisición. Si bien hemos ya adelantado que esta práctica fue bastante inusual, sorprenderá saber hasta qué punto esto es cierto. De los estudios existentes sobre la materia se desprende que solo entre 0,7 y 2% de las personas procesadas por el tribunal fueron sometidos a tortura.[14] No obstante, el número posiblemente sea bastante menor, ya que como se ha dicho, algunas personas confesaban ante la sola vista de los instrumentos de tormento, y esta situación no se encuentra discriminada en los archivos existentes, registrándose a estas personas como torturadas por el solo hecho de haberse aceptado el auto de tortura.

---

13. Orti y Lara, en Cristian Rodrigo Iturralde, La Inquisición, un tribunal de misericordia, Ob. Cit., p. 325.
14. Varias fuentes pueden consultarse en Cristián Rodrigo Iturralde, *La Inquisición, un tribunal de misericordia*, Grupo Unión Editorial, Buenos Aires, 2015. Ver también Stephen Haliczer, *La Inquisición*, Diario *El País* (España), Madrid, 3 de noviembre de 1998, cfr. http://www.aceprensa.com/artículos/1994/nov/09/la-imagen.

Capítulo

XII

El cristianismo y la mujer

> *«Ya no hay judío ni griego; no hay esclavo ni libre; no hay varón ni mujer; porque todos vosotros sois uno en Cristo Jesús».*
>
> —Gálatas 3:28

12.1 La mujer en la antigüedad

Otra mentira muy difundida, especialmente en estos tiempos, es aquella según la cual el cristianismo constituiría una religión que ha oprimido históricamente a la mujer, lo cual es decididamente falso. En este capítulo ofreceremos sobradas muestras de ello, aunque bastará, en rigor, con responder la siguiente pregunta: ¿por qué durante el Imperio romano las mujeres se convertían masivamente al cristianismo? Para hacerlo, deberemos forzosamente abordar la situación jurídica y social de la mujer en tiempos grecorromanos.

La gloriosa Atenas no era indudablemente el mejor lugar para ser mujer y desarrollarse social e intelectualmente. Por lo pronto, la mujer era considerada prácticamente como un ciudadano de segunda o tercera categoría, y no tenía voz ni voto en ningún asunto. La penosa situación del sexo femenino en estos tiempos es abordada con precisión por el historiador César Vidal, quien señala que la mujer constituía en la práctica una propiedad del varón. Su vida estaba determinada desde el momento en que nacían —si acaso tenían esa suerte— y su destino era convertirse en eternas servidoras del hombre y el estado. No recibía más educación que aquella útil para la servidumbre y sus matrimonios eran decididos siendo en muchos casos niñas o apenas llegadas a la pubertad. Esta notable desigualdad de trato, concepción y derechos entre hombres y mujeres resulta clara en varios hechos. Por ejemplo, el hombre podía divorciarse de su mujer por cualquier motivo y sin ningún costo económico o social y expulsarla de la casa, mientras era prácticamente imposible para una mujer hacer lo mismo. Recordemos asimismo que en aquellos tiempos el infanticidio era legal y/o aceptado socialmente si se trataba de niñas o bebés con malformaciones, lo cual explica el reducido número de mujeres en relación con los hombres.[1]

Más allá del hecho evidente de que debemos juzgar a actores pasados según el contexto y las categorías vigentes en ese entonces, indudablemente que algunos de los pensamientos de estos prohombres enfurecerán a las hordas del feminismo actual. Demos algunos ejemplos de ello. Para Platón, los hombres cobardes e injustos tienen como castigo reencarnar en mujeres. Así dice:

> Entre los hombres, que recibieron la existencia, los que fueron cobardes y pasaron su vida en la injusticia, fueron, según todas las probabilidades, metamorfoseados en mujeres en su segundo nacimiento.[2]

---

1. En César Vidal, *El legado del cristianismo en la cultura* (Madrid: Espasa-Calpe, 2002), pp. 46-47. Sobre la situación de la mujer en Grecia, el autor sugiere los siguientes trabajos: M. Finley, *Economy and Society in Ancient Greece*, Nueva York, 1982; M. Guttentag y P. E. Secord, *Too Many Women? The Sex Ratio Question*, Beverly Hills, 1983; S. Pomeroy, *Goddesses, Whores, Wives, Slaves: Women in Classical Antiquity*, Nueva York, 1975.
2. Platón, *Timeo*.

Veamos qué pensaba Aristóteles:

> Y también en la relación entre macho y hembra, por naturaleza, uno es superior y otro inferior, uno manda y otro obedece. Y del mismo modo ocurre necesariamente entre todos los hombres.[3]
>
> Pues también hay que gobernar a la mujer y a los hijos, como a seres libres en ambos casos, pero no con el mismo tipo de gobierno, sino a la mujer como a un ciudadano, y a los hijos monárquicamente. En efecto, el hombre es por naturaleza más apto para mandar que la mujer.[4]
>
> La mujer es [...] más llorona, y también más celosa y más quejumbrosa, más criticona y más hiriente. También es más apocada y desesperanzada que el hombre, más descarada y más mentirosa, más tramposa y más memoriosa, y también más vigilante y más tímida, y en general más indecisa que el macho y de menos comida.[5]

Demóstenes (384-322 a. C.), uno de los más grandes oradores griegos, en su obra *Juicio contra una prostituta*, nos habla de las funciones principales de la esposa:

> A las heteras (cortesanas) las tenemos para el placer, a las concubinas para el cuidado diario de nuestro cuerpo, a las esposas para tener hijos legítimos y contar con una fiel guardiana en el hogar.[6]

---

3. Aristóteles, *Política*, Libro I (1254b).
4. Aristóteles, *Política*, Libro I (1259b).
5. Aristóteles, *Historia de los animales*, Libro IX (608b).
6. Demóstenes, *Juicio contra una prostituta*, p. 122.

Un libro llamado *Proverbios griegos* contiene numerosas afirmaciones del conocido comediógrafo griego Menandro (342-289 a. C.), ofreciéndonos una idea acabada de la concepción que la vasta mayoría de aquella sociedad tenía sobre la mujer:

«Es mejor enterrar a una mujer que casarse con ella» (p. 151); «La naturaleza no le da a la mujer la capacidad de mandar» (p. 157); «No confíes en una mujer ni en su lecho de muerte» (p. 171); «Las mujeres son hábiles en maquinar tretas» (p. 194); «Por causa de las mujeres suceden todos los males» (p. 203); «Pues no es posible ver fidelidad en las mujeres» (p. 233); «La ocupación de las mujeres son los telares y no las asambleas» (p. 363); «La mujer es, en la vida, una mala planta y la tenemos como un mal necesario» (pp. 388-389); «La mujer es un dolor siempre presente» (p. 450); «La mujer es un fardo repleto de males» (p. 459); «Allí donde hay mujeres, todo son desgracias» (p. 622); «La mujer es una inmundicia recubierta de plata» (p. 703); «¡Cuán indigna de confianza es la naturaleza femenina!» (p. 860); «La mujer alimenta con facilidad propósitos malvados, pues su manera de ser se ejercita en maldades» (pp. 205-206); «Quien enseña a una mujer a leer y a escribir, sepa que proporciona venenos a una serpiente» (pp. 209-210).[7]

Durante el Imperio romano, hasta consolidado el cristianismo, la situación de la mujer era similar, puesto que el derecho romano

---

7. *Proverbios griegos*, Editorial Gredos. Sobre el tema recomendamos el libro de César Vidal, *El legado del cristianismo en la cultura occidental*, Espasa, Madrid, 2002. Hemos tomado muchos ejemplos aquí de su edición digital, pp. 45 y ss.

había sido establecido en función de los varones romanos y libres, al punto que no sorprende que, como señala César Vidal, mujeres, esclavos y no romanos eran considerados *res*, «palabra que en latín significa cosa y que en castellano ha terminado por designar, no sin razón etimológica, a las cabezas de ganado».[8] Las mujeres romanas eran obligadas a casarse cuando eran niñas[9] que, en muchos casos no habían alcanzado la pubertad. Sobre ello, Plutarco reconoce que los romanos daban a sus hijas en matrimonio cuando «tenían doce años o incluso menos».[10] «De ahí que no resulte sorprendente que la ley romana incluso se ocupara de articular mecanismos sancionatorios para las adúlteras ¡de menos de doce años!»,[11] comenta Vidal. El historiador Jean Dumont, aportando documentación, comenta que incluso las niñas menores de doce años eran entregadas por sus padres a hombres como novias o concubinas, señalando que una quinta parte de las menores obligadas a casarse morían antes del año de matrimonio.[12] Especialmente durante la época de la decadencia romana, el hombre no buscaba la procreación ni proyectaba una vida armónica de amor con una compañera, sino el placer desenfrenado y sin responsabilidad, lo cual llegó a ocasionar graves problemas demográficos a aquella sociedad, ya que las jóvenes eran en su mayoría impúberes, y a aquellas capaces de procrear el marido podía obligarlas a abortar.

En conocida carta del año 1 a. C., un hombre llamado Hilarión le escribe a su esposa, preocupado por el bebé que estaban esperando:

---

8. César Vidal, *El legado del cristianismo en la cultura occidental*, p. 46.
9. K. Hopkins, «The Age of Roman Girls at Marriage», en Population Studies, 1965, pp. 309-327.
10. Hopkins, ob. cit., p. 314.
11. Hopkins, ob. cit. En César Vidal, ob. cit., p. 47.
12. Jean Dumont, *La Iglesia ante el reto de la historia* (Madrid: Ediciones Encuentro, 1987), p. 35.

Yo me quedo en Alejandría. Te ruego encarecidamente que te ocupes de nuestro hijito, que yo, en cuanto reciba la paga, os la enviaré. Si llegas a dar a luz y es un niño, déjalo vivir; si es una niña, abandónala.[13]

Según Séneca (4 a. C.-65 d. C.), la razón estaba detrás de todo esto:

Degollamos las ovejas enfermas, por temor de que infesten el rebaño; asfixiamos los fetos monstruosos, y hasta ahogamos a los niños si son débiles y deformes. No es ira, sino razón, separar las partes sanas de las que pueden corromperlas.[14]

Este desprecio por la vida humana fue común tanto en el mundo griego como en el romano. Tácito criticaba duramente a los judíos porque estos consideraban un pecado matar a un hijo no deseado, y creía, al igual que Platón y Aristóteles, que el infanticidio era no solo legítimo, sino en muchos casos, una obligación.

Durante el Imperio romano, la mujer, como el esclavo, no tenían existencia jurídica ni derechos: ni siquiera podían participar de los oficios religiosos[15] o tener alguna decisión sobre su vientre, ya que podían ser obligadas por los varones a abortar, como en el caso

---

13. En una carta fechada el 18 de junio del año 1 a. C. encontrada en Oxirrinco (ciudad al sur de la ciudad del Cairo). Papiro de Oxirrinco 744. Reproducida en Sherwin-White, A. N. (1966), *The Letters of Pliny: A Historical and Social Commentary*, Clarendon Press, Oxford, pp. 111-112.
14. Séneca, *De la ira*, Libro I, XV.
15. Si bien, como señala César Vidal, hubo algunas pocas mujeres que desempeñaron algún papel en ciertos templos y santuarios paganos, «los grupos religiosos a los que pertenecían y los centros en que desempeñaban sus funciones eran tan periféricos que apenas tenían importancia en el seno de la sociedad pagana. Por otro lado, religiones como el mitraísmo permitían solo una participación masculina». En ob. cit., p. 49.

de Julia, la sobrina de Domiciano, a la que este ordenó abortar al quedar embarazada de él. Si bien vivían dentro del núcleo familiar, solo el hombre podía decidir, incluso sobre la vida o la muerte de sus hijos. Solo el hombre, el padre de familia, podía decidir sobre los matrimonios de sus hijas, teniendo incluso el *ius gladii* (derecho de la espada) sobre ellas, pudiendo matarlas si cometían adulterio. Entre otros, esto es señalado por el reconocido jurista Robert Villers:

> En Roma, la mujer, sin exageración ni paradoja, no era sujeto de derecho [...] Su condición personal, la relación de la mujer con sus padres o con su marido son competencia de la *domus*, de la que el padre, el suegro o el marido son jefes todopoderosos [...] la mujer es únicamente un objeto.[16]

El derecho romano estipulaba que la hija no heredaba del padre si se casaba, y en el derecho griego, la mujer no heredaba en ningún caso.[17] En culturas como la griega y la romana, donde la guerra era una actividad corriente, los niños varones eran siempre preferidos por sobre las mujeres. Esto explica en gran medida que el infanticidio, corriente en aquellos tiempos, tenía a las niñas como las primeras víctimas. La propia ley romana, la llamada Ley de las XII Tablas, que contenía las normas regulatorias de convivencia del pueblo romano, permitía al padre abandonar a cualquier recién nacido, pero en el caso de ser niño, solo podía hacerlo si fuera débil o tuviese alguna malformación. Todo esto quedó demostrado en

---

16. *Le Statut de la femme à Rome jusqu'à la fin de la République*, Recueil de la Sociéte Jean-Bodin, Bruselas, 1959, pp. 177-189.
17. Fustel de Coulanges, *La ciudad antigua* (México: Porrúa, México, 1994), p. 26.

recientes excavaciones por ciudades mediterráneas pertenecientes al Imperio romano, donde se encontró que la mayor parte de los niños asesinados eran en su gran mayoría mujeres.[18] Otro hecho que demuestra la preferencia por matar niñas es que en aquellos tiempos los hombres superaban a las mujeres en cantidad, en una proporción de 131 a 100 en la ciudad de Roma y de 140 a 100 en Italia, Asia Menor y África,[19] cuando sabemos que, por naturaleza, nacen históricamente más mujeres que hombres. De hecho, revisando la composición familiar de aquellas sociedades romanas, prácticamente no se encuentra familia que tuviese más de una hija. De acuerdo con un estudio arqueológico realizado por Lindsay, de seiscientas familias estudiadas en una de las ciudades del imperio, solo seis —es decir, el 1 %— contaba con más de una hija.[20]

En cuanto a la mujer dentro de la cultura judía, tampoco su situación era envidiable, si bien mejor que en el mundo clásico. El trato igualitario que el cristianismo dispensaba a las mujeres, proclamando que no existían diferencias entre sexos, fue motivo de gran escándalo entre los judíos. Es cierto que el Antiguo Testamento no desprecia a la mujer y que en ocasiones destaca a mujeres como Sara, Rut o Ester, entre otras, pero la cultura grecorromana había

---

18. L. E. Stager, «Eroticism and Infanticide at Ashkelon», en Biblical Archaeology Review, 17, 1991, pp. 34-53. Estos cuerpos infantiles contaban apenas con unos días cuando fueron abandonados, según P. Smith y G. Kahila, «Bones of a Hundred Infants Found in Ashkelon Sewer», en Biblical Archaeology Review, 17, 1991, p. 47.
19. J. C. Russell, *Late Ancient and Medieval Population*, Filadelfia, pp. 14 y ss.; J. Lindsay, *The Ancient World: Manners and Morals*, Nueva York, 1968, p. 168.
20. No fue un caso excepcional. B. Bowman Thurston, *The Widows: A Women's Ministry in the Early Church*, Minneápolis, 1989, en un estudio que puede considerarse clásico, indica cómo del número considerable de mártires femeninas hay que deducir que las autoridades romanas las identificaban con ciertas posiciones ministeriales en el seno de la iglesia primitiva. La cita la hemos tomado de César Vidal, ob. cit., p. 48.

influido grandemente en sectores de la comunidad judía, especialmente en la rama de los fariseos. Así, el rabino Moisés ben Maimón (Maimónides) dice:

> Hay cinco trabajos que todas las mujeres deben realizar para sus maridos: hilar, lavar su cara, sus manos y sus pies, ponerle la bebida, hacer su cama y servirle [...] cuando una mujer se niega a hacer algún trabajo que está obligada a realizar, puede ser forzada para que lo haga incluso usando una vara.[21]

Bajo la cultura judía, la mujer del siglo I no participaba en la vida pública y no tenía acceso al estudio de la Escritura —se la recluía en un patio especial para ellas en el templo llamado «atrio de las mujeres»— y en la sinagoga debía limitarse a escuchar. Su condición se refleja en la siguiente descripción:

> La mujer judía de los tiempos de Jesús: sin derechos, en eterna minoría de edad, repudiada por su marido, confinada en la casa y con muy escasas posibilidades de mantener contactos sociales, alejada del templo en determinados días a causa de las leyes de pureza ritual, y relegada en todo momento a un recinto especialmente señalado para ella en el templo y fuera del atrio de la casa de Israel, sin derecho a la enseñanza de la ley, y por tanto incapaz de merecer; la mujer judía, pobre, pecadora y pequeña, se encontraba en una situación que la constituía en un paradigma de marginación.[22]

---

21. Maimónides, Mishneh Torah Sefer Nashim, *Moznaim*, 2020, cap. 1, parte 7 y 10.
22. Esperanza Bautista, *La mujer en la Iglesia primitiva*, Verbo Divino, Estella, 1993, p. 52.

Incluso las mujeres judías adolescentes podían ser vendidas por sus padres. El teólogo alemán Joachim Jeremias escribe: «Se podían vender también las muchachas israelitas, pero únicamente las menores y solo hasta la edad de doce años. En virtud de Éxodo 21:7, la patria potestad concedía al padre el derecho de vender a sus hijas menores a un judío. En la práctica, la venta de una hija menor significaba la mayoría de las veces que estaba destinada a convertirse más tarde en mujer del comprador o de su hijo».[23] En síntesis, como afirma Vidal, el cristianismo «proporcionó a las mujeres un papel que jamás hubieran soñado en el judaísmo».[24]

12.2 La mujer bajo el cristianismo

Muchas de estas condiciones y circunstancias empezaron a cambiar con la llegada del cristianismo, a partir del cual la situación de la mujer mejoró sensiblemente. Las mujeres comprendieron prontamente que el evangelio les ofrecía una vida nueva y mejor, liberando a los oprimidos y los cautivos; les ofrecía una libertad que nunca habían tenido y que nunca tendrían bajo las leyes romanas. El trato que Jesús le dio a la mujer samaritana, a la mujer enferma de flujo de sangre, a la mujer sorprendida en adulterio, a la mujer que le lavó los pies con sus lágrimas, a sus amigas Marta y María, al grupo de mujeres que lo acompañaban entre sus discípulos, así como la evidencia que les proveyó a las mujeres en primer lugar con respecto a su resurrección, son demostraciones más que evidentes de que el mismo Señor Jesucristo estableció un nuevo paradigma para el sexo femenino nunca visto.

---

23. Joachim Jeremias, *Jerusalén en tiempos de Jesús* (Madrid: Ediciones Cristiandad, 1977), p. 43.
24. Vidal, ob. cit., p. 153.

«La gran liberación femenina», escribe Olivera Ravasi, «hizo que la mujer "saliera de la cocina" del mundo precristiano y se dedicara incluso a las letras y la exégesis, como puede verse en aquel grupo de mujeres reunido alrededor de San Jerónimo en el monasterio de Belén (siglo IV): Paula, Eustaquia y compañeras, formaban un verdadero "Centro de Estudios", como narra su maestro».[25] No solo se dedicaron al estudio y la oración, sino que tuvieron un papel decisivo en el avance del cristianismo en el mundo pagano, como es el caso de Santa Clotilde, quien llevó a su esposo al cristianismo, convirtiendo asimismo a Francia en un bastión de la civilización occidental. El poder persuasivo y la piedad propia de las mujeres hizo que no solo esposos, hermanos y amigos se convirtieran, sino reyes y príncipes, lo cual era fundamental para difundir y consolidar el cristianismo.

El contraste que el cristianismo ofrecía frente a la cosmovisión pagana de la mujer no solo aceptada socialmente, sino además estructurada de forma legal, era pura y simplemente extraordinario. Por ejemplo, la nueva religión condenaba el infanticidio (de niños y niñas por igual), el divorcio, el incesto y la poligamia, consideraba la infidelidad marital de los hombres igualmente pecaminosa que la de las mujeres, y valoraba de igual modo la castidad femenina y la masculina. Asimismo, un caso claro en este sentido lo ofrece la instauración de la institución del convento, ofreciéndole a la mujer un espacio de poder, influencia y autogobierno a través de los siglos.

A más de uno sorprenderá el hecho de que existían monasterios regidos por mujeres, es decir, con poder sobre los hombres. La gran medievalista francesa Régine Pernoud señala el caso del monasterio de Fontevraud, regido por mujeres. El 31 de agosto de 1119, el

---

25. Olivera Ravasi, *Que no te la cuenten,* vol. II, p. 115.

monasterio recibió la visita nada menos que del papa Calixto II. Entre la multitud de prelados, sacerdotes y obispos, quien lo recibió no fue el abad del monasterio, sino una joven abadesa de 26 años llamada Petronila de Chemillé, quien estaba al mando de la abadía hacía varios años.[26] Fue también una mujer, la gloriosa santa Hildegarda de Bingen, que predicaba en las catedrales aclamada por sacerdotes y obispos, quien tenía incluso la total libertad para corregir y formar a los hombres. Leamos si no este sermón público de la mentada santa:

> Vosotros ya os habéis fatigado buscando cualquier transitoria reputación en el mundo, de manera que a veces sois caballeros, a veces siervos, otras sois ridículos trovadores [...] Deberíais ser los ángulos de la fortaleza de la Iglesia, sustentándola como los ángulos sostienen los confines de la tierra. Pero vosotros habéis caído bajo y no defendéis a la Iglesia, sino que huis hacia la cueva de vuestro propio deseo.[27]

El caso de Hildegarda es paradigmático porque demuestra hasta qué punto la mujer podía sobresalir e incluso criticar públicamente y discutir con las más altas esferas de la sociedad cristiana. Veamos dos ejemplos. El primero, dirigiéndose al emperador Federico Barbarroja. El segundo, al papa Anastasio IV. Sin ningún tipo de miramientos, le escribe al bravo emperador:

> Oh Rey, es muy necesario que en tus asuntos seas cuidadoso [...] yo te veo como un niño, y como quien vive de manera

---

26. Ravasi, ob. cit, p. 118.
27. Santa Hildegarda de Bingen, carta 15 al deán de Colonia, Felipe de Heinsberg, año 1163.

insensata y violenta ante los Ojos Vivientes, en medio de muchísimos trastornos y contrariedades [...] Ten cuidado entonces que el Soberano Rey no te derribe a tierra a causa de la ceguera de tus ojos, que no ven cómo usar rectamente el cetro de tu reino que tienes en tu mano [...] oye esto, rey, si quieres vivir; de otra manera, Mi espada te golpeará.[28]

Dirigiéndose al papa, que había permitido que el emperador nombrara a un obispo (entrometiéndose así en competencia de la iglesia), le dice en durísimos términos lo siguiente:

¿Por qué no rescatas a los náufragos que no pueden emerger de sus grandes dificultades a no ser que reciban ayuda? ¿Y por qué no cortas la raíz del mal que sofoca las hierbas buenas y útiles, las que tienen un gusto dulce y suavísimo aroma? [...] ¿Por qué soportas las malvadas costumbres de esos hombres que viven en las tinieblas de la estupidez, reuniendo y atesorando para sí todo lo que es nocivo y perjudicial, como la gallina que grita de noche aterrorizándose a sí misma? No erradicas el mal que desea sofocar al bien, sino que permites que el mal se eleve soberbio, y lo haces porque temes [...] Tu, oh hombre que te sientas en la cátedra suprema, desprecias a Dios cuando abrazas el mal; al que en verdad no rechazas sino que te besas con él cuando lo mantienes bajo silencio —y lo soportas— en los hombres malvados.[29]

---

28. Hildegarda, carta 313, al rey Federico, años 1152-1153.
29. Hildegarda, carta 8, al papa Anastasio, años 1153-1154.

Lo mismo puede decirse de Santa Catalina de Siena, quien en el siglo XIV no temía exhortar públicamente a los líderes políticos y religiosos sin jamás ser reprendida por ello, sino todo lo contrario. Así le escribía al papa Gregorio XI, considerado un pontífice débil de carácter y propicio a favorecer a su familia:

> Mi dulcísimo Padre, no debemos ocuparnos de los amigos, de los parientes, de los intereses temporales, sino únicamente de la virtud, del acrecentamiento de los intereses espirituales [...] Si hasta hoy no habéis sido bastante enérgicos, os pido y quiero en verdad que en lo sucesivo obréis virilmente y sigáis con valentía a Cristo, de quien sois Vicario. No temáis, Padre, las borrascas que os amenazan [...] Deseo veros cual portero viril y sin ningún temor. Portero sois de bodas de Dios, esto es, de la sangre del unigénito Hijo suyo, cuyas veces hacéis en la tierra; y por otras manos no se puede tener la sangre de Cristo sino por las vuestras.[30]

Los motivos por los cuales tantas mujeres buscaron convertirse al cristianismo fueron varios. Si bien indudablemente el factor religioso tuvo mucho que ver, no menos cierto es que también veían en esta nueva fe una forma de liberación o de justicia, en la cual eran valoradas y tratadas de modo equitativo con los hombres. Entre las ventajas ya mencionadas, agreguemos que, como señala Vidal, las cristianas podían no solo casarse a edades más avanzadas que las paganas, sino incluso escoger a su esposo: «Una mujer pagana tenía tres veces más posibilidades que una cristiana de haber contraído

---

30. En Alfredo Sáenz, *El pendón y la aureola* (Buenos Aires: Gladius, 2002), p. 89. Citado por Javier Olivera, *Que no te la cuenten*, p. 125.

matrimonio antes de los trece años; y el 44 % de las paganas ya estaban casadas a los catorce años en comparación con el 20 % de las cristianas, es decir, menos de la mitad. De hecho, el 48 % de las cristianas eran solteras aún a los dieciocho años. Si se producía la viudez, la situación que el cristianismo ofrecía a las mujeres era también considerablemente mejor a la que estas experimentaban en la sociedad clásica. La crisis demográfica relacionada con la propia ética del paganismo se traducía en una enorme presión social —incluso legal— para que las viudas volvieran a contraer matrimonio. Augusto llegó a disponer que si la nueva boda no se celebraba en un plazo de dos años, las viudas se vieran sujetas a una sanción legal. Por el contrario, el cristianismo manifestó desde un principio un respeto muy especial hacia las viudas e incluso organizó un sistema de asistencia a sus necesidades que carecía de parangón en la antigüedad. Los orígenes de este sistema asistencial se hallan desde luego en el cristianismo apostólico».[31]

El inmenso éxito del cristianismo entre las mujeres es un hecho bien documentado y, por tanto, indiscutible. Por cierto, la cantidad de mujeres cristianas sobrepasaba con creces a los hombres. A este respecto, Vidal trae a colación un inventario de la propiedad confiscada en una iglesia de la ciudad norteafricana de Cirta durante una persecución en el año 303, hallándose dieciséis túnicas de varón frente a ochenta y dos de mujeres... ¡una desproporción superior a cinco a uno![32] La prevalencia cuantitativa de la mujer dentro de las distintas denominaciones cristianas no ha variado en demasía hasta la fecha. Tomemos el caso de la iglesia católica, donde las mujeres constituyen la mayoría de los miembros de vida consagrada dentro

---

31. Vidal, *El legado del cristianismo en la cultura occidental*, p. 58.
32. Vidal, ob. cit., p. 51.

de la misma: en 2010, había alrededor de 721.935 mujeres dedicadas a la vida consagrada.[33]

Como señaló muy adecuadamente el historiador Henry Chadwick, el cristianismo no solo tuvo un enorme éxito entre las mujeres, sino que además fue gracias a ellas que penetró en estratos superiores de la sociedad. Es conocido el caso de la cristiana Marcia, una concubina del emperador Cómodo, que logró que se indultara a Calixto, futuro obispo de Roma, de una sentencia de trabajos forzados en las minas. No fue el suyo un caso excepcional. De hecho, las disposiciones eclesiásticas muestran un número creciente de cristianas que contraían matrimonio con paganos e incluso una considerable comprensión hacia esas situaciones. El cristianismo no temía perder miembros en esos matrimonios. Por el contrario, tal y como se desprende incluso de las fuentes bíblicas (1 Pedro 3:1-2; 1 Corintios 7:13-14), se contaba con razonables esperanzas de lograr la conversión de los esposos paganos. Calixto, ya convertido en obispo de Roma, encontró incluso admisible el concubinato entre una cristiana y un pagano siempre que se guardara la fidelidad propia del matrimonio. Por supuesto, los hijos nacidos de esos matrimonios —y otras uniones— solían ser educados en la fe cristiana.

A la altura del siglo IV, cuando el cristianismo estaba en puertas de convertirse en la religión del imperio, al menos la mitad de la población era ya cristiana. Sin embargo, su influencia demográfica era mucho mayor, ya que el porcentaje de conversas femeninas era más elevado y se extendía sobre familias en las que el esposo

---

33. AICA, «Entre varones y mujeres hay 834.724 personas consagradas», 12 de febrero de 2022. Cfr. https://aica.org/noticia-entre-varones-y-mujeres-hay-834-724-personas-consagradas.

continuaba siendo pagano. Para alcanzar esa situación, en contra de lo sostenido por los apologetas del paganismo, la nueva fe no había tenido que recurrir a la violencia ni al respaldo estatal; más bien, enfrentarse con ambos.[34]

El apóstol Pablo, en el siglo I, dejó claramente establecida la doctrina cristiana en la que todas las personas son iguales en dignidad frente a Dios. En su Carta a los Gálatas, dice: «Ya no hay judío ni griego; no hay esclavo ni libre; no hay hombre ni mujer, porque todos vosotros sois uno en Cristo Jesús» (Gálatas 3:28, RVR1995). El teólogo anglicano Alister McGrath sostiene con acierto que el cristianismo modificó grandemente los roles tradicionales de las mujeres y los esclavos de dos maneras. Primero, al afirmar que todos eran «uno en Cristo», sin importar si eran judíos o gentiles, hombres o mujeres, amos o esclavos. Y segundo, al afirmar que todos pueden compartir la comunión cristiana y adorar juntos, nuevamente sin importar su estatus. Suzanne Wemple señala que, aunque el cristianismo no eliminó la discriminación sexual en el Imperio romano tardío, ofreció a las mujeres «la oportunidad de considerarse a sí mismas como personalidades independientes en lugar de ser la hija, esposa o madre de otra persona».[35]

Indudablemente, como bien dice el sacerdote Olivera Ravasi, «si las feministas pudiesen cumplir el sueño de viajar en el tiempo, desearían ardientemente vivir al menos en el Medioevo, y no es broma».[36] Ya lo hemos visto.

---

34. Para las cifras, datos y citas suministrados en esta sección, ver: «El imperio romano contra el cristianismo. La mujer» en https://anabasispersonal.blogspot.com/2011/02/el-imperio-romano-contra-el.html.
35. Suzanne Wemple, *Las mujeres entre finales del siglo V y finales del siglo X, Historia de las mujeres,* tomo II (Madrid: Taurus, 1992), p. 257.
36. Ravasi, ob. cit., p. 112.

12.3 Jesucristo y las mujeres

Jesús modificó incluso la situación de la mujer bajo el judaísmo, donde si bien, como hemos dicho, era mejor que bajo la regencia pagana, era generalmente excluida en cuestiones religiosas. Jesús las había integrado entre sus seguidores otorgándoles un trato de equidad, lo cual queda reflejado en las propias escrituras. Pablo, por caso, señalaba que no existían diferencias entre hombre y mujer (Gálatas 3:27-28). En este sentido, César Vidal añade lo siguiente: «En su Epístola a los Romanos (16:1 y ss.), por ejemplo, Pablo menciona y saluda con afecto a un número considerable de colaboradores de los que, prácticamente, la mitad son mujeres. De entre estas, Febe (16:1-2) era diaconisa en la comunidad cristiana de Cencrea, y Junia era «estimada entre los apóstoles» (16:7). La participación femenina en los oficios eclesiales vuelve a repetirse en otros escritos paulinos como las pastorales, y así en 1 Timoteo 3:11 y ss., Pablo indica los requisitos que debían cumplir las aspirantes al diaconado. No se trataba de una excepción. Plinio el Joven, al relatar la persecución desencadenada contra los cristianos, informa que había torturado a dos jóvenes «que eran diaconisas».[37]

La llegada de Jesucristo marcó una clara diferencia con respecto al Antiguo Testamento, en el cual se apoyaban los judíos de entonces en relación con el trato hacia la mujer. Entre las intervenciones más conocidas de Jesús a este respecto se encuentra su actitud frente a la mujer adúltera, que encontramos en el Evangelio de Juan (7:53—8:11). Allí se narra la confrontación entre Jesucristo y los

---

37. Vidal, ob. cit., p. 50

escribas y fariseos, quienes creían que la mujer debía ser sentenciada a muerte vía lapidación. Jesús evita la ejecución con estas célebres palabras: «El que de vosotros esté sin pecado sea el primero en arrojar la piedra contra ella» (v. 7). Luego de lo cual, Jesús se dirigió a la mujer, diciéndole: «Vete, y no peques más» (v. 11). Sin duda, este pasaje fue de enorme influencia en la filosofía cristiana con respecto al trato de la mujer. Las mujeres son parte invaluable en la vida de Jesús, y las encontraremos en sus círculos más inmediatos, comenzando por su madre María (a quien la iglesia católica venera con especial distinción), seguida por María Magdalena, Marta de Betania, María de Cleofás, Juana mujer de Cusa, Susana (madre de Santiago), Salomé (madre de Juan) y muchas más.

Conclusión

A FINES DE LA DÉCADA DE 1990, ALFREDO SÁENZ, UN jesuita respetable y autor prolífico, comenzó a escribir una serie de ensayos de apologética histórica que tituló *La nave y las tempestades*, donde entre otras cosas describía los desafíos que el cristianismo debió afrontar y sortear desde sus orígenes hasta la actualidad. En sus páginas observamos que no pocas veces la iglesia de Cristo estuvo a punto de sucumbir, pero que aun en los momentos de mayor confusión e incertidumbre, aparecía —como diría el genial Chesterton— «un puñado de hombres que tienen el coraje de ser inactuales», socorriéndola contra sus enemigos internos y externos, los heresiarcas que minaban los firmamentos de la fe y los ejércitos de aquellos que pretendían someter por la fuerza a los cristianos y aniquilar todo vestigio de su religión. Aquellos cristianos confiaban plenamente en la promesa bíblica de que la iglesia será edificada «y las puertas del Hades no prevalecerán contra ella» (Mateo 16:18), así que no será destruida por las fuerzas del mal.

Sin embargo, la historia continúa desarrollándose en este preciso momento y las tempestades contra la «nave» se perfeccionan y multiplican, pero a diferencia de los tiempos pretéritos, ahora no se avista —al menos, no de un modo claro— a aquel necesario «puñado de hombres» al que se refería el autor inglés. Indubitablemente, la indiferencia hacia el bien y hacia el prójimo es, sin dudas, la marca indeleble de esta era signada por la impiedad y un «correctismo» *político* que anula cualquier reacción contra el *Establishment* ideológico vigente.

Se le atribuye a Edmund Burke aquella frase que dice que «para que el mal triunfe, solo se necesita que los hombres buenos no hagan nada», y no le faltaba razón. Por tanto, ha llegado al momento de tomar las picas y hacer nuestra parte en esta contienda, combatiendo de acuerdo a nuestras capacidades, entendiendo que «la vida del hombre aquí en la tierra es la de un soldado que cumple su servicio» (Job 7:1, DHH).

Una forma legítima de «pelear la buena batalla» (1 Timoteo 6:12) es defendiendo el buen nombre de nuestro Señor Jesucristo y su obra. Y un buen modo de hacerlo es dando testimonio de la verdad histórica, buscando así que todos los hijos vuelvan al Padre. Esto es parte del apostolado que estamos llamados a llevar a cabo.

—»«—

En este libro hemos abordado algunos de los mitos o mentiras históricas más recurrentes contra el cristianismo y lo hemos hecho *sine ira et studio*, esto es, con el ánimo sereno desde un enfoque objetivo, apoyándonos en fuentes tanto entitativas como fiables. Y si bien este trabajo —como todo— es perfectible, confiamos en que haya logrado el objetivo propuesto inicialmente.

Cristián Rodrigo Iturralde
Buenos Aires, 2025